SCO

SHANGHAI
COOPERATION
ORGANIZATION

上海合作组织国家的习俗文化

第二卷

下

王祥修　主编

中国政法大学出版社

2025·北京

图书在版编目（CIP）数据

上海合作组织国家的习俗文化. 第二卷 / 王祥修主编. -- 北京 : 中国政法大学出版社, 2025. 1. -- ISBN 978-7-5764-1838-5

Ⅰ. K891

中国国家版本馆 CIP 数据核字第 2024J1S003 号

出 版 者	中国政法大学出版社
地　　址	北京市海淀区西土城路 25 号
邮寄地址	北京 100088 信箱 8034 分箱　邮编 100088
网　　址	http://www.cuplpress.com (网络实名: 中国政法大学出版社)
电　　话	010-58908289(编辑部) 58908334(邮购部)
承　　印	保定市中画美凯印刷有限公司
开　　本	650mm×960mm　1/16
印　　张	31.5
字　　数	400 千字
版　　次	2025 年 1 月第 1 版
印　　次	2025 年 1 月第 1 次印刷
定　　价	160.00 元

前　言

上海合作组织是中国首次在境内成立的国际性组织，也是第一个以中国城市命名的国际组织。近年来，它在促进并深化中国与其他成员国之间睦邻互信与友好关系、巩固地区安全和稳定、促进联合发展方面发挥着积极作用。上海合作组织的建立和发展顺应了冷战结束后人类要求和平与发展的历史潮流，展示了不同文明背景、传统文化差异的国家通过互尊互信实现和平共处、团结合作的巨大潜力。

上海合作组织的宗旨之一是发展成员国在政治、经贸、科技、文化、教育、能源、交通、旅游、环保及其他领域的有效合作。而文化方面的相互交流对政治、经济等其他方面的合作起着极大的促进作用，随着上海合作组织提升到更高的合作层次，成员国应当有效地利用这一机遇来了解其他国家和民族。然而，要想全面认识一个国家、一个民族，仅仅了解它的历史、地理、政治、经济是很不够的，最主要的是必须了解它的人民、民俗、民风。孟德斯鸠在《论法的精神》中提出，一个国家的民情、民风、民俗决定了这个国家的法律特征。这足以看出一个国家的习俗对国家其他方面的发展起着基础性的作用。

所谓民俗或习俗就是国家或民族的风俗习惯，是一个国家或民族在长期的历史生活过程中形成，并不断重复传承下来的生活文化。其特点有三：一是习俗文化的民族性、地域性。在一个地区看似普通的习俗在另一个地方可能会产生完全相反的效果，上海合作组织的成员国文化背景大不相同，所以探究各国的习俗文化对今后成员国之间顺利、深入地合作有着积极的促进作用。二是习俗文化的重复性。习俗作为一种文化，是在我们的日常生活中不断重复而时常被我们忽视的，了解一个国家的习俗的形成也将了解到该国的历史演变，能够有效促进成员国之间的相互了解，巩固上合组织成员国之间的团结合作。三是习俗文化的渗传性，即渗透性和传承性。毛泽东曾说过："移风易俗，改造世界"。一个国家会通过其特有的习俗文化对其国民的现实生活产生实际影响，从而巩固自身统治安全。

上海合作组织国家对彼此习俗文化的深入了解必然能将上海合作组织提升到更高的合作层次，有利于成员国更有效地联合，利用机遇应对新的挑战与威胁。

我们编写出版的《上海合作组织国家的习俗文化》（上海社会科学院出版社 2020 年 5 月版）一书正是从习俗文化的角度，为人们深入了解上海合作组织各成员国开启一扇新的大门。该书出版后受到了广大读者的欢迎与好评。

截至 2024 年 7 月，上海合作组织除了十个成员国——中国、哈萨克斯坦、吉尔吉斯斯坦、俄罗斯、塔吉克斯坦、乌兹别克斯坦、巴基斯坦、印度、伊朗、白俄罗斯之外，还有两个观察员国——阿富汗、蒙古国与十四个对话伙伴国——阿塞拜疆、亚美尼亚、柬埔寨、尼泊尔、土耳其、斯里兰卡、沙特阿拉伯、埃及、卡塔尔、巴林、马尔代夫、阿联酋、科威特、缅甸。这些国家在其发展的进程中，由于政治、宗教、文化、历史和地理等诸多原因，分别形成了各自的习俗文化。《上海合作组织国家的习俗文化》（第二卷·下），以上海合作组织的七个对话伙伴国（柬埔寨、尼泊尔、土耳其、斯里兰卡、沙特阿拉伯、埃及、阿联酋）作为研究对象。在每个国家中，紧紧围绕以下七个主题进行全方位的研究。

一、国家概况

了解一个国家的基本情况是深入了解该国的开始。该书每章开篇将各个国家的地理位置、面积、行政区划、国家象征、国歌、国旗、首都、语言等基本情况做一个简单的概述,使人们对该国有一个较为清晰的印象,并能有效地与其他国家进行区分,为后面介绍该国其他方面的文化习俗做一个简单的铺垫。

二、姓名性格

姓氏文化不仅在中国有着悠久的历史,在其他国家同样也是习俗文化中的重要组成部分,尤其是姓名的组成方式多种多样。了解姓名的构成就可以较为准确地称呼对方,不会在对外交往中出现差错。国民的性格在国家文化中也占据重要位置,了解国民性格就能知道如何得体地与对方进行交往,这在国际交往日趋频繁的现代社会中显得尤为重要。

三、衣食住行

在这一部分的介绍中,该书从各国的服饰风格、饮食特色、居住条件和交通概况四个方面进行深入介绍。衣食住行作为国民日常生活的基本需要很大程度上体现了该国的风土人情,也体现了该国整体的经济发展水平,对进一步加强经济、科技、交通、环保、教育等方面的合作起着先导性的作用。

四、日常交往

礼仪是人际交往的通行证。日常交往中的礼仪是人类为维系社会正常生活而要求人们共同遵守的最起码的道德规范,是人们在长期共同生活和相互交往中逐渐形成,并且以风俗、习惯和传统等方式固定下来的，既为人们所认同，又为人们所遵守，它是人们文明程度和道德修养的一种外在表现形式。本项目在该部分主要介绍各个国家日常交往的基本准则和常用的礼仪规范，包括语言、送礼、探访、宴宾等，使人们意识到日常交往礼仪在各个国家的重要性，并能在与外国人交往时自觉规范自身礼仪，有效地促进对外交流。

五、婚丧习俗

人生礼俗是一个人，从小到大，由生到死的人生经历中所要处理的人际关系。它看似简单却有着不可忽视的社会作用。在人生礼俗中最引人关注、内容最为丰富的就是婚丧习俗，一个人从出生到结婚再到丧葬都是人生极为重要的篇章。该书在这一部分主要讲述各个国家在各个时代的婚丧喜庆习俗中变迁和发展，展现其所处的那个时代的精神风貌和政治、经济及文化状态。

六、纪念节日

各式各样的纪念节日是各国人民为适应生产和生活的需要而共同创造的一种民俗文化，是世界民俗文化的重要组成部分。上海合作组织国家都有着丰富多彩的纪念节日。一些节日源于传统习俗，有的节日源于宗教，有的节日源于对某人或某个事件的纪念。随着时间推移，节日的内涵和庆祝方式也在发生着变化。该书通过介绍六个国家各式各样的纪念节日而给读者一个"体验"外国节日的途径，使其能够真切地感受到各个国家、地区不同的风土人情。

七、旅游名胜与奇观

各国的名胜与奇观作为该国的"名片"招揽着世界各地的游

客，要想真正深入了解一个国家，当地的人文和自然风光是必不可少的部分。参观人文景观对我们了解该国的历史、政治、风土人情有着非常大的帮助作用；而参观自然景观对我们了解该国的地理结构也大有裨益。这些各有特色的天然名胜与奇观也体现了上海合作组织作为世界上幅员最广、人口最多、潜力最大的地区性国际组织所具有的独特魅力。

《上海合作组织国家的习俗文化》（第二卷·下），在写作过程中注重学术性、专业性和实用性，运用了历史考察与现实分析相结合、理论与实践相结合、宏观分析和微观分析相结合的方法；通过对上海合作组织七个对话伙伴国在国家概况、姓名性格、衣食住行、日常交往、婚丧习俗、纪念节日、旅游名胜与奇观七个方面的介绍，力求实现为读者勾画出一幅幅精美的各国习俗文化展览图。这对促进成员之间的沟通交流，加强和深化上海合作组织成员之间的睦邻友好合作，巩固与有关国家和国际组织的合作关系有着极大的积极作用，并为促进建立公平、合理的世界新秩序和上海合作组织的稳定发展创造有利条件。

《上海合作组织国家的习俗文化》（第二卷·下），由上海政法学院王祥修教授担任主编。参与撰写人员及分工如下（以撰写章节先后为序）：

李　慧　第一章　柬埔寨的习俗文化

张雅雯　第二章　尼泊尔的习俗文化

左丽丽　第三章　土耳其的习俗文化

陈筱玮　第四章　斯里兰卡的习俗文化

邹家莉　第五章　沙特阿拉伯的习俗文化

姜艳纯　第六章　埃及的习俗文化

王　迪　第七章　阿联酋的习俗文化

《上海合作组织国家的习俗文化》（第二卷·下）在写作工程

中认真学习和参考了国内外相关领域专家学者的优秀成果，同时该书的写作与出版还得到了有关单位和人员的鼎力相助。在此一并表示诚挚的谢意。

尽管作者在撰写时尽心尽责，但由于学识所限，书中的不当与疏忽在所难免，敬请读者批评指正。

王祥修

2024 年 9 月

目　录

第一章

柬埔寨的习俗文化

【本章概要】柬埔寨王国是东南亚一个具有悠久历史的文明古国，也是一个年轻而美丽的国度，它位于中南半岛东南部，国土面积约 18.1 万平方公里，在东南亚 11 个国家中面积居第 8 位，大致与中国湖北省的面积相当。柬埔寨被殖民统治近百年，独立后历经战争和动荡；1993 年《巴黎和平协定》签署后，才真正开始走上和平、独立、中立的发展道路。近年来，柬埔寨政治发展相对比较平稳，经济保持了较高的增长率，使得这个文明古国焕发出新的魅力。

第一节　国家概况

一、地理位置

柬埔寨王国（The Kingdom of Cambodia），简称柬埔寨，位于北纬10°20′~14°32′、东经102°18′~107°37′之间，南北最长处约440公里，东部、西部最宽处约650公里。柬埔寨东部、东南部和越南接壤，柬越边界线长约930公里；西南部濒临泰国湾（暹罗湾），海岸线长约460公里；西部、西北部与泰国相邻，柬泰边界线长约720公里；东北部与老挝交界，柬老边界线长约400公里。

二、自然条件

柬埔寨地形的特点非常鲜明，整体上就像一个大盆，北、东、西三面环山，包围着中央一个大平原，西南面向泰国湾（暹罗湾）是出海口，也有人将它形容为一口"带缺口的大锅"。高原、山地和平原分别约占国土面积的29%、25%和46%。依据柬埔寨地势的起伏，由高到低可以分为西南、西北、东北、中部四大区域。

西南地区指洞里萨湖与暹罗湾之间的区域，大体上包括菩萨省、戈公省、贡布省、磅士卑省和磅清扬省，面积约2.6万平方公里，主要由豆蔻山脉和象山山脉两大山系组成。它们像一道横亘在柬埔寨内地与暹罗湾之间的天然屏障，挡住了台风对内地的侵袭。山脉西南麓一带分布着一系列港湾和滨海平原，其余大部分地区则是峰峦叠嶂、山高林密。豆蔻山因盛产柬埔寨民间常用的药用植物豆蔻而得名，从马德望省的珠山向东绵延数百公里，一直延伸到磅士卑省，平均海拔在 1000 米以上，其中占他武里山和班塔山构成了柬埔寨与泰国的天然分界线。位于菩萨省与磅士卑省之间的克佐山脉海拔 1813 米的奥拉山是柬埔寨境内的最高峰，海拔 1744 米的第二高峰克莫奈峰坐落在豆蔻山中段，此外还有很多海拔超过 1000 米的高山，如东坡山（1563 米）、普农潘山（1450 米）等。象山山脉则是豆蔻山脉沿海岸向东南和南延伸至卜哥的部分，海拔在 1000 米左右。

西北地区包括马德望省、班迭棉吉省、奥多棉吉省及柏威夏省，面积约 1.8 万平方公里。位于柬埔寨北部由西部向东部延伸 300 多公里的扁担山脉构成了柬埔寨与泰国之间的天然边界。扁担山脉因其山形狭长、山顶平缓、形似扁担而得名，平均海拔 500 米，最高处是朴诺姆丹烈克山，海拔 756 米，扁担山脉南麓是由砂岩构成的悬崖峭壁，将它与中部平原隔开。

东北地区包括上丁省、腊塔纳基里省、桔井省、蒙多基里省和磅湛省的一部分地区，面积约 5.2 万平方公里。这一地区分布有东部高原、上川龙高原和磅湛高原。这些高原地势平缓，海拔在 100~500 米之间，其中，绵延于老挝、越南边境的长山山脉西侧长约 1000 公里、宽 50~300 公里缓斜的山坡称作多乐高原（又称东部高原）。多乐高原中部地形稍低，向北和向南逐渐升高。南部的上川龙高原海拔在 400~1000 米之间。多乐高原分布着大面积的火山熔岩，经过长时间的风化后形成了肥沃的红土，是柬埔寨重要的旱地农业区。

中部地区以洞里萨湖和湄公河为核心，包括金边市、干丹省、茶胶省、波萝勉省、柴桢省的全部以及磅士卑、磅清扬、磅同、暹粒、磅湛、上丁、桔井、菩萨、马德望等省的部分地区，面积约 8 万平方公里。洞里萨盆地—湄公河低地构成了柬埔寨最大的地理单元。柬埔寨中部地区在远古时期是一个大海湾，由于湄公河从上游带来大量泥沙淤积,遂使河口不断向外延伸,形成了今日的大平原。洞里萨湖周围地势平坦,海拔低于110米,这里河流湖泊众多,土地肥沃,人口稠密,交通发达,物产丰富,是柬埔寨著名的鱼米之乡;而湄公河及其支流周围地区,则地势较低洼。金边以南的平原是湄公河三角洲的组成部分,约占整个三角洲总面积的1/5。

三、国家标志

(一) 国旗

1993年6月29日,西哈努克亲王签署命令签署更改国旗,恢复使用1970年3月18日以前柬埔寨王国国旗的图案。柬埔寨王国国旗呈长方形,长与宽之比为3:2。由三个平行的横长方形相连构成,中间是红色宽面,上下均为蓝色长条。红色象征吉祥和喜庆,蓝色象征光明和自由。红色宽面中间绘有白色镶金边的吴哥窟图案,这是柬埔寨最为著名的古代建筑,象征柬埔寨悠久的历史和古老的文化。

(二) 国徽

柬埔寨王国国徽是以王剑为中心两边对称的图案。菱形图案中的王剑由托盘托举,喻示着在柬埔寨王权具有至高无上的地位;两侧为由狮子守护着5层华盖,"5"这个数字在柬埔寨风俗里象征"完美、吉祥";两边的棕榈树叶象征胜利。底部的饰带上用柬文写着"柬埔寨王国之国王"。整个图案象征柬埔寨王国在国王的领导下是一个统一、完整、团结、幸福的国家。

(三) 国歌

柬埔寨王国国歌最初是1941年确定的,1947年又再次得到确认，该国歌从 1941 年一直使用到 1970 年。朗诺政变上台后采用了新的国歌。1975 年 4 月 17 日柬埔寨人民武装力量解放金边后，又恢复使用了 1941—1970 年的国歌，但仅使用了一年的时间，1976—1979 年民主柬埔寨采用了新的国歌。1979 年柬埔寨人民共和国成立后亦用新的国歌。直到 1993 年新的柬埔寨王国成立，再次恢复了 1970 年以前的国歌。

柬埔寨王国国歌是由尊纳僧王作词、根据柬埔寨民歌的基调谱写而成的，国歌的名称是"吴哥王国"（Nokoreach），这是柬埔寨的历史地名，在现今茶胶省境内。耶跋摩七世在吴哥大兴土木时，这里曾盛极一时。"诺哥"在高棉语中表示"城市"，"列尔"表示"皇家"。歌词的主要内容是：

上天保护我们的国王，

赐予他幸福和荣耀，

为了统治我们的心灵、主宰我们的命运，

王国缔造者的继承人，

指引着自豪的古老王国。

寺院在丛林中酣睡，

铭记着吴哥王朝的辉煌。

高棉民族像岩石一样永恒。

让我们对挑战时代的王国——柬埔寨的命运充满信心。

歌声从宝塔中升起，

颂扬神圣佛教信仰的荣耀，

让我们忠诚于先辈们的信仰，

上天就会把恩惠慷慨赐予古老的高棉国家——柬埔寨

四、语言

柬埔寨是一个多民族国家，其语言相当丰富。按照语言的起源可以分为 3 个语系，即南亚语系、汉藏语系和南岛语系[1]。高棉语属于南亚语系，华语、缅语、泰语属于汉藏语系，占族语、马来语则属于南岛语系。按照语言的使用目的划分，又可分为官方语言、工作语言和通用语言等。柬埔寨绝大部分居民使用高棉语，柬埔寨王国宪法第 5 条规定："官方语言和文字是高棉语。"因此，高棉语成了柬埔寨的国语。

1. 高棉语

高棉语，人们习惯上又称作柬语，作为柬埔寨国语在全国范围内通用，在人们的相互交流中发挥着重要作用。它是在不断吸纳各民族语言的基础上逐渐发展完善起来的，属于南亚语系孟-高棉语族。其文字看上去与泰文相似，但它起源比泰文早，是东南亚诸国中最为悠久的文字。在 19 世纪柬埔寨沦为法国殖民地以后，法国殖民当局强制推行法语教育，并把法语作为其官方语言，直到 1953 年柬埔寨获得独立之后，高棉语才恢复了其国语的地位。在柬埔寨境内高棉语分为三大方言区，即以马德望为中心的西部方言区、邻近越南的东部方言区、以金边市为中心的中部方言区，其中，以金边为中心的中部语是其标准语言。

高棉语是一种没有音调的语言。尽管高棉语不变调，却有着丰富的缀音系统。高棉语的词汇可以由 1~2 个音节组成，其句子结构和语序基本与汉语相同，但是其词汇组合结构与汉语不同，通常是主词在前而形容词在后，即修饰语往往放在被修饰语之后。

高棉语借用外来语的现象非常普遍。高棉语在发展过程中，既大量借用了印度梵语和巴利语中有关社会、政治方面的词汇，也从汉语中借用了许多表示商业、财政和烹调方面的词汇，尤其是中国南方的潮州方言被大量吸收，如店主（Taoga，即头家）、粉

---

[1] 包睿舜、吴兰：《〈中国孟高棉语族语言与南亚语系〉评介》，载《世界民族》2004 年第 6 期。

条（Gauteo，即果条）、靠背椅（Gaoya，即交椅）、下服（Kao，即裤子）等。印度梵语和巴利语之所以至今仍在使用，主要有两方面的原因：一是由于柬埔寨自古受到印度文化的影响，特别是宗教（包括婆罗门教、大乘佛教和小乘佛教）的流传，使得梵语和巴利语的词汇深入民间；二是柬埔寨王室融合着印度人的血统，历史上梵语和巴利语曾经是柬埔寨上层社会的雅语。近代以来，高棉语又从法语、英语中吸收了许多表示现代科学技术和物质文化的词汇。此外，越南语、缅语、泰语、马来语等语言的部分词汇也被其吸收消化后变成高棉语的组成部分。

2. 其他语言

除了高棉语之外，英语、法语也是柬埔寨政府部门的工作语言，学术界、工商界的许多专业人士都使用英语和法语。汉语、越南语是普通市民中使用较多的通用语言。柬埔寨国内各少数民族还有自己的语言，例如，泰族讲泰语、佬族讲老挝语、占族讲占语。

占族语言属于南岛语系，是一种没有音调的语言，一个单词可以包含 1~3 个音节，标准词序是主语—谓语—宾语，形容词通常跟在它所修饰的名词之后。占语有很多外来词，大多是从阿拉伯语、马来语和高棉语中借用的。传统的占族文字书写体以印度字体为基础，柬埔寨西部的占族文字则以阿拉伯文字体书写。

柬埔寨东北部的拉德人、嘉莱人也有自己的语言和文字，从语言学的分类来看，应属于南岛语系，其文字是在越南语字母基础上用拉丁字母来书写。

第二节　姓名性格

一、姓名构成

柬埔寨人名由姓和名组成，一般顺序为先姓后名（在一些西方史料中有颠倒顺序的习惯）。柬埔寨人名主要使用高棉文，且每个名字都有相应的含义。

柬埔寨人的姓氏多为父姓（也有以父名为姓的现象），姓氏多为单音节词，其中有许多汉姓。柬埔寨高棉人常见的汉姓有：李、林、黄、兴、韩、金、周、洪、杨等。贵族与平民的姓名有所不同：贵族一般承继父姓，平民一般以父名为姓；贵族起名很有讲究，往往寓意深刻，平民名字多数是随便叫起来的，没有什么含义。柬埔寨女名常含美丽之意，而男名则多关于美德，亦有许多男女皆宜的名字。有时候，名字也可以采用联合的方式来起。比如现任国王的名字叫"西哈莫尼"，"西哈"来自父亲的名字"西哈努克"，而"莫尼"来自母亲的名字莫尼列王后。

柬埔寨人互相称呼对方时，多称呼对方的名而不是姓，正式场合上还会在名前添加前缀（多表尊敬之意）。

柬埔寨少数族群的命名习惯与高棉人有所不同。佛教徒的名字常与佛教相关，则常采用阿拉伯姓氏[1]。发音方面常重读名字。由于高棉人也有以父名为姓的习惯，一些姓也会作为名使用，相反，一些名也会作为姓使用。而对于柬埔寨华人和越南人则并非如此，他们有着子随父姓的习俗。因为柬埔寨华人移居柬埔寨已久，并与柬埔寨人互相通婚，故也有许多柬埔寨人用汉姓汉名，目前柬埔寨社会中较为流行的取名方式有：以父名为姓、汉姓柬名、柬姓汉名。

二、性格特点

柬埔寨是一个少有的母系社会，高棉人曾创造过辉煌的高棉帝国和吴哥文明，曾经一度统治过中南半岛近 600 年，疆域曾涵盖

---

〔1〕　少林、天枢：《柬埔寨的民族、居民与宗教》，载《东南亚纵横》1994 年第4 期。

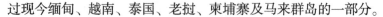

过现今缅甸、越南、泰国、老挝、柬埔寨及马来群岛的一部分。

柬埔寨是母系社会，是因为历史上男人往往出海捕鱼、征战，小孩都由女方抚养。所以通常男孩都是嫁入女方家。家里的财政大权都是由女方管理。由于出海往往不见得有归期，所以柬埔寨男人养成了及时行乐的性格。

柬埔寨女孩，家里财产通常都是由家里最小的女儿继承，父母年迈后，需仰仗最小的姑娘，因此对最小的女孩都极为疼爱，视若掌上明珠。男人外出，女人在家织布收拾家务，稳定着整个社会。女人以多生孩子为荣，而且柬埔寨女性多于男性。很多女孩终身不嫁或者独自带着孩子生活。整个社会对这一现象也非常包容。

第三节　衣食住行

一、饮食习俗

柬埔寨是世界上著名的水稻产地之一，洞里萨湖周围平原被誉为"鱼米之乡"，因此，大米和鱼虾是柬埔寨人民的主要食品。高原山地的居民除了食用大米之外，还辅以玉米、大豆、甜薯等。鱼虾是他们获取蛋白质的主要来源，既可新鲜煮食，又可制作干鱼、咸鱼、熏鱼，还能制成鱼露，特别受普通百姓的喜爱。柬埔寨人喜欢吃素，经常将茄子、木瓜、南瓜、冬瓜、椰果等各种蔬菜放在一起煮，成为一道蔬菜大杂烩。他们爱吃甜食，喜欢在食物中加入生姜、豆蔻、薄荷、胡椒、柠檬、鱼露等各种调料。人们在进餐时都喜欢喝汤，最常见的是酸鱼汤，将酸菜和鱼虾放在一起煮，再加入各种香料，味道十分清香可口，能增进食欲。水果是他们茶余饭后必不可少的，柬埔寨人经常食用的水果有香蕉、芒果、番木瓜、棕榈果、红毛丹等。

在柬埔寨的农村，人们还保持着传统饮食习惯，他们爱用瓦锅煮饭、土锅熬汤、椰壳当勺。一家人围坐在铺好席子的地板上进餐，中间放一个大木盆，盆子里装着各种大小不等的碗、盘，再准备一盆净水。他们习惯用大碗盛饭，用小盘子盛菜，用右手抓饭入口，不使用筷子、刀、叉等物。一边抓饭吃，一边在清水里涮手指。值得注意的是，柬埔寨人对左右两手的用途有严格的区分，只能用右手进食。柬埔寨男人进餐时还喜欢抽烟喝酒。如今，受外来文化的影响，不论城乡，用筷子吃饭的人越来越多。

二、服饰习俗

柬埔寨常年气温很高，人们的穿着极其简单，但柬埔寨人的服饰也有鲜明的特色。占人口绝大多数的高棉族的典型传统服饰是"纱笼"和"桑博"，服饰颜色以黑色为主，制作起来比较容易。男子上身穿对襟短上衣，热天穿圆领汗衫，下身穿"纱笼"，那是一种用数尺横幅布从两边缝合的长裙，宽度在1~3米，布料通常是棉布，富裕家庭喜好用丝绸。"纱笼"的透气性能好，穿着简便且凉爽，比较适合炎热的天气。妇女上身穿对襟无领短袖衫，颜色以深色和白色为主，下身穿的长裙叫"桑博"，其制作方法与穿着方式跟"纱笼"完全一样，只是颜色更为丰富，除了黑色之外，还有鲜艳的金色、黄色、棕色、绿色；布料的质地有棉、丝、麻、涤、绸缎等，而且印有各种椰树、花草鱼鸟和风景图案；有些妇女还配上金色、银色的腰带，更显得美观大方。

柬埔寨还有一种叫作"干曼"的古老服装，说是服装，其实是一幅八九尺长的锦缎或棉布，不用缝合，直接围于腰间。穿上之后，无论从前面看还是从后面看，其形状都有点像鱼的尾部，颇有特色。这种服装自古以来就是柬埔寨的礼服，在举行传统庆典活动或正式场合，王室成员和高级官员才会穿锦缎干曼。

柬埔寨另一个有特色的服饰就是"水布"，当地人称作"嘎玛"，是一块长约 150 厘米、宽约 80 厘米的方格布巾。专供儿童使用的水布规格略小，是用红、白、蓝、绿等颜色的棉纱或丝绸织成的横幅，中间是各种颜色的方格图案，两端各有 10 多厘米的长条形图案，有的留出一段线头编成穗状，多数都是直接收口。水布是柬埔寨男女老幼随身携带的必备之物，佩戴的方式多种多样，可以盘在头顶，围在颈部，搭在肩上，系在腰间，盖在身上等。水布用途十分广泛，既有实用价值，又有艺术价值，可以用来遮阳避雨，充当汗巾，还可作围腰、纱笼或被单。对喜爱打扮的女性来说，水布还是很好的装饰品，此外，水布还常被作为礼物赠送给亲朋好友。

柬埔寨占族人的服饰具有明显的穆斯林特点，男子穿类似"纱笼"的长袍，戴白色无檐帽或黑色土耳其帽；女子披头巾，戴耳环，穿色彩艳丽的纱笼，上身是一种敞领、束腰、紧袖的外衣，颜色以黑色、绿色为主，有的则穿一种中间打结的蜡染布衫。

如今，柬埔寨人的服饰已经发生了很大变化。尤其是女性服装，不仅色彩更加艳丽，而且款式越发多种多样。在城市，人们在公共场合大多西装革履，但闲暇时间着装随意。年轻人多穿 T 恤衫、牛仔裤，只有在家里才会穿传统服装。在乡村，穿"纱笼"和"桑博"的也逐渐变少，穿长衣长裤的人慢慢多起来。此外，柬埔寨人不论男女都喜欢佩戴装饰品，妇女喜欢用色彩鲜艳的颜料涂抹手足，据说这些都是婆罗门教的遗风。

第四节　日常交往

一、交往礼节

柬埔寨是历史悠久的文明古国，又是佛教国家。"高棉的微笑"是这个礼仪之邦留给世人的普遍印象。柬埔寨人非常注重礼节，讲究温、良、恭、俭、让，长幼有序，尊老爱幼，人与人之间友好和睦，待人十分有礼貌。

柬埔寨人见面时要打招呼并互相行"合十礼"，即有礼貌地以双手合十，指尖朝上，口说"三拜"，向对方致礼，表示问候和尊敬[1]。"合十礼"是柬埔寨人民的传统礼节，其"三拜"有多方面的意思，可以用于各种不同的场合，例如，婚礼上夫妻之间的"三拜"，是一对新人成婚的"三拜"；向师长的"三拜"是表示感恩的意思，以感谢师长的教诲；向别人道歉也要"三拜"，是祈求宽恕之意。

打招呼也有讲究。熟人之间打招呼，通常不称呼对方的姓，而是直呼其名，但要在名前面加上一个表示性别、长幼、尊卑的冠词。例如，祖父辈叫子孙的名字时，要在名字前面加"召"（意为孙儿），叔伯辈叫侄子则加"克梅"（意为侄子），同辈男子之间要加"邦"（意为兄长）。这样相互打招呼显得很有礼貌。

行"合十礼"就更有讲究，其动作所包含的内容相当丰富，动作略有不同，所表达的意思也就不一样。在预备行"合十礼"时，应双手合十放于胸前，目光要端正，不能左顾右盼。行礼过程中双手向上高举或者放下时，双手必须始终正对上方，头部应略微下俯，态度要虔诚，动作轻盈而流畅，这样才显得谦卑有礼。"合十礼"不仅是见面时使用，告别时也使用。

柬埔寨人很注意长幼、尊卑的区分。年轻人应先向年长者行"合十礼"，子女应先向父母亲行"合十礼"，弟妹应先向兄姐行"合十礼"，晚辈应先向长辈行"合十礼"，平头百姓应先向官员行"合十礼"，俗人应先向僧侣行"合十礼"；而父母、长辈不必向孩子、晚辈回礼"三拜"。一旦儿子、晚辈剃度当了和尚，父

---

〔1〕　宋淑运：《亚洲国家的礼俗》，载《外向经济》1994年第3期。

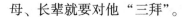

母、长辈就要对他"三拜"。

"合十礼"有诸多规格，一般来说，行礼的对象越尊贵，双手举的位置就越高，但最高也不能高于头顶。普通百姓之间、官阶相同的官员之间行"合十礼"，双手合十举至胸前即可；政府官员之间下级向上级行礼时，合十手掌尖举至口部为限；老百姓见到省长、大臣一类的高官时，应将合十手掌尖举至鼻端才算礼貌；子女向父母行礼、孙子向祖父母行礼、学生向老师行礼时，应将合十手掌尖举到眉目之间，以示尊敬。老百姓见到王室成员和高僧时，通常应跪下或蹲下来行"合十礼"，表示崇敬。

在大部分柬埔寨的农村，人们只习惯于行"合十礼"。在城市居民中，除了沿袭这种传统礼节，也有行握手礼的。

二、禁忌避讳

柬埔寨人民的日常生活中也有一些禁忌，当地人称之为"拍蒲"。俗话说入乡随俗，了解这些避讳，可以更好地与柬埔寨人打交道。

在家庭里，如果一家老小同居一室，晚辈的床位一定不能高于长辈的床铺，任何人不得把脱下的裤子悬挂在别人的头上方。吃饭、递东西一定要用右手，如果用左手给别人盛饭或是递东西，会被视为无礼。

人们见面互相行"合十礼"时，合十的双手不能左右摇摆，也不能偏朝身体的左边或右边，切忌将手举过头顶或向前远伸。如果是行握手礼，必须用右手握手，因为柬埔寨人把右手看得很圣洁，认为左手是不干净的。

无论在公共场合还是在家里，都不能用脚指着别人，也不要用手去摸他人的头部。当人们进寺庙烧香拜佛时，严禁穿鞋，否则将被视为犯下大罪。寺庙里通常不允许拍照。拍摄和尚的相片，必须事先征得其同意，否则被视为大不敬。一般情况下，妇女不得进入寺庙，否则会被视作亵渎圣洁之地。

在婚姻方面，堂兄妹、表兄妹等有血缘关系的亲戚之间禁止通婚。

第五节　婚丧习俗

一、婚姻习俗

结婚成家是柬埔寨人生活中的一件大事。由于地处热带，气候炎热，柬埔寨人普遍发育成熟早，加上饮食、传统习惯等多方面的原因，柬埔寨男女青年结婚比较早，通常男子在 18 至 25 岁、女子在 16 至 22 岁结婚。柬埔寨人非常尊重传统，其婚姻生活也保持了自己的民族传统特色。

柬埔寨实行一夫一妻制。父母对子女的婚姻很重视，一方面，成年男女有充分的恋爱自由，另一方面，成婚须由媒人说亲，征得双方父母的同意之后，再按照传统仪式完婚。这通常需要经过物色配偶、请人说亲、商定聘礼、举行婚礼等步骤。

在柬埔寨，成年的青年可以自由地在一起交往，以便在此过程中寻找意中人。当过僧人并还俗的男子比较受女子喜欢，更容易找到自己的配偶。男女青年产生感情后，男子便请求父母找媒人到女方家里提亲。男方的父母在选择媒人时，通常要找那些在当地有地位、家庭美满的"好命人"为媒人。媒人带上水果、糕点、槟榔、烟叶等礼物到女方家提亲，征求女方家长的意见；如果女方家有意向，媒人第二次再带礼物去求婚，并索取女方的生辰八字，请巫师算卦；要是卜得吉兆，媒人第三次带礼物去女方家把婚事确定下来。

订婚之后，媒人还要多次为双方牵线搭桥，商量嫁妆、彩礼等事宜，经协商取得一致意见后，男方就要给女方送聘礼。聘礼一般是钱物，也有送金银首饰、布料甚至给女方盖新房的。女方家收下聘礼之后，便要请巫师卜卦选择结婚日期。婚礼要选黄道吉日，但不能在佛教斋日和逢单数的月份。从订婚到举行婚礼通常要有两三个月的准备时间。有的地方还要求男方在订婚后先到女方家干活，如果女方家对男方干活不满意的话，有可能会解除婚约。

柬埔寨有"女娶男"的风俗。婚礼多在新娘家举行[1]。按照传统习惯，婚礼一般要持续三天，场面十分隆重，也相当讲究。在举行婚礼过程中有"睡米""凿齿""牵衣角""收草席"等诸多仪式，要请和尚为新郎新娘诵经祈福，有条件的家庭还要请乐队吹奏乐曲。男女双方的亲朋好友、乡里乡亲都来祝贺，大家欢聚一堂，载歌载舞，十分热闹。

随着时代的发展，柬埔寨的传统婚礼有逐步简化的趋势，时间也从三天缩短至一天，但仍保留了一些古老的婚姻仪式。在城镇居民中，传统婚俗的痕迹越来越淡化。

今天，大多数柬埔寨人对婚姻大事仍持相当慎重的态度。尽管离婚、再婚都已合法化，但人们普遍还是对离过婚的人持有偏见，一个人离婚之后要承受很大的社会压力，因此，除非万不得已，人们一般不会提出离婚。柬埔寨的离婚率很低和这些传统有关系。按照有关法律规定，离婚必须有相当充分的理由，只有经过调解无效之后，才能离婚。

二、丧葬习俗

信仰小乘佛教的柬埔寨人相信生命有轮回，把死亡看成一个生命的结束、另一个生命的开端。当病人临终之前，家人要请和尚来念经，为即将离世之人赎罪和祈祷。人去世后，要在床头点

---

[1] 尹淑华：《柬埔寨婚俗——高棉人的婚礼》，载《东南亚纵横》1989年第2期。

燃一对蜡烛，并把一枚银币或戒指放入逝者口中，表示人死万事空，连一枚银币也带不走，同时还警示在世的人多行善事的意味。谁家遇到丧事，通常要在门外插一面白色的三角旗。

柬埔寨佛教徒死后实行火葬[1]。火葬前要用香水将尸体洗净，穿上白色寿衣，用白布或白绸包裹之后再用 5 条白绳把尸体绑紧，才能放入棺材。家里的孝子孝孙须剃光头发，身着白色孝服，女性亲属披一条白布并穿孝服。火葬一般在午夜进行，地点通常是寺院的焚尸阁。出殡时由一位年老的和尚领头，旗幡鼓乐开道，孝女紧随灵枢之后，沿途抛撒炒米。尸体抬到寺院后，把灵枢安放在火葬坛上，逝者的头部要朝向西方。先由和尚在灵前诵经，用法水冲洗遗体，然后用五香木点火焚尸，与此同时举行孝子削发为僧的仪式。孝子手捧袈裟站在火葬坛前，跟着老和尚念经。老和尚把袈裟上面的腰带套在孝子颈项上，孝子披上袈裟就成为一名僧人。按照习俗，在葬礼上当和尚是孝子为了报答父母养育之恩。

尸体焚烧之后，要举行"换身"仪式，即在骨灰堆上画一个头部朝东的像，佛教徒认为头部朝西象征着死亡，头部朝东表示诞生，"换身"就是预祝逝者早日投生。火葬结束后，逝者家属要给所有参加火葬仪式者一些纪念物，通常是逝者火化后留下的牙齿、骨头等。这些物品被一些人用来充当护身符。

第六节　纪念节日

柬埔寨的节庆很多，既有世界性的节日，如元旦、国际妇女节、国际劳动节、国际儿童节等，又有许多柬埔寨特有的节日，如柬埔寨新年、巴黎和平协定日、悼念西哈努克国父日、国王登

---

〔1〕 陈显泗：《从火葬的传入看吉蔑族与周近民族的交流和融合》，载《郑州大学学报（哲学社会科学版）》1984 年第 2 期。

基日等，还有不少柬埔寨的民间传统节日（见表1-1）。

表1-1　柬埔寨2013年节日一览表[1]

日　期	节　日	假　期
1月1日	元旦	休假1天
1月7日	胜利纪念日	休假1天
2月25日	麦加宝蕉节	休假1天
3月8日	国际妇女节	休假1天
4月13—15日	新年	休假3天
5月1日	国际劳动节	休假1天
5月13—15日	国王华诞	休假3天
5月24日	比萨宝蕉节	休假1天
5月28日	御耕节	休假1天
6月1日	国际儿童节	休假1天
6月18日	国母华诞	休假1天
9月24日	立宪节	休假1天
10月3—5日	亡人节	休假3天
10月15日	悼念西哈努克国父日 （新增节日）	休假1天
10月23日	巴黎和平协定日 （新增节日）	休假1天
10月29日	国王登基日	休假1天
10月31日	国父华诞	取消
11月9日	独立节	休假1天
11月16—18日	送水节	休假3天
12月10日	国际人权节	休假1天

---

[1]　载柬埔寨中文社区：http://www.7jpz.com/thread-8963-1-1.html。

（一）柬埔寨新年

每年公历 4 月 13 日至 4 月 15 日是柬埔寨新年，全国放假三天。新年期间，全国各地的寺院都要重新布置，悬挂佛教的五色旗和白色的鳄鱼旗，结上铜铃。男女老少穿上节日盛装，成群结队到寺院礼佛斋僧；建沙塔、浴佛像是传统的庆祝活动。新年的第一天为守岁，这天下午要举行迎新年仪式，晚上家家户户张灯结彩，请僧侣诵经祈福。第二天为辞岁，上午举行各种庆贺仪式，下午请僧侣念经，进行沐浴，亲朋好友之间互相馈赠礼物。建沙塔于新年的第一、二天在寺院举行，先由僧侣在寺院周围放置一些沙作为若干个塔基，用竹片、树枝把塔基四周围起来，并插上纸花、红旗等，接下来由民众搬来沙子倒进去。参与建沙塔的人很多，很快就堆成若干个沙塔，人们把香、烛插在沙塔上，洒一些香水和槟榔，举行祈祷仪式，希望来年五谷丰登、健康长寿、幸福就像沙粒那么多。柬埔寨人相信，在新年里建沙塔所积的功德，犹如建造七级浮屠一样多。

新年第三天为新岁，要举行浴佛仪式。人们将装有鲜花、洒过香水的清洁水淋于佛像上，佛像下面用盆子接水，这些浴过佛的水被柬埔寨人视为圣水。人们将圣水带回家，洒在每个人头上，给孩子淋浴。人们相信这样做可以为家人、孩子带来吉祥和幸福。这一天，文武百官和各国驻柬埔寨外交使节都穿上礼服，进王宫给国王、王后拜年。全国各地城乡都举行多种多样的新年庆祝活动。

（二）御耕节

御耕节是柬埔寨一个十分隆重的传统节日，时间是每年柬历比萨月下弦初四（公历 4、5 月间）。柬埔寨是农业国，农业在国民经济中占有相当重要的地位，把御耕节定为传统节日，表明国王重视农耕，鼓励人们从事农业。御耕节期间正是雨季来临，意味着一年农耕的开始。

每年要举行隆重的御耕典礼，政府机关放假一天。御耕典礼由柬埔寨政府的农业部组织，国王、王后亲临现场观看，文武百官和各国驻柬使节应邀参加[1]。仪式在特定的圣田里进行，圣田周围设有 5 座亭子，每个亭子里有一尊佛像。圣田前方设置礼坛，礼坛上并排放着 7 个大银盘，分别装着稻谷、青豆、玉米、芝麻、青草、水和酒。

仪式开始后，作为国王代表的农业部长率领群众首先来到西北角的亭子，向佛像礼拜后吹起海螺，表示耕作开始。随后，农业部长亲自扶犁，带领耕作队伍来到东边的亭子把披着五色彩衣的"神牛"解开，用"神水"洒在牛身上，然后由"神牛"拖着木犁，绕着圣田作象征性的犁耙。王后的代表和一些宫女紧随其后，从银盘中抓起五谷种子撒播在圣田里，象征着播种。最后，把"神牛"牵到礼坛前，让它自由选食，以预卜这年庄稼收成的好坏。若是牛吃稻谷、玉米，就预示着这年粮食将有大丰收；要是牛吃了青豆、芝麻，可能预示着水果的好收成。

（三）亡人节

亡人节也是柬埔寨的传统节日，类似于中国的清明节。设立亡人节，既是悼念追思自家已故的亲人，又是为了救济无数的"饿鬼野魂"。因此，佛教徒要集体到寺院去做善事，积功德。按照传统，这个节日通常要持续十五天，如今已经缩短到三天。

"添汶"是亡人节的重要活动。节日期间，每天清晨佛教徒们都要聚集到寺院，带上各家煮好的饭菜，把所有的米饭放在一张干净的大草席上，将所有的菜都倒入一口大锅里，摆好碗碟，先请僧人用膳。僧人吃完后，佛教徒们才吃早餐，饭后各自回家。有些老人一直待到节后才回去，当地人称"受节"。

---

〔1〕 王忠田：《柬埔寨的节日》，载《世界文化》2009 年第 12 期。

亡人节最后一天活动很多，也最为隆重热闹。第一个仪式是"波列隆达"。凌晨3时人们就起床，用芭蕉树皮制作小船，焚香点烛，将装有食品的小船放到河水里，任它随波逐流，漂向远方，寓送先人升上天堂之意。第二个仪式是"砌沙坛"，天亮后人们着盛装来到寺院，善男信女们砌好8座沙坛，围坐其旁，僧人在沙坛上点上几炷香开始诵经。信徒们依次传递着点燃的蜡烛，以此为已故先人赎罪。第三个仪式是"邦速鼓"，人们将寄放在寺院的骨灰盒取出，没有骨灰盒的则把死者的名字写在一张纸上，请僧人为之诵经超度。仪式完成后，亡人节就算结束了。

（四）送水节

送水节是柬埔寨盛大的传统节日之一，时间是佛历"佳得"月满月（公历11月）。柬埔寨国土上到处江河纵横，水在人们的日常生活中有巨大的影响。"在柬埔寨文化中，水象征着生命与生育"。"送水节"是祭祀每年11月间湄公河、洞里萨河河水退潮的节日。每到雨季，湄公河、洞里萨河河水高涨，淹没许多田地，11月份落潮之后大片土地变成了良田，农业获得丰收。柬埔寨人认为这是上天的恩赐，因此，每年河水退潮时就要举行仪式，欢送水神、地神，酬谢上天赐予他们水和土地，同时，也祈求上天对他们平时浪费水和土地行为的宽恕。

送水节通常持续三天，全国各地张灯结彩，纷纷举行规模浩大的庆祝活动，国王、王后和王室成员都要参加。国王还亲自主持某些重要仪式，邀请各国驻柬外交使节观礼。最重要的活动主要有三项。一是"放河灯"。节日期间，人们在湄公河、洞里萨河沿岸搭建起许多浮宫和观礼台，河面上停泊着无数的小船。当夜幕降临、圆月东升之时，湄公河、洞里萨河畔响起隆隆的礼炮声。在王室成员或政府高官的主持下，由高僧带领众人进行祷告，"愿流水把一切病魔和灾难冲走，把幸福与安康带给人间"。祷告仪式结束后，人们开始放河灯，各式各样的河灯漂浮在湄公河和洞里萨河上，宛如繁星闪烁，承载着人们默默的祝福随河水流向远方。渔民们在各自的小船上设祭台，摆满祭品，点亮灯烛，把河面照得透亮。王室的河灯最为华丽，往往是一艘装饰辉煌、设有祭台的小艇，祭台上布置了数百支红蜡烛，先由国王亲自点燃其中的几支，然后由王室其他成员和贵宾们把其余的蜡烛一一点燃，任由这艘小艇在江面漂流，与数不清的大小河灯混杂在一起，构成了河灯、明烛与圆月争辉的美景，也体现了王室与民同乐的情怀。二是"祭月"仪式。通常在午夜时分举行。国王用圣水浸湿手掌和脸，然后用一片树叶蘸着圣水，洒在孩子们身上，为他们祈福。老百姓一般在寺院里祭月，以水果、蔬菜作为祭品，点燃蜡烛，向月亮拱拜，祈求来年庄稼有好收成。三是龙舟竞赛。节日期间每天下午在金边著名的四臂湾都要举行龙舟竞赛，每次有几十艘龙舟参赛。全国各地的村民们把安放在寺院里的龙舟取下来，请僧侣念经祈祷后，再把龙舟重新油漆一遍，在龙舟上画一对金色的大眼睛就可以正式参赛了。龙舟一般长约20米，可容纳40至50名选手。每艘龙舟的船首都站立着一位指挥者，他控制着划桨的速度和节拍；船尾坐着一位舵手，负责掌握行船的方向；船上还有一位扮装成小丑、戴着面具的鼓劲者，他时而唱出嘹亮的歌声，时而做出诙谐的动作，时而发出低沉的笑声，时而吹出高昂的号角，不断给自己船上的选手鼓劲。江面上百舸争流，河岸边成千上万身着节日盛装的男女老幼欢歌笑语，加油呐喊。人们都沉浸在狂欢之中，场面十分壮观。

（五）加顶节

加顶节是柬埔寨佛教徒最隆重的节日之一[1]，时间从每年佛历十一月初一开始，持续一个月（10月29日至11月26日）。加顶节是指在雨季斋期结束后佛教徒给僧侣们添置一套袈裟、馈

---

〔1〕 朱惠芬：《柬埔寨的加顶节》，载《东南亚纵横》1986年第2期。

赠一些日用品的活动，因此每到加顶节期间，经常可以看到人们排起长队向僧侣们赠送袈裟的场面。

加顶节仪式由善男信女自发组织，通常由富裕人家或是德高望重的人发起并承担有关费用。他们负责收集人们捐赠的物品，主要有袈裟、钵、蚊帐、椅子、碗筷和食品等。送袈裟的头一天要搭建一个临时会场，人们把捐赠的礼物放进一顶轿子，敲锣打鼓抬到会场，举行诵经祝福仪式。晚上人们唱歌跳舞一直狂欢到深夜。第二天清晨，人们穿上新衣服来到会场，用轿子抬着礼物前往寺院，在外面绕行 3 圈才进入寺院。烧香拜佛后，由一位代表把礼物敬献给寺院住持，僧侣们以诵经的方式向人们祝福。仪式结束后人们敲锣打鼓高高兴兴地回家。

第七节　旅游名胜与奇观

一、名胜古迹

柬埔寨悠久的历史、灿烂的文化、绚丽的自然风光和多姿多彩的民族风情，使它拥有极为丰富的旅游资源。主要旅游点包括世界闻名的吴哥古迹、金边古迹群和其他为数众多的游览胜地。

（一）吴哥古迹

吴哥古迹是柬埔寨最著名的旅游景点，也是世界上闻名遐迩的旅游胜地之一[1]，在人类文明史上也是闪闪发光的。周恩来总理在 1956 年第一次访问柬埔寨时参观了吴哥古迹，高度称赞道"体现出柬埔寨人民自古以来的创造天才和智慧"[2]。吴哥

---

〔1〕 陈显泗：《光辉灿烂的柬埔寨古文明——吴哥文化》，载《世界历史》1978年第 1 期。

〔2〕《在金边举行的告别招待会上》，载《人民日报》1956 年 11 月 28 日，第 4 版。

（Angkor，该词来源于梵语 Nagara，意为都市）位于暹粒省境内，距首都金边约 240 公里，离暹粒省会约 5 公里。在公元 9 世纪至 15 世纪时，吴哥曾是柬埔寨的王都，最盛时人口达数十万。吴哥始建于公元 802 年，完成于 1201 年，前后历时 400 年。在几百年的建造过程中，吴哥三易中心。第一次王都中心建在巴肯寺（阇耶跋摩一世时代），第二次王都中心是在巴戎寺（因陀罗跋摩二世时代），第三次王朝中心又定在巴芳寺（乌答牙提耶跋摩二世时代）。吴哥曾先后两次遭洗劫和破坏。第一次是在 1177 年占婆人侵入柬埔寨时，吴哥遭受了劫掠；第二次是 1431 年暹罗军队的入侵，攻陷了吴哥。吴哥遭到了严重破坏，王朝被迫迁都金边。此后，吴哥被遗弃，逐渐湮没在丛林莽野之中，直到 19 世纪 60 年代一个名叫亨利·穆奥的法国博物学家才重新发现了吴哥古迹。

吴哥古迹现存 600 多处，分布在面积 45 平方公里的丛林里。大吴哥和小吴哥是它的主要组成部分，其中有许多精美的佛塔以及众多的石刻浮雕，蔚为壮观。这些佛塔全部用巨大的石块垒砌而成，有些石块重达 8 吨以上。佛塔刻有各种形态的雕像，有的高达数米，生动逼真。吴哥寺中的 5 座莲花蓓蕾似的佛塔高耸入云，是高棉民族引以为荣的精湛建筑。

除大吴哥、小吴哥及 3 个王都中心外，女王宫和空中宫殿也是吴哥古迹中著名的景点。空中宫殿是一座全石结构建筑，据说建于 11 世纪。宫殿建在一座高 12 米的高台上，呈金字塔形，分 3 层。台中心建有一塔，塔上涂金，光芒四射。高台四周有石砌回廊环绕。由于台高，给人一种悬在空中的感觉，因而得名。

吴哥建筑群具有鲜明的印度色彩，同时也具有鲜明的柬埔寨民族风格，以其神秘、独特的东方魅力吸引着世界各地游客的目光，是了解柬埔寨及东南亚历史文化的最佳窗口。

吴哥古迹规模之宏伟壮观，其建筑艺术之璀璨夺目，令人惊叹。考古学家把它与中国的长城、埃及的金字塔和印度尼西亚的婆罗浮屠并称为东方四大奇迹。1992 年，联合国教科文组织世界遗产委员会把整个吴哥古迹列为世界文化遗产。

吴哥建筑群包括数座著名的建筑物，其中最著名的是吴哥王城、吴哥窟、女王宫、巴戎寺、空中宫殿等。柬埔寨国家博物院也在这里，里面陈列着众多历史文物。

吴哥王城（Angkor Thom），是"大吴哥"之意，成形于公元 12 世纪的阇耶跋摩七世时期（Janyavarman VII，1181 年至 1215 年在位），呈正方形，周围达 12 公里余，城墙高约 7 米，四面皆有一门通向城中心的巴戎寺。护城河宽达 100 米，有大石桥跨越护城河上，54 个石神分别跪坐两旁，构成栏杆。石神各握一条石蛇，神态各异，栩栩如生。整个吴哥王城的规模宏大，是世界封建社会时代都市建筑的杰出代表。王城中央的巴戎寺（Bayon，意为"荣誉山"），是由 50 多座石塔构成的建筑群，中间一座高达 45 米，每座塔尖都雕刻有四面佛佛像，神态安详、平和，面带微笑，具有柬埔寨建筑的明显特征。塔基四周的内外回廊上也雕刻有精致的浮雕。

吴哥窟（Angkor Wat）即吴哥寺，又称小吴哥，是"塔城"之意，是吴哥地区最集中、最杰出的古迹，位于吴哥城南郊，修建于 1113 年至 1150 年的苏耶跋摩二世时期（Suryavarman II），他死后的骨灰即葬于此。根据宗教习惯，吴哥窟大门朝西，四周各有一个宽 190 米、长 1300 米至 1500 米不等的水池，寺内外各有石墙一道，寺内有三层台基，塔高 65 米，庄严雄伟，气度恢宏。其中长达 800 米的"浮雕回廊"，雕刻的是印度古代史诗《摩诃婆罗多》和《罗摩衍那》中的故事，是闻名世界的艺术瑰宝。吴哥窟的"窟"字只是英文"Wat"或法文"Vat"的音译而已，是寺庙的意思。

女王宫（Banteay Srei），被誉为"吴哥古迹的明珠"，位于吴哥城东北，距巴戎寺约 25 公里，原名湿婆宫，建成于吴哥王朝阇耶跋摩五世时期（Jayavarman V，元年 968 年）。它坐西朝东，长约 200 米，宽约 100 米，中心为 3 座并列的塔形神祠和左右对称的配殿。朱红色的塔祠建在一个 1 米多高的台基上，居中一座最高，约 10 米。正中的神祠供湿婆神，南面神祠供梵天神，北面神祠供毗湿奴神。每座塔祠的东、南、北各有一门，门高仅 1.2 米，礼拜者须弯腰屈膝方能入内。每个门前均有守护神石雕一对，两侧墙上有手持长矛的武士及仙女的浮雕。塔祠外围三道围墙，内外围墙之间，有拱门、镂花石柱和石碑等。整个塔祠群巍峨壮观，建筑奇巧别致，雕刻细腻优美。每座塔祠上都刻有各种神鬼的雕像。塔基及其两侧的神龛和门楼上有许多千姿百态的浮雕，内容多是记载古代高棉人民的生活情景和抵御外族侵略的战斗场面。1431 年吴哥城被暹罗攻陷时，女王宫也遭到破坏。现存女王宫内有许多的妇女雕像，这些雕像雕刻精美，形象生动，风格独特。

从 2000 年开始，柬埔寨开始实施在暹粒省暹粒市至吴哥寺之间兴建"酒店城"计划，该工程预计占地 67 万平方米。

（二）金边古迹群

金边是柬埔寨的历史文化名城，始建于 1372 年，1434 年开始作为柬埔寨首都，迄今已有 500 多年历史，从 1867 年成为柬埔寨固定首都至今也有近 140 年的历史[1]。王宫和塔仔山是金边的两大名胜。

王宫坐落在金边著名的四臂湾，占地 16 万平方米，始建于 1434 年。这是一组色彩斑斓、具有东方特色的斗拱飞檐式建筑，由 20 余座大小宫殿组成，整个王宫以黄色为主调，显得金碧辉煌、光彩照人而又庄严雄伟。金殿是国王御座所在的正殿，陈列

---

〔1〕 王忠田：《柬埔寨的首都——金边》，载《国际展望》1991 年第 22 期。

的黄金御用饰品重量超过 1000 公斤，极显富丽堂皇。银殿又称玉佛寺，是国王家族拜佛之所，地面用 4700 多块镂花银砖砌成，大殿内供奉的玉佛，高约 60 厘米，由整块晶莹剔透的翡翠雕刻而成，被视为柬埔寨的国宝。

位于金边市中心诺罗敦大街北端的塔仔山是金边的象征。山高近百米，是市内的最高点，柬埔寨语称之为"百囊奔"。1434 年索里约波国王迁都至此，在山上修建了一座佛寺，人们称它为"塔山寺"。此后，金边就以塔仔山为核心向周围逐步发展起来，塔仔山也就成了金边的奠基之地。登上山顶，金边全景一览无余。山顶有一座高 30 米的圆锥形尖塔，旁边拱立着 4 座小塔，塔旁是奔寺，寺内饰有各种精美的石雕。塔仔山下绿草如茵，林木葱郁，被辟为塔仔山公园。

位于洞里萨河畔的独立广场，作为柬埔寨 1953 年从法国殖民统治下获得解放这一伟大历史事件的纪念地，有着重要的历史意义。中国援建的柬埔寨国家体育馆、柬埔寨国宾馆、中华医院等建筑，作为柬中两国人民传统友谊的历史见证，都为这座古城增添了新的光彩。

（三）其他游览胜地

白马市是柬埔寨著名的风景区和避暑、旅游胜地，位于贡布省最南端象山山脉的尽头，市郊的山山清水秀，气候宜人，远眺海景，令人心旷神怡。尤其是海边美丽、宽阔的海滨浴场，沙滩细软，海水清澈，素有柬埔寨"南海之珠"的美称。西哈努克市既是柬埔寨最大的海港，也是旅游度假的好去处。那里依山傍海，绿树白沙，海阔天空，令人向往。

波哥市是一座山城，波哥山海拔 1075 米，山岭巍峨，松涛阵阵，瀑布飞泻，气候凉爽，怪石嶙峋，繁花似锦，景色迷人。每年都吸引柬埔寨国内外的大量游客。

基里隆市位于磅士卑省西部，浓荫蔽日，飞流千尺，景色秀丽，也是著名的避暑胜地。

二、著名城市

柬埔寨由4个直辖市和20多个省组成，其中金边市、西哈努克市、白马市、拜林市都是柬埔寨的著名城市。

（一）金边市（Phnom Penh）

柬埔寨的首都，位于湄公河、洞里萨河、巴沙河和前江的汇合处，这四条河流在城东联结成 K 字形，西方文献称之为"四臂湾"。金边市区呈长方形，分老城和新城两部分。金边市同时也是柬埔寨最大的城市。金边市一共分为九个区：桑园区、隆边区、玛卡拉、堆谷区、朗哥区、棉芷区、雷西郊区、森速区和菩森芷区。其中五个区在市中心，四个在郊区，是全国人口密度最高的地方。

金边市是柬埔寨的政治、经济、文化、宗教中心，也是柬埔寨最大的工商业城市。金边市汇集了全国最主要的工商企业和金融机构，是国内商业和贸易的基地。金边市主要的工业部门有汽车修理、船舶、塑胶、化工、纺织、陶瓷、电力、轮胎、玻璃、酿酒。金边市汇集了众多的中小企业、金融机构。金边市不仅是柬埔寨的交通中心，而且是印度支那地区重要的交通枢纽之一。金边市有七条国道连接全国各省，全国唯一的两条铁路均以金边市为起点。金边国际机场是柬埔寨最大的航空港，可以起降大型飞机，是东南亚重要的国际机场，有多条国际航线通往世界各地。金边港是柬埔寨最大的港口，金边市到出海口的湄公河段全长 330 千米，海轮可以常年通航。金边市有六座古佛寺和许多后来修建的佛寺，这些庄严肃穆的庙宇使金边市成为柬埔寨的佛教中心。金边市还有十几所高等院校，也是全国的教育中心。金边市名胜古迹众多，有监狱博物馆、万谷湖、塔山寺、王宫、乌那隆寺、巴云寺、巴肯山、圣剑寺、女王宫等多个著名旅游景点，是世界上著名的旅游城市。

（二）西哈努克市（Sihanoukville）

原名磅逊市、磅逊港（Kampong Som），位于柬埔寨西南沿海，濒临泰国湾，距柬埔寨金边市240公里左右。西哈努克城建于1950年以后，是一个比较新的城市，和柬埔寨其他城市相比更为现代。战乱时期红色高棉曾经根据当地地名将西哈努克港改称为磅逊港。20世纪90年代大选之后又恢复了西哈努克港的名字，很多人简称它为西港。

西哈努克市在30年中自由发展，至今拥有居民将近15万人，是一个以国际货物吞吐、渔业和旅游为主的大城镇，也是柬埔寨唯一的深水港和进出口贸易的咽喉。西哈努克市通铁路、公路，同首都和内地相连，交通发达，有铁路可直达金边市，全长270公里。西哈努克市北部和东北部是工业区，内有大型炼油厂和柬埔寨最大的啤酒生产企业。目前，西哈努克市的工业主要是制衣业，其中有来自中国的投资企业20多家。西哈努克市拥有柬埔寨进出口贸易的最大国际深水海港，万吨级以上海轮可以自由出入。因此西哈努克市是柬埔寨目前最大的国际海港和对外贸易枢纽。西哈努克市既是一座新兴的港口城市，也是一座新兴的工业城市。该市是柬埔寨的对外开放窗口之一，拥有较好的基础设施条件，交通十分方便，还有国家级机场——西哈努克机场。西哈努克港主要出口货物为大米、木材及橡胶等，进口货物以杂货为主。

西哈努克市同时也是金边著名的旅游城市，其中胜利海滩、奥哲选海滩、索卡海滩、独立广场、金狮纪念碑、圣米歇尔天主教堂等都是西哈努克市著名的旅游景点。目前，柬埔寨已经批准在西哈努克市建设经济特区，该市也因此吸引了不少外国投资者的目光。随着西哈努克市经济特区的建设，多家大型国外企业在西哈努克市投资建厂、开发旅游项目。在不久的将来，西哈努克市必将成为柬埔寨的经济支柱和世界著名旅游城市。

（三）白马市（Krong Kep）

白马市位于贡布省南部象山山脉东南端的尽头，距金边市175公里，从海上到越南河仙市很近。白马市北与贡布省相邻，东与茶胶省相连，南临暹罗湾，西与西哈努克市交界。

白马市因市郊的白马山而得名。这里依山傍水，景色秀丽，气候宜人，年均最高气温30℃，最低气温23℃，是柬埔寨的避暑胜地，有马岛、菩岛、白兔岛等自然景点，白马海滩、安哥尔海滩每年吸引很多海内外游客。

（四）拜林市（Krong Pailin）

位于马德望省西南部豆蔻山脉的北麓，是柬埔寨的边境重镇，战略地位十分重要。拜林市东、南、北三面与马德望省交界，西与泰国接壤。拜林市原以盛产红宝石、蓝宝石以及贵重热带木材而闻名，但拜林市真正引人注目的是，它自20世纪70年代以来一直处于战争的前沿阵地，硝烟不断。80年代中期以后，红色高棉武装把拜林市作为军事总指挥部，利用境内的高山密林和豆蔻山易守难攻的地形，长期与柬埔寨政府军对抗。直到20世纪90年代末，随着红色高棉武装的彻底覆没，拜林市才恢复了平静。拜林市地处高原，气候凉爽，年均最高气温29℃，最低气温27℃，有雅得山、乌大奥瀑布等景点。

参考文献：

［1］卢光盛等编著：《柬埔寨》（列国志新版），社会科学文献出版社2014年版。

［2］卡门：《柬埔寨——五月盛放》，中国青年出版社2004年版。

［3］［法］布达让：《吴哥——石林》，顾薇薇译，上海书店出版社

2007 年版。

　　[4] 段立生：《柬埔寨通史》，上海社会科学院出版社 2019 年版。

　　[5] 中国银行股份有限公司、社会科学文献出版社编：《文化中行："一带一路"国别文化手册——柬埔寨》，社会科学文献出版社 2016 年版。

　　[6] 罗杨：《权力的道德性和精神性——柬埔寨女性家庭地位的人类学分析》，载《山西师大学报（社会科学版）》2016 年第 2 期。

　　[7] 尹淑华：《柬埔寨婚俗——高棉人的婚礼》，载《东南亚纵横》1989 年第 2 期。

　　[8] 少林、天枢：《柬埔寨的民族、居民与宗教》，载《东南亚纵横》1994 年第 4 期。

　　[9] 王忠田：《柬埔寨的节日》，载《世界文化》2009 年第 12 期。

　　[10] 陈显泗：《光辉灿烂的柬埔寨古文明——吴哥文化》，载《世界历史》1978 年第 1 期。

　　[11] 陈军军、支国伟：《柬埔寨服饰文化研究》，载《旅游纵览（行业版）》2015 年第 2 期。

第二章

尼泊尔的习俗文化

【**本章概要**】尼泊尔是中国的友好邻邦，有着"东方瑞士"的美誉。世界著名的十大高峰中有八座就位于尼泊尔境内以及它与邻国的边界上。尼泊尔位于喜马拉雅山脉南麓，北面与中国青藏高原接壤，西、南、东三面被印度环绕，是南亚次大陆最北端的山区内陆国。尼泊尔背靠雪山，境内河流较多，水位落差大，水电资源丰富，据统计蕴藏量达 8.3 万兆瓦。旅游资源比较丰富，珠穆朗玛峰是登山和徒步的旅游天堂，南部郁郁葱葱的原始森林里生活着特有的亚洲独角犀牛。尼泊尔虽国土面积较小，但拥有丰富的水利资源和动植物资源，有着悠久的历史和丰富的文化。得天独厚的气候与自然条件养育着三千多万勤劳勇敢和淳朴善良的人民。

第一节　国家概况

一、国家历史

尼泊尔联邦民主共和国（Federal Democratic Republic of Nepal），简称尼泊尔，公元前6世纪就建立王朝。13世纪初，马拉王朝兴起，大力推行印度教。1768年，沙阿王朝崛起并统一全国。1846年，拉纳家族依靠英国支持夺取军政大权，并获世袭首相地位。1950年，尼泊尔人民掀起反对拉纳家族专政的群众运动和武装斗争。随后，特里布文国王恢复王权，结束拉纳家族统治，实行君主立宪制。1960年，马亨德拉国王取缔政党，实行无党派评议会制。1990年，尼泊尔爆发大规模"人民运动"，比兰德拉国王被迫恢复君主立宪。2001年，比兰德拉国王在王室血案中遇害，比兰德拉胞弟贾南德拉继位。2005年，贾南德拉国王在解散政府后亲政。主要政党结成"七党联盟"，与尼泊尔共产党（毛主义中心）联手反对国王，并于2006年通过第二次"人民运动"推翻了国王统治。

2008年，尼泊尔举行制宪会议选举，选举产生的制宪会议宣布成立尼泊尔联邦民主共和国。2015年9月，历时7年之久，尼泊尔新宪法——《尼泊尔宪法》正式颁布。2018年2月15日，根据《尼泊尔宪法》选举产生的联邦政府正式成立，奥利当选总理。省和地方政府此前已经按照宪法规定选举产生，尼泊尔正式建立起三级政府组成的联邦政体，新宪法落实取得关键进展。奥利总理领导的联邦政府成立后，联合执政的两个共产党——尼共

（联合马列）与尼共（毛主义中心）宣布合并，形成统一的尼泊尔共产党，政治形势更加稳定。

尼泊尔著名的历史人物有特里布文国王，尼泊尔很多地方以他的名字命名，如特里布文国际机场、特里布文大学等。此外，公元 12 世纪后期尼泊尔著名建筑师阿尼哥，曾在中国主持建造了北京白塔寺等著名建筑，成为中国与尼泊尔友好交往的代表人物，尼境内连接中国的阿尼哥公路即以其名字命名。

二、地理环境

尼泊尔北临中国，西、南、东三面与印度接壤。国土面积 147 516 平方公里。国境线全长 2400 公里。尼泊尔境内重峦叠嶂，世界最高峰——珠穆朗玛峰（尼泊尔称萨加玛塔峰）位于中尼边界上。地势北高南低，相对高度差之大为世界所罕见。大部分属丘陵地带，海拔 1 千米以上的国土占全国总面积的一半。东、西、北三面群山环绕，因此尼泊尔自古有"山国"之称。河流多而湍急，大都发源于中国西藏，向南部注入印度恒河。南部是土壤肥沃的冲积平原，分布着茂密的森林和广阔的草原，也是尼泊尔重要的农业经济区。中部是河谷区，多小山，首都加德满都就坐落在加德满都河谷里。

尼泊尔的主要矿产资源有铜、铁、铝、锌、磷、钴、石英、硫磺、褐煤、云母、大理石、石灰石、菱镁矿等，探明储量不大，均只得到少量开采。水力资源丰富，据估计，尼泊尔的水电蕴藏量为 83 000 兆瓦，其中，43 000 兆瓦可开发水力发电。

尼泊尔的气候基本上只有两季，每年的 10 月至次年的 3 月是旱季（冬季），雨量极少，早晚温差较大，晨间 10℃左右，中午会升至 25℃左右。每年的 4—9 月是雨季（夏季），其中 4、5 月气候尤其闷热，最高气温常达 36℃。从 6 月起降雨增多，雨季逐渐开始，一直持续到 9 月底，雨量丰沛，河流常泛滥成灾。2017

年8月，尼泊尔南部特莱平原地区因降雨发生特大洪灾，造成人员、物资和经济损失，对农业生产带来不利影响。

尼泊尔南北地理变化巨大，地区气候差异明显。全国分北部高山、中部温带和南部亚热带三个气候区。北部为高寒山区，终年积雪，最低气温可达-41℃。中部河谷地区气候温和，四季如春。南部平原常年炎热，夏季最高气温达45℃。全国在同一时间里，南部平原上酷热异常，首都加德满都、博卡拉等城市则是百花吐艳，春意盎然，而北部山区却是雪花飞舞的寒冬。

尼泊尔政府经济社会统计实行财年制，每个财年从自然年7月16日至次年7月15日，绝大部分经济社会统计数据均以财年为统计区间。目前尼泊尔总人口为3054万人，约67%的人口生活在城市和城镇。首都加德满都地区人口约500万，是全国人口最多的地区。南部特莱平原地区人口密集，北部山区人口稀少。

第二节　姓名性格

一、姓名

尼泊尔人的姓名很长。其中不仅包括本人的姓氏和名字，而且表现本人的爱好、意愿和信仰。由于尼泊尔是一个印度教国家，许多人还喜欢把印度教传说中神灵的名字作为自己姓名中的一部分。

尼泊尔人的姓名通常分为三部分：前面为本名，或以神名为名，中间为爱好或理想，最后为姓。尼泊尔首相的姓名为苏尔亚·巴哈杜尔·塔帕。"苏尔亚"是他的名字，意为"太阳神"，"巴哈杜尔"意为"英雄"，可以说是他的志向，"塔帕"是其姓。尼泊尔人名叫克瑞士纳·普拉萨德·斯瑞斯塔的也不少。

印度教中，众神也有性别之分。因此，一般尼泊尔男子喜欢取护持之神毗湿奴化身的名字"克瑞士纳""拉姆"和"纳拉扬"等为己名。尼泊尔女子则多取童女神"库玛利"、女神"黛维"、财神"拉克西米"和智慧女神"沙拉瓦蒂"为己名。当然，也有例外，如有的男子是以湿婆之妻"杜迦"命名的。

尼泊尔人的姓氏多半也有各种含义。有的表示祖先的职业，有的则表示民族和种姓。如在尼泊尔的尼瓦尔人中，姓"奇特里卡"的祖先是艺术家；姓"加普"的是农民；姓"纳皮特"的为理发师；姓"达卡母"的为工匠。姓"古隆""马嘉""拉依"的则表示他们分别属于古隆族、马嘉族和拉依族。

尼泊尔北部山区的少数民族取名方法同我国藏族相仿。目前以作登山向导和挑夫为生的舍尔巴人，常取名于出生日期，如叫"尼玛"的生在星期日，叫"巴桑"的生在星期五。此外，他们还喜欢取名于吉祥的字眼：如名叫"谭桑"的表示长寿；叫"萨南"的表示走运。

二、性格

（一）重视家庭伦理

尼泊尔人遵从的道德行为规范及范围较广，有维护宗法制的君臣、父子、夫妇、长幼之间的纲常伦理道德，有在宗教思想影响下做人的道德行为标准。纲常伦理道德要求君爱民、臣忠君、父义、母慈、妇从、子孝、兄友、弟恭。这种纲常伦理道德支配着大多数尼泊尔人的思想行为，在尼泊尔人的家庭中表现得十分明显，尤其是妻子对丈夫俯首帖耳，言听计从。绝大多数的尼泊尔女人是非职业女性，她们操持家务，受到更多的社会伦理约束。这种伦理道德观念直接损害妇女的身心，也有碍社会进步。当然，有些伦理道德观念对于促进家庭和睦与塑造个人的良好品德也有一定益处。

在诸多伦理道德观念中，尼泊尔人最为看重的是"孝"。"孝"指对父母尽孝道，不忘记养育之恩，包括祭奠先人。孝道是尼泊尔的传统风尚，父亲节、母亲节都是尼泊尔的重要节日，以及对已经过世的父母、祖父母每年要举行一次祭奠仪式。在尼瓦尔民族中还有为 77 岁、84 岁、99 岁的老人举行庆祝长寿的仪式。孝道虽然是一种维护封建家长制的观念，但对加深亲情关系，维护家庭成员的和睦有积极作用。

（二）强调忠诚守信

在尼泊尔人的文化里，忠诚是第一重要的品质。"忠"指的是不欺骗、不妄语，表里如一，言行一致。印度教对不同种姓不同阶层的人遵从的"忠"的解释不同。如对婆罗门种姓要求忠于职守，忠于神明；对刹帝利种姓的要求是忠君、爱国、爱民，保护生灵；对吠舍种姓的要求是克勤克俭，为军为民提供生活之必需；对首陀罗种姓的要求是忠心为高种姓服务。享誉全球的廓尔喀雇佣兵就是以忠于职守，以生命捍卫自己的荣誉而著称。一位指挥过廓尔喀兵的英国军官曾经说过，"如果你命令一个廓尔喀兵坚守在阵地上，那么他就会在这个岗位上一直战斗到死而不会后退半步。"在日常生活里，尼泊尔人不会骗人，也不会造假，忠诚在这里更多的表现出是一种诚信。尼泊尔人比较重视社会道德和职业道德。尼泊尔这种良好社会风气的形成和印度教宣扬的"业道"理论有很大关系。人们有意识地提高自己在品德、行为、思想和言语方面的修养，使之符合社会道德底线。总之，在尼泊尔社会中人与人之间的信任度很高，人们交往心态比较放松，从事经济活动的交易成本也相对较低。

（三）乐善好施

尼泊尔人待人诚恳、温和好客，富有善良怜悯之心和助人为乐的精神。作为客人，你不论到政府机关办事，还是去尼泊尔人家里拜访，尼泊尔人都会十分礼貌地为你送上一杯奶茶、一个煎鸡蛋或者一个小薄饼。尼泊尔人乐善好施，对乞讨者从不回绝，也不以残羹剩饭打发，都是以钱币或者大米相施舍。尼泊尔还有一个专为乞丐提供行乞机会的风俗，那就是灯节之夜，一帮乞丐挨家挨户唱一首歌曲，唱完之后主人出来给赏钱，乞丐才离开。尼泊尔一年中还有一个专门的节日，在这一天允许十四岁以下的孩子在马路上任意拦截乞讨。这些男孩或者女孩可以在路边随意拉一根绳子，拦住过往的行人或者车辆要钱。被拦截的人不能拒绝或者恼怒，可以随意施舍几个硬币，乞讨者也同样不能嫌少，必须适可而止。在尼泊尔，行乞不但不被视为无廉耻，反而被视为一种受尊重的行为。对乞讨者和布施者来说，他们是互利关系，一方是寻求精神解脱，另一方是积德行善。他们的道德观点是一致的，均与追求人生的最终目标相关联。在印度教文化里，对于弱者的施舍是一种至高无上的美德，而受助者也认为获得强者的帮助是理所当然的事情。

（四）爱护万物生灵

尼泊尔人崇拜自然，崇拜动物，主张爱护一切生灵。尼泊尔的印度教、佛教和耆那教等宗教都宣传人要有爱心，尼泊尔人将朋友同事看作情同手足，尤其是在知识分子中间，在探讨某个问题时不免发生争执，例如不同民族不同种姓的人在一起讨论谁是尼泊尔的土著民族的问题时，虽然语言激烈，但不会面红耳赤，会上唇枪舌剑，会下相好如初，颇有绅士风度。他们不会造成民族间或种姓间的对峙，而且仍以兄弟姐妹相称，体现了良好的道德修养水平。

在尼泊尔，爱护生灵是绝大多数人基本的美德。在城里和郊外经常可以看到羽毛漂亮的各种鸟类，没有人捕捉，尼泊尔也没有鸟市。在菜市场可以看到当牛羊吃摊贩卖的菜时，摊贩只是将他们赶走，从不施以暴行。尼泊尔人有敬牛、敬乌鸦、敬狗的节日，每到节日都给家里的牛或者街上的狗戴上花环，给乌鸦准备食物。尼泊尔人还有敬树、敬山、敬河流的风俗，这一切都体现了尼泊尔人爱护生命、热爱自然的博爱精神。这种精神使他们在今天仍然得以生活在一个天空蔚蓝、绿树成荫、百鸟齐鸣的生态环境中。尼泊尔人忠孝慈爱的道德观念是协调人与人之间、人与社会之间的行为准则。

从历史上看，尼泊尔作为一个地处亚洲腹地的高山国家，它从未丧失独立地位。尼泊尔历史上内战不多，人民生活和平安宁，军队英勇善战，对外战争胜多败少，基本维护了国家民族的独立。闭塞的地理条件使得这个民族长期处于和平安宁的环境之中，社会经济发展缓慢，国民虽然生活艰辛，但是拥有虔诚的宗教信仰，精神生活丰富多彩。老百姓大多淳朴善良，乐天知命，与世无争，不失为诸神佑护下的一块精神净土。尼泊尔人性情平和，善于妥协的特点成为构造其政治文化的基石，为尼泊尔政治经济社会演变提供了良好的人文环境。

第三节　衣食住行

一、民族服饰

尼泊尔男子的传统民族服装为大襟和尚领服，长至双膝，尼泊尔语称"兜拉"（Doura）。下衣是胯大裆肥、腿瘦、包着脚腕的马裤，尼泊尔语称"苏鲁瓦尔"（Suruvala）。"兜拉"和"苏鲁瓦尔"是套装，有白色和土黄色两种。白色套装外面再穿上一件黑色西服，戴一顶黑色的尼泊尔小帽，即尼泊尔的国服。尼泊尔小帽椭圆形顶，类似船帽，有黑色的，也有彩色的。白色帽子为丧服。穷人大多数是低种姓者，如搬运工、清洁工。他们上身穿布制的马甲，下身围一块未过膝盖的粗布，脚穿拖鞋。天气寒冷会在身上裹一块粗纺的毛织或线织的大披巾。当代男青年喜欢穿花衬衣、牛仔裤，或西服和夹克衫。另外，西装革履也是各族男士追求城市化的服装。

妇女上衣是紧身齐胸的无领对襟短衫，露着腰和上腹部。下身裹一条长 5~6 米的"纱丽"。纱丽的 2/3 用于腰以下的部位，在腹前折出 6~9 层褶皱掖在衬裙上，下端直垂地面；其余的 1/3 则从腰部搭在肩上或头上。纱丽是已婚妇女必须穿的服装。冷天在纱丽外穿长袖、大襟、系布襻的花夹袄。外面再披一条名曰"卡丝朵"（Khasto）的披肩，或穿开身毛衣。纱丽有丝、纱、绸、尼龙纱、土布几种不同的面料和各种各样的花色，人们可根据自己的爱好和经济条件进行选择。农村妇女多穿布料纱丽。尼瓦尔族妇女时兴穿黑色镶紫红色大宽边的土布纱丽。女大学生的校服也多是布料纱丽。当代女大学生喜欢穿紧身无领 T 恤、牛仔裤、巴基斯坦女装以及西藏女袍。巴基斯坦女装是一种袖长七分、下摆较大、略过膝盖的无领连衣裙，配同样花色的长至脚面的裤子，裤筒较细。另外，从胸前到双足后披一条长 1.5 米至 2 米的薄纱巾。尼泊尔女子一般不穿皮鞋，只穿拖鞋或凉鞋。她们无论穷富，都讲究佩戴项链、耳饰、手镯和戒指等饰品。当然，有人戴的是金银首饰，有人戴的是铜铁或塑料饰品。青少年女子通常在脚腕上戴银质脚链、脚镯，脚趾上戴类似戒指的金银铝制饰品。已婚女子除发缝上涂抹朱砂红外，一定要佩戴由 6 至 9 串红色玻璃珠链子拧成的一种项链，项链下端嵌入金或银的饰物。另外，已婚妇女必须戴手镯。一旦丈夫去世，妻子会立即洗去发缝上的朱砂，打断手镯，摘掉项链，从此不能穿色泽鲜艳的纱丽，只能穿白色或素色纱丽。男子的孝服从头到脚都是白色，而且不能用皮革制品。

尼泊尔北部山区的一些民族，如谢尔巴、马南加［Manangay，又名乃斯扬巴（Nesyangba）］、伯泰（Bote）等民族的服饰与中国藏族的服饰相同。

二、饮食习惯

尼泊尔人的饮食习惯是一日两顿正餐，三次奶茶。正餐在早上 9 点钟左右和傍晚 7 点钟左右，以米饭、蔬菜、豆汤和开胃小菜"阿杂拉"（Acara）为主。大多数家庭一周只吃一两次肉，而且只吃羊肉和鸡肉。有些民族也吃水牛肉，但都不吃黄牛肉和猪肉。由于鱼的价格比较贵，一般家庭很少吃鱼肉。尼泊尔人用餐时，习惯使用不锈钢的分餐盘，把米饭和几种不同的蔬菜分别放入餐盘中，然后把豆汤浇在米饭上，用右手抓着吃。喝奶茶的时间分别在清晨、下午一点钟和四五点钟。下午一点钟是政府机关规定的喝奶茶时间。喝奶茶时人们大都吃些小吃，如煎鸡蛋、炸酥油薄饼、米片、面包或饼干，而穷人在喝奶茶时间只能以生水和炒玉米豆充饥。

三、住宿特色

尼泊尔是一个神圣的地方，佛教起源于这个国家，在很多人的心目中，这个国家虽然经济并不十分发达，大部分人的生活不富裕，但是他们生活得非常快乐，有来自内心深处的宁静，是很多人所向往的。尼泊尔处在这个快速发展的世界，却并不盲目跟随潮流，而是跟随自己的内心，有着自己的节奏。

有许多人认为尼泊尔的乡村田园生活，也许就是诗人眼中最为宁静最有诗意的地方，所以很多人争相到尼泊尔旅游，就为了一睹尼泊尔的美景。但或许大家对尼泊尔这个国家有着过度的宣传与幻想，其实没有一个国家能够真正意义上躲避全球化的浪潮，尼泊尔也不例外。

尼泊尔是一个多山的国家，适合居住的平原地区非常少，同时大家都聚集在一起，所以算是一个比较拥挤的国家。尼泊尔的建筑分为两类，一类是用砖砌成的房子，这样的房子只有少数的富人才有钱能够修起。大多尼泊尔人非常喜欢修建三层楼的房子，这样看起来更加的气派，他们喜欢在房子的外面漆上五颜六色的颜色，以显得更加鲜明亮眼，即使很多人没有这么多的钱，他们也至少会修建两层房子，外观看上去还是不错的，只是里面没有任何的装饰。另外一类是贫穷的人住的茅草屋。

四、交通情况

尼泊尔的交通格局很是奇妙。全国不通火车，就连唯一的国际机场里摆渡车也只有一辆不停地来回运转。摩托车时常超载，骑手技术高超，他们在穿越拥挤的大街、狭窄的小巷时从不减速。大部分的柏油马路都只铺一半，二百公里的路程大巴车要走整八个小时。

1. 脸谱卡车

在尼泊尔尘土飞扬的公路上行驶着的大部分都是二手卡车，型号并不算新，车身还有些破旧，但这些特别的卡车，却是公路上最靓丽的一道风景线。尼泊尔人都是天生的艺术家，铁皮车的表面被他们涂上五彩缤纷的图案，印象派、野兽派、立体派、未来派、达达主义、波普艺术兼而有之。每辆车都个性张扬，独一无二。尼泊尔的卡车司机会像打扮新娘一样装点自己的爱车，这个国家的艺术热情和幽默感在这里表露无遗。

2. 交响乐喇叭

机动车喇叭噪声属于社会生活噪声中比较严重的一种，对于时常堵车的尼泊尔来说，却成为一种特例。这里的大巴车和卡车的喇叭都经过改装，并不是普通的"嘀嘀声"，而是由不同音调的音符组成的旋律，变化多而不单调。听这里的喇叭声，不但不会感到烦躁，反而是一种艺术的享受。来到尼泊尔，你会感叹：司机们居然可以在车流中，按出各种美妙动听的旋律。在尼泊尔的大街小巷里，所有的车辆组成了一个庞大的交响乐团。

3. 开挂的 Local Bus

相比火车开外挂的印度民族，尼泊尔的 Local Bus 也不甘示弱。当你排队上车时，经常会看到当地人熟练地跃上车顶，感受独特的双层巴士式景观。也许尼泊尔人天性喜欢冒险，司机开车狂野。也许尼泊尔人天性喜欢浪漫，坐在车顶露台上便可以看风景，唱歌弹琴。

4. 疯狂的机车民族

或许是道路情况比较复杂，没有红绿灯，没有斑马线，所有的马路都是人车混杂，交通混乱。对于当地人来说，摩托车才是最主要的代步工具，每家一辆摩托车，是脱贫致富的必要标志。所以尼泊尔的首都加德满都可以说是名副其实的摩托车王国。"加德满都的摩托车驾校"这里的骑手大多技术高超，能够熟练地穿越大街小巷，在道路上毫不减速尽情驰骋。这里的摩托车并不是耍帅的道具，而是一家人最主要的出行交通工具。

第四节　日常交往

一、肢体语言

尼泊尔最常见的礼节是合十礼。在尼泊尔人的观念中，左手是不洁净的，收授物品时要用右手或双手。尼泊尔人在回答问题时，惯于用摇头表示同意。

二、文化禁忌

尼泊尔妇女一般不和不熟悉的人握手，在向尼泊尔妇女问候或同其交谈中，不要有身体上的接触，也不要轻易抚摸小孩的头，因为尼泊尔人相信神住在人的头顶。尼泊尔人有敬黄牛为神的习俗。不管是谁，有意或无意伤害"神牛"者，都要受到罚款或法律制裁。到尼泊尔人家做客，进门要先脱鞋，在室内不要跨过他们的身体或脚，而应绕道或请他们让一让。在尼泊尔不要趴在神像上拍照或玩耍。

三、礼仪

尼泊尔人见面时，双手合十于胸前，说"纳马斯代"（Namaste）或"纳马斯卡"（Namaskar），意思是"你好"。晚辈拜见长辈时不但要双手合十于胸前，而且要鞠躬。每日清晨，做儿媳的要给公婆请安；在喜庆的节日中晚辈给长辈行礼时，不仅要下跪，还要以前额触长辈的脚面，长辈则把右手放在晚辈头上，说几句祝福语；每逢家庭中的大喜事，晚辈行过礼，长辈要送给晚辈礼物，通常是金项链或卢比。

四、称谓

对王族、婆罗门和令人尊敬的学者、教授称呼"何祖拉"（Hejura），意为"老爷"。佣人称主人"何祖拉"，关系比较亲近的人开玩笑时也可称对方"何祖拉"。在家庭里晚辈对长辈、妻子对丈夫也用"何祖拉"。孩子称父亲"卜爸"，称母亲"阿妈"，称"爷爷"或"外公"为"何祖尔·爸"或"爸接"（Bajie），称"奶奶"或"外婆"为"何祖尔·妈"或"伯接"（Bejiey）。与对方说话时，平辈人之间称呼名字或用"递密"（Timi），意思是"你"。对长辈或客人用"塔巴依"（Tapai），意思是"您"。

同事或朋友见面时可直呼对方的名字，但名字后要加一个敬词"吉"（Ji）。熟人、同学之间，以及不相识的人之间，为表示对对方的尊重和亲切，一般均称"达意"（Dayi，哥哥）、"递递"（Didi，姐姐）或"帕依"（Bhai，弟弟）、"玻黑尼"（Behini，妹妹）。学生称老师"古鲁"（Guru）或"瑟尔"（Sir）。

五、生活习惯

清晨洗漱完毕，首先敬神礼佛。无论在家里还是去寺庙礼拜，必须空腹。参拜后才可以进餐。用正餐时，先拿出一点盘中餐放在桌上，以示对神和佛的敬供。吃饭时用右手抓饭，递给其他人食品时也只能用右手。但在传递非食用品时用双手，以示礼貌。进室内要脱鞋，进寺庙的佛堂、神殿要把鞋脱在外面，不能用手触摸佛像和神像，只能用头触佛像和神像的足部。在家里不穿正规的服装，男人上身穿大襟白衬衣，下身围直筒裙；女人穿短袖和拖地的连衣裙。出远门时要根据尼泊尔的历书选择吉日良辰，并举行外出仪式。外出者要随身带一些仪式中用过的供品，如红色大米、槟榔、硬币等。不宰杀母畜母禽，不食用其肉。不吃剩饭，剩饭用于喂乌鸦和狗。忌讳宰杀黄牛（水牛除外）。因为公黄牛是印度教湿婆神的坐骑，母黄牛是财富女神的象征；忌讳外人进自己家的厨房和神舍、佛堂；忌讳穿衣时只穿一只袖子；忌讳晚上剪指甲，认为这是不祥之兆。

第五节　婚丧习俗

一、婚礼

婚礼是尼泊尔人一生中要举行的人生圣礼之一。从历史上延续下来的婚姻形式和结婚礼仪颇多。在结婚礼仪上，不同的民族有不同的礼仪程序。属于雅利安种族的尼泊尔人和尼瓦尔人的结婚礼仪大同小异，都非常复杂。首先联姻要经过媒人介绍，互送庚帖。订婚时由双方父母面谈，男方送女方聘礼。举行正式婚礼前要举行名曰"索亚姆布尔"（Soyamubur）的仪式，表示女子自

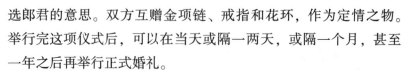

选郎君的意思。双方互赠金项链、戒指和花环，作为定情之物。举行完这项仪式后，可以在当天或隔一两天，或隔一个月，甚至一年之后再举行正式婚礼。

婚礼分两部分进行，一部分仪式在新娘家进行，另一部分在新郎家举行。结婚之日，新郎在父母的陪同下率迎亲队前往女方家举行婚礼。在城市里迎亲队的人数由新郎所在居住区的地方政府部门规定。印度教徒的婚礼由婆罗门祭司主持，有数十项程序，还要膜拜各路神明，至少要进行一天。主要程序有"阁内亚达恩"（Keneyadan），即女方父母把女儿交给女婿的仪式。这项仪式后有洗脚、祝福、踩石头、播簸箕、绕火堆、新郎给新娘戴"滴拉核里"（Dilaheri）等仪式。"滴拉核里"是一种嵌有金银饰物的红色玻璃珠项链，为已婚妇女所佩戴，是幸运的象征。婚礼的高潮是新郎往新娘头发中间的发缝上涂抹朱砂红。发缝上涂抹朱砂红是尼泊尔已婚妇女最明显的标志。至此，婚礼算是告一段落。此后一对新人到新郎家还要举行新娘被婆家认可的礼仪。尼瓦尔人在送新娘去婆家时，要由舅舅背新娘上车或轿子。新娘的父母只把女儿送出门外。新郎带着迎亲队把新娘迎娶到家门口时，新郎的父母各拿一个大罐子，里面装满鲜花、纸花和染成红色的大米往新郎和新娘的头顶倾洒。新郎和新娘对双亲行顶足礼，新郎父母给一对新人戴金项链和鲜花花环，然后把新人领进家门，新郎家的人提着水壶往地上洒水。进屋后婆婆要把家里粮仓、厨房和贮藏室的钥匙交给儿媳妇，儿媳妇把一大串钥匙系在腰上。在进洞房时，新郎的妹妹挡在门外，待新郎递过喜钱后，才放新郎新娘进屋。第二天举行梳头仪式，由新郎给新娘梳头。第四天，新娘回门时还要举行宗教仪式。

农村人的婚礼也多在女方家进行。新郎在结婚那天的傍晚去新娘家举行婚礼并迎亲。新郎拜见岳父时，要赠送一些卢比和其他礼品，岳父母也送女婿一些礼品。婚礼在专门搭建的彩棚里举行。新郎在结婚仪式上要送给新娘戒指、玻璃珠项链和朱砂。新娘通常以花环回赠新郎。婚礼通常持续整整一个夜晚，直到翌日清晨，新娘才坐在用椅子或大布兜做成的简易轿子里被抬往婆家。在坐轿子之前，新娘的舅舅要背着新娘绕轿子三圈。轿子被抬走时新娘的母亲和家里人要做祭礼。轿子是露天的，新娘的头上蒙着盖头，有人给她打着伞。新郎骑着马，跟在轿子后面，也打着伞。从新郎出发迎亲的那一时刻起，新郎家通宵灯火齐明，乐器联奏，新郎的家人与亲朋欢聚在一起聊天、跳舞，通宵达旦，直到新郎将新娘娶回家中。点长明灯是尼泊尔人举行一切仪式中不可缺少的一环，它象征着光明和希望，也象征着幸福和吉祥。因此，在结婚大喜的日子里长明灯特别明亮。

"益喜"（Ihi）仪式。这是尼瓦尔族的一种独特风俗。"益喜"（Ihi）是尼瓦尔语，专指尼瓦尔族 7~9 岁的小女孩与"贝尔果"（Bel，孟加拉苹果，又称金苹果或木苹果）举行的象征性结婚仪式，俗称"贝尔婚姻"。"贝尔果"果皮坚硬，存放多年不烂，因此，尼瓦尔人将其作为金童子的象征。女孩与"贝尔果"的婚姻象征着永恒的婚姻。"贝尔果"是女孩一生的丈夫。女孩在成年后与男人结婚时，把亲朋好友送的槟榔珍藏起来，若婚姻遭遇挫折，妻子将槟榔放在枕下，即可不受束缚地离异。在丈夫去世时，妻子把槟榔放在丈夫遗体旁边就可以改嫁。为了女儿一生的幸福，大多数尼瓦尔人家庭都为女儿举行"益喜"仪式。这个仪式和正式婚礼一样庄重，由祭司主持，并邀请亲戚、朋友参加。通常是数名或数十名女孩在一起集体进行，女孩们个个穿红戴绿，额上点着红色的吉祥痣，列队席地而坐。祭司捧起贝尔果做祈祷，女孩们向贝尔果、祭司和自己的父母一一行礼。最后，祭司把贝尔果分别交给女孩的父母，婚礼在欢乐喜庆的氛围中结束。女孩的父母把贝尔果珍藏在家里。但尼瓦尔人中的婆罗门种姓不做"益喜"仪式。

二、丧事

尼泊尔人的丧葬仪式由专门负责丧葬事务的祭司主持。人死后用白布裹尸，在24小时内将尸体火化。尼泊尔的绝大多数民族都实行火葬，火葬后将骨灰投入河中。只有个别民族实行土葬。位于加德满都帕舒帕蒂寺后的巴格马提河畔的阿尔雅特火葬场被认为是最神圣的火葬场。人去世后，会马上在那里火化。尼泊尔人讲究由儿子送终和守孝。所谓送终，就是双亲去世时，要立即剪去手脚指甲，剃光头发、眉毛等全身的毛发后沐浴更衣，用白布围住下身，并开始斋戒。在焚尸之前，死者的儿子要往死者嘴里倒一口水，然后用右手举起火把，从死者头部开始点着柴火。所谓守孝，就是在双亲去世后，要吃斋禁欲13天，以喝牛奶、吃水果蔬菜为主，蔬菜中还不能加入油盐和葱蒜等物品。斋戒期间每天早晚要为死者祈祷，13天以后才能开斋，但要服丧一年。一年之内，服丧者从头到脚要穿白孝服，不能进寺庙，不能参加娱乐活动，不能饮酒。待一周年为死者举行过忌辰祈祷仪式后，才可以脱掉孝服。

第六节　纪念节日

每年5月29日为尼泊尔的共和国日。根据尼泊尔旅游部门发放的资料，尼泊尔每年各种节日多达300多个。少数是全国性节日，大部分是宗教、民族、社区等特定群体专属节日。几乎每人每年要花三分之一的时间来从事节日活动。

一、马琴德拉纳特节（Machindranath Jatra）

这是尼泊尔印度教徒和佛教徒共同庆祝的节日，在帕坦市进行。每年从尼历元月白半月（有月亮照明）的第一天开始，历时一个月。在这一个月中，载有马琴德拉纳特神像的巨大神车，按照既定的路线，由人们拉着在居民区游行，在一些街道会停留一天、两三天或一个星期。大神车的停留日期和起程时辰，由占星师决定，以趋吉避凶。大神车的外观犹如一株高耸入云的塔式青松，顶端插着尼泊尔国旗，挂着红色长幡、彩带和金色神符。大神车所到之处，人们纷纷出来顶礼膜拜，并往神车上抛洒供品和钱财。事毕之后，人们欢欢喜喜回家。

关于马琴德拉纳特节的来历在尼泊尔有各种传说。最流行的一种说法是，马琴德拉纳特是印度阿萨姆邦的一位圣人。他的一个徒弟廓尔喀纳特到尼泊尔化缘，因为没人理睬，便怒从心起，用咒语将九条舞云降雨的神蛇收压在自己的臀下。从此，尼泊尔干旱，颗粒不收。人们便向毗湿奴大神祈祷求救，毗湿奴显灵给尼泊尔国王，示意要到印度去请马琴德拉纳特。国王遵照神的旨意率领祭司、法师等人去印度，将马琴德拉纳特请到尼泊尔。廓尔喀纳特见师傅来到，即起身拜见，九条神蛇腾飞入云，即日春雨普降，当年五谷丰登。此后，尼泊尔人将马琴德拉纳特奉为神明，每逢春耕之际，都向该神顶礼膜拜，祈求风调雨顺。

马琴德拉纳特节最隆重的一天，是大神车到达行程最后一站乌拉凯尔（Jaulakhar）广场的那一天。这天要在那里举行隆重的群众集会，并展示一件被称作"博托"（Bhoto）的黑绒马甲。它镶满了宝石，传说那是马琴德拉纳特留下来的。

这一天，国王、王后、王储及王室其他成员、高级军政官员和各国外交使节来广场观礼，参加庆祝活动。四周人山人海，需要警察维持秩序。下午五时许，军乐高奏，礼炮齐鸣，人人都向马琴德拉纳特神肃立致敬，一名祭司站在车沿上，双手高高举起那件黑绒马甲，先向观礼台方向展示，然后顺时针向其他三个方向展示，循环三次，每次展示都博得热烈的掌声。此后，国王、王后、王储及王室其他成员在鼓乐声中拜谒马琴德拉纳特神像。

接着，一名神的侍者爬到大神车上的青松顶端，抛下一个用赤铜制作的大盆。尼泊尔人认为，铜盆落地时，若盆口朝上，表明当年会风调雨顺；反之，为旱灾之年。

庆祝会结束后，马琴德拉纳特神像将被送往布翁加莫迪（Bunggamdi）寺庙供奉，半年后送回帕坦市的塔巴哈拉庙（Taba-hala）。

二、佛诞节（Buddh Jayanti）

佛诞节是纪念佛祖释迦牟尼诞生的日子。释迦牟尼是佛教创始人，尼泊尔人民把他奉为和平的先驱与象征。1951 年，尼泊尔政府宣布，释迦牟尼诞辰为全国性的节日，放假一天。尼泊尔人每年在尼历（超日王历法）元月的望日（公历 5 月初或中上旬）庆祝释迦牟尼诞辰。届时尼泊尔全国各地分别举行庆祝活动，以加德满都和蓝毗尼专区的庆祝活动最为隆重。

佛诞节前夕，前往蓝毗尼朝拜的僧侣、香客络绎不绝。既有来自蓝毗尼附近地区的信徒，也有来自北部山区东部边远地区的佛教徒；还有来自印度、中国、泰国、缅甸、日本等世界各地的僧人和香客。佛诞节之日，蓝毗尼僧团组织庆祝大会。僧人们要诵经文、浴佛身、供鲜花、燃香烛，然后抬着佛祖玉像上街游行。游行队伍浩浩荡荡，参加游行的有僧人、居士、香客和当地的民众。

上午，在加德满都，成千上万的佛教徒云集在斯瓦扬布纳特寺，拜祭佛祖，焚香点灯，进行祈祷，布施钱财。寺内还展出表现佛祖生平的彩色泥塑和绘画。下午，尼泊尔"佛教复兴会"在位于斯瓦扬布纳特寺丛林中的阿难陀寺举行隆重的庆祝大会。政府首相、外国来宾也应邀参加。

每年佛诞节，尼泊尔前国王比兰德拉和艾什瓦尔雅王后都去阿难陀寺瞻礼佛祖舍利。

三、圣线节（Jamaipurne）

圣线节是印度教再生族成年男子更换圣线的日子。圣线是他们斜挂在肩上或颈上的护身物。圣线是由棉线或金线拧成的一缕线，是印度教再生族的男孩在举行成人仪式后开始佩戴的一种象征物，要在一年一度的圣线节里更换。

圣线节在每年的4月望日（公历8月）。这一天除了更换圣线外，全国的男女老少也要去圣地戴祛灾线。婆罗门祭司一边念经，一边往受线者的手腕上缠绕几缕黄色的棉线：男子缠在右手腕上，女子缠在左手腕上。以此为他们祛灾。祛灾线要戴到7月朔日解下，将其绑在一头黄牛的尾巴上。据说，这意味着在人死后，这头黄牛会驮你渡过黄泉。

四、牛节（Gai Jatra）

这是尼瓦尔族祭奠死者的传统节日，在尼太阳历5月黑半月的第一日（公历8月中旬）。牛节的庆祝活动具有独特的民族风采。这一天，居住在尼泊尔全国各地的尼瓦尔人都举行庆祝活动。最为热闹的地方要数加德满都谷地的三大城市。三地的庆祝活动不同，各有其独到之处。

在加德满都市，当年丧亲的人家，以户为单位牵出一两头黄牛，与由女孩装扮的假牛和由男孩子装扮的苦行僧组成一个祭奠小队，上街游行。出发前，先在自家门前进行祭祀，然后由一批吹鼓手为黄牛和假牛开道。这一天，黄牛、假牛和苦行僧无论走到哪里，都有当年丧亲的人家布施食品、牛奶和钱币。布施是庆祝牛节的一项重要活动。丧亲的人家要挑着盛满食物的担子，等候在游行者必经之地，发放布施品。布施品放在用树叶串成的小盘子里，每户至少要发放365份。丧亲的人家在结束游行时，要在自家的门口举行回归仪式，将黄牛放生。

在巴德岗市，祭奠活动是有组织的集体游行。游行从下午两点开始，走在队伍最前面的丧亲人家的男孩，个个赤裸着上身，下围树叶或布片，两人一排，每人手持一个竹杠，边走边对峙敲打。紧跟在他们后面的是假牛队伍。这里的假牛有两种模式：一种是模拟黄牛形象的卧式假牛，另一种是人身牛头的木偶牛，均放在木架上由人抬着缓缓前行。木偶身穿纱丽或筒裙，戴着项链、耳饰和手镯，胸前挂着死者的生前照片。手托祭品的死者家属跟在自家木偶牛后面参加游行。游行队伍最后面的人们装扮得很滑稽：有人戴着古怪的面具；有人男扮女装或女扮男装；有人身披芭蕉叶或麻袋片。参加的男女欢快的唱着跳着，纵情狂欢，以此给死者的家属以慰藉与欢乐。

在帕坦市，牛节活动又是另一番情景。假牛全身从上到下都拴上各种铜铃和铁片，行走时叮当作响，饶有趣味。所以帕坦市的牛节活动也毫不逊色。

五、祀蛇节（Nagpencami）

尼泊尔人视蛇为神，所以在每年的 4 月白半月第 5 日（公历 8 月上旬），专门敬蛇神。这天清晨，各家门户刚刚敞开，小贩和该地区的祭司便挨家挨户兜售和分发蛇神图。人们按照经书中的记载，将四角涂有牛粪和酸奶的蛇神图，贴在房门上方。另外，在蛇神图上方贴一撮牛粪，并在上面放一些槟榔、油菜籽和杜伯草，再撒上鲜牛奶和祭米。然后，对蛇神图进行礼拜，请蛇神保佑。

六、驱鬼节（Ghantakarna）

这一天每个大居民区的重要交叉路口，都竖立一个用稻草扎成的草人，面孔是鬼脸，象征着魔鬼"肯塔卡尔纳"。"肯塔"意为响铃，"卡尔纳"意为耳朵，全意是耳朵上挂着铃铛的魔鬼。

关于这个节日的来历，《往世书》中有几种说法。其中一种说法是，在很早以前，有一个罗刹（魔鬼）不喜欢听到任何神的名字，它在自己的耳朵上挂了铃铛，以掩盖听觉，被称为响铃耳罗刹。他经常来到加德满都谷地兴风作浪，伤害生灵。直至尼历4月黑半月的第14日（公历7月底），人们在蛤蟆的帮助下，终于将罗刹置于死地，除掉一害。从此，人们把这一天作为驱鬼节来庆祝。

驱鬼节活动的程序主要是，人们在清晨沐浴洁身和礼拜神明后，拿一枚铜制或铁制戒指上街，把戒指在代表魔鬼的草人上触一触，然后戴在小拇指上。他们认为这样可以辟邪。有小孩的家庭还要准备一个假娃娃、一个铁钉子和一些碎布，将它们拴在草人身上，认为这样才可以使魔鬼罗刹不伤害孩子。这一天，孩子们成群结伙地在大街上用绳索拦截过往行人和车辆，向他们化缘。当夜幕降临时，草人便被扔进河里。人们在水葬魔鬼后，便回家在墙角撒上油菜籽和草药，并点燃香火。在室内烟雾缭绕之中，把清扫出来的污垢扔出家门。

七、黑天神节（Krishna Jayanti）

尼泊尔的印度教徒，每年在5月黑半月的第8日（公历8月下旬）庆祝黑天神的诞生。庆祝活动最正规、规模最大和最热闹的地方，要数位于帕坦市的黑天神庙。节日这天拂晓，朝拜黑天神的队伍已经延伸到庙外的广场上。手托供品的信徒，进庙后先在庙宇四周的台阶栏杆上点燃大大小小的油灯，然后到主殿瞻仰黑天神像。黑天神庙附近的庙宇台阶、走廊和福舍，从早到晚坐满善男信女。他们唱赞美黑天神的颂歌，吟诵诗经，表现出对黑天神的无比虔诚。据统计，每年至少有5万人从四面八方来此参加庆祝活动。入夜九时许，国王和皇亲国戚在侍从官和警卫的陪同下前来参拜黑天神。第二天，黑天神像被抬出寺庙巡游，晚上大街上有跳鬼神舞的活动。

八、春节（Sri Panchami）

尼泊尔的春节处于乍暖还寒的尼历10月，与我国的春节日期相近。在春节期间，中部山谷地区气候宜人，木吐新绿。在这万象更新的季节，人们希望被智慧女神斯拉斯瓦蒂在新春之际赐予聪明才智，冒着春寒起五更沐浴洁身后，前往智慧女神庙做礼拜。知识分子则把智慧女神看作自己的护佑神，要膜拜书籍和笔墨；学生也要焚香祈祷；商务工作者要做好经济结算和预算，并更换新的账本；工人、农民也穿戴整齐，手提酸奶等供品去膜拜智慧女神，渴望自己聪明能干。

在春节期间，国王要去老王宫聆听祭司读经文，诵史诗，然后点燃礼炮并奏响吉祥曲，祭司从神像前取一些供品奉献给国王，作为吉祥幸福的象征。王室成员及高级军政官员也参加这项皇家举行的春节活动。

第七节　旅游名胜与奇观

尼泊尔地处喜马拉雅山南麓，自然风光旖旎，气候宜人，徒步旅游和登山业比较发达。2015年发生特大地震，其旅游业受到严重影响。目前，赴尼泊尔旅游人数正在逐渐超过地震前水平。据尼泊尔旅游部门统计，2018年接待外国游客共计117万人次，同比增长24.77%。这是该国接待外国游客首次超过100万人次，人数创历年之最。其中，印度游客20万人，增长25.1%，中国游客15.36万人次，增长46.8%。此外，其他重要的游客来源国还有美国、斯里兰卡、英国等，游客人数分别为：9万人次、7万人次和6万人次。

一、老王宫遗迹

加德满都的老王宫遗址位于老城区，那里的街道比较狭窄，人口十分密集，各种店铺鳞次栉比，多是两层或三层楼的砖木结构。这里有众多的名胜古迹，是游人观光的好去处，主要景点有老王宫和王宫广场周围的建筑。

老王宫又称哈努曼多卡宫（Hanuman Dhoka Palace），建于马拉王朝时期。15世纪末马拉王国分裂为三个王国，该宫即成为加德满都王国国王普拉达普·马拉（Pratap Malla）的宫殿，因宫门左侧建有象征威猛神力的哈努曼神猴石雕而得名。1768年普里特维·纳拉扬·沙阿（Prithvi Narayan Shah，1723—1775）攻陷加德满都后，老王宫成为沙阿王朝的王宫，直到1971年新王宫建成。

宫内的纳尔萨大庭院，是马拉王朝时代演出戏剧歌舞的场所。老王宫是历代国王举行加冕典礼的地方，宫内设有金光闪闪的狮子宝座。一些重大宗教活动和国王的生日庆典多在这里举行。宫内有12个庭院。各座楼阁外墙斗拱、檐柱都刻有盘龙、孔雀、虎头和男女神像。门窗上雕有金翅鸟、龙女、花卉等精美图案。普里特维·沙阿入主加德满都后，在王宫院内东南角修建了高达35米、有三重屋檐和九个楼层的新宫，被称作巴桑特。屋檐下巨大的木雕窗棂、雄浑的门楣和檐柱上的精美神像、鸟兽、花木雕刻，都是不可多得的艺术杰作。庭院西边为一座仿欧式三层殿堂，现为特里布文国王纪念馆。

加德满都王宫广场又名哈努曼多卡宫广场。它包括哈努曼多卡王宫及其南面、西面和北面的三个广场和周边建筑群，已被列入联合国教科文组织的世界遗产名录。

二、狮宫

狮宫是尼泊尔政府所在地。它建于1902年，原为拉纳首相官邸，因大厦门前耸立的镀金铜狮高举着国旗而得名。据说它是仿照凡尔赛宫建立的，主楼是一座长方形四层欧式汉白玉宏大宫殿，前面有长方形水池，喷泉柱上饰有骏马、美女、飞鸟等大理石石雕，气势雄伟。宫内有1700个房间，按英国维多利亚时代风格装饰，富丽堂皇，宴会厅可容千人。楼南一幢新式楼房，为议会大厦。院内还有一些部委机关和电视台、电台等单位。

三、兽主庙

在当地称为帕舒帕底纳特庙。这是印度教大神湿婆的著名寺庙，是南亚著名的印度教圣地之一。它位于加德满都新区东边的巴格马提河岸边，始建于公元8世纪。湿婆是印度教主管创造、保护、毁灭的三大神中的毁灭大神，腰围兽皮，半裸身躯，呈苦行僧美男子形象。他常手持三叉戟，坐骑是神牛南迪，与其妻雪山神女同住在喜马拉雅山的凯拉什神山顶上。

湿婆的象征"林伽"（Linga）是一个大石柱。在兽主大庙主殿中心就供奉着一个高逾1米、塑有5个面像的林伽。据印度教的说法，如果妇女不孕，来到林伽面前烧香磕头，然后用手抚摸林伽，回去就能怀孕生子。是否真的灵验，也许只有膜拜过它的妇女才能回答。

湿婆神庙是一个四边对称的具有双重檐和斜坡大屋顶的尼泊尔塔式建筑。顶檐下每侧有数根平行的扁平支柱与斜下方的主墙相连，每个支柱上都镶有精美的神像，四角则以雕有半狮半马半羊的镇脚兽长柱支撑，柱间镶有与窗扇连为一体的玲珑剔透的大围屏。最上部为一尖形宝塔，四周及其上再缀以五个同形小宝塔，象征湿婆的一支三叉戟，竖立其间，指向天空。整个顶部均为镏金铜瓦，金碧辉煌，熠熠闪光。大殿四周修有纯银制作的厚重大门，在通向河岸方向的大门外，卧有镏金大神牛南迪；在通向河床方向的大门下，修有陡峭的石级直达圣河边。巴格马提河如同恒河一样，被印度教徒视为圣河，认为在其中沐浴可以除罪消灾。信徒沐浴后，用罐汲圣水，伴以花瓣、牛奶等物洒浇林伽，以示膜拜。岸边神龛庙宇林立，形成一片庙宇建筑群，对岸山坡边修有成排的石制林伽神龛。主殿内不时响起敬神的铃声，一派肃穆景象。信徒还相信用圣河水洗浴死者双足，火化后灵魂可早升天堂。在神庙旁的河岸上修有几个水泥平台，上边不时燃起火化亡者的黑烟。骨灰一般撒入河中，任其漂流逝去。每年二月、三月期间，约有十来万信徒云集这里，庆祝"湿婆之夜"节，举行盛大庙会。不少人来自印度，携带行李炊具来此宿营。有些圣僧半裸身体，涂上草木灰，彩绘面孔，手持三叉戟，扮成湿婆模样，以示虔诚。

四、斯瓦扬布纳特佛塔

从通迪凯尔广场向西北方向望去，仿佛在云雾缭绕的半山腰中，耸立着一座类似北京白塔寺般的建筑，那就是著名的斯瓦扬布纳特佛塔。其所在地实际上是一座佛教寺院，位于一个名叫"斯瓦扬布"的孤立小山包上。由于它背面衬托着高山，从远处望去，似乎坐落在高高的半山腰间。斯瓦扬布纳特佛塔是亚洲最古老的佛教建筑之一。根据尼泊尔古代《斯瓦扬布往世书》，佛教大乘金刚密宗认为，前世古佛，远在现世佛释迦牟尼降世以前，当加德满都河谷还是一个大湖时，便在湖中播下了种子，生出一颗千瓣金莲花，花心放出五色佛光。原始佛无性无形，以灵光显示，故称"斯瓦扬布"（意"自我本原"）。文殊师利菩萨来到大湖朝拜佛光，用手中利剑劈开南部的山峦，泄去湖水，加德满都才由湖泊变为沃野，使大众得以朝拜佛光。当地国王尚蒂皈依文殊，修了一座宝塔保护佛光，被称为斯瓦扬布纳特佛塔。

据说，斯瓦扬布纳特佛塔建于公元前 3 世纪，后不断扩建，形成今天的规模。佛塔最下一层为覆钵式砖泥白色大塔，围以铁栏杆，上挂铜铃，外置转经筒，人们在转塔时可随手转动经筒。塔底四周建 9 个金顶金门佛龛，分别供奉五方佛和他们的配偶度母。半圆塔顶之上是一个巨大的方形石砌建筑，覆以镏金铜板，四面绘有四双巨眼，冷对四方，象征佛眼（一说文殊慧眼）洞察一切。每双巨眼上方绘出第三只眼，表示佛的智慧，以警世人。眼下似问号的鼻子，是尼泊尔文的数字"1"，象征一体和谐。方形石砌建筑顶部四边，覆以两层下垂的镏金雕铜帷幔，四角镶有镏金宝伞和祥云等饰物，中间四面耸立四个上为三角形下为长方形的金色佛龛，镶有五方佛禅座像。由大渐小的十三层圆锥形塔刹，自方形基座上佛龛背后直达天际，象征十三重天。再上为象征日月光芒的两层圆轮。顶部覆以繁复的圆形巨型华盖，四周悬垂高达数米的透雕铜质帷幔，下垂铜铃、铜叶。最上端以两层尖形宝塔作为极顶。白色的塔基，金色的塔身，高耸的华盖与宝顶在蓝天阳光下交相辉映，使斯瓦扬布山显得格外圣洁庄严，实是加德满都谷地的一大胜景。

从东部山脚开始，有 300 级陡峭石阶直抵大塔东部。塔的正前方，陈列着的哑铃形的巨大铜质金刚杵——金刚乘的象征物。底座是一个石制大天鼓，周边刻有 12 生肖，为 17 世纪的文物。塔南侧两个大石柱上，立有绿度母（尼泊尔赤真公主）和白度母（唐朝文成公主）铜像。周边还有哈拉蒂女神庙和象征水、地、火、风"四大和合"的殿堂及佛殿等多座建筑。从山脚到山顶的盘山路旁，佛塔和庙宇也随处可见。其中"阿难库蒂寺"地下藏有佛舍利一枚，每年佛祖生日搭棚展出，供人参拜。斯瓦扬布纳特佛塔已成为一个古老宏大的佛教圣地。唐朝使者王玄策在第三次出使南亚路经尼泊尔时，曾代表唐朝皇帝赠送一件珍贵的黄袍给斯瓦扬布纳特寺。

斯瓦扬布纳特佛塔西南的另一个山顶上修有文殊师利菩萨庙，岩石上有一双脚印，传说是文殊师利菩萨留下的，也是斯瓦扬布的另一大圣迹。

五、帕坦王宫广场

帕坦广场位于帕坦市中心，南北狭长，东部是帕坦王宫内院，西部是一些庙宇。在广场两边建筑的门前仡立着石雕的守护神、雄狮和大象，旁边的石柱托着镏金人身双翅大鹏鸟雕像，在广场中央高高的石柱上有一尊身穿金色衣裳的国王雕像，还有巨大悬钟和皮鼓分列两行，在四周高大的宫殿和庙宇的衬托下，构成典型的尼泊尔古城风景。

帕坦王宫系多重檐建筑，每扇窗棂都经过精雕细刻，门楣、柱头和斗拱错落有序。庭院南部修有御泉，亦称金泉，水从镏金的铜制鳄鱼口中流出，鳄鱼头上有蜥蜴状动物趴伏，尾上踞有青蛙，腹下有翘首欲出的象、鹿、龟、鱼等动物，背上有三尊神像，造型生动别致。下边浴池墙壁上，布满精巧的八神母、八龙王和各种花卉及动物的石雕。中间庭院北端建有 32 米高的塔莱珠女神庙，南端有恒河女神和朱木拿河女神铜像，她们分别站立在大龟和鳄鱼身上，宛如两个美丽少女，体态丰盈，袅娜多姿，是不可多得的铜雕作品。

六、克里希纳神庙

克里希纳神庙即黑天神庙。它位于帕坦王宫广场西边，建于1637 年，呈棱锥形，底座为正方形，上为三层重叠的莫卧儿风格的角亭，共有 214 个尖顶，全部由石料雕琢而成。第一层角亭的石壁上刻有《摩诃婆罗多》的故事，第二层角亭的石壁上则刻有《罗摩衍那》的神话，雕刻工艺十分精美，是石雕艺术中的杰作。

参考文献：

[1] 刘必权：《世界列国志：尼泊尔》，福建人民出版社 2004 年版。

[2] 王宏纬主编：《尼泊尔》，社会科学文献出版社 2015 年版。

[3] 王艳芬：《共和之路：尼泊尔政体变迁研究》，社会科学文献出版社 2013 年版。

[4] 张海冰等：《尼泊尔与"一带一路"》，时事出版社 2019 年版。

[5] 罗一丁绘著：《画中的日记：尼泊尔》，生活书店出版有限公司 2017 年版。

[6] 张淑兰等编著：《"一带一路"国别概览：尼泊尔》，大连海事大学出版社 2018 年版。

[7] 《尼泊尔金融发展概况》编委会编：《尼泊尔金融发展概况》，中国金融出版社 2015 年版。

[8] 徐亮：《共和国时期——尼泊尔外交政策研究》，中国财政经济出版社 2015 年版。

[9] 颜士州：《神奇的国度 尼泊尔》，载《资源与人居环境》2020 年第 12 期。

[10] 袁茜、郭倩如：《从尼泊尔加德满都杜巴广场九层神庙建筑群罗汉院斜撑看尼泊尔宗教与文化》，载《中国文化遗产》2020 年第 5 期。

[11] 刘秧：《尼泊尔印度教民族主义的宗教动员及其政治影响》，载《南亚研究季刊》2020 年第 3 期。

[12] 周小瑞：《跨文化视角下的中国和尼泊尔传统婚俗礼仪对比研究——以中国汉族和尼泊尔尼瓦尔族为例》，载《文化创新比较研究》2019 年第 22 期。

[13] 王艳玲、苏学：《灵性的大地 尼泊尔》，载《中国周刊》2017 年第 7 期。

第三章

土耳其的习俗文化

【本章概要】土耳其是一个横跨欧亚两洲的国家，北临黑海，南临地中海，东南与叙利亚、伊拉克接壤，西临爱琴海，与希腊以及保加利亚接壤，东部与格鲁吉亚、亚美尼亚、阿塞拜疆和伊朗接壤。土耳其在政治、经济、文化等领域效仿欧洲模式。宪法规定土耳其为民族、民主、政教分离和实行法制的总统共和制国家。土耳其是北约成员国，也是经济合作与发展组织创始会员国和二十国集团的成员，拥有雄厚的工业基础，为世界新兴经济体之一，亦是全球发展最快的国家之一。"不一样的亚洲，不一样的欧洲"——土耳其地跨两洲，兼有多个文明遗存的独特风情。迷人的自然风光、丰富的文物古迹使土耳其享有"旅游天堂"之誉。然而，今天土耳其深深吸引游客的是各种文化、新与旧、东方和西方、现代与传统的完美融合。本章将从国家概况、姓名性格、衣食住行、日常交往、婚丧习俗、纪念节日、旅游名胜与奇观七个部分详细论述。

第一节　国家概况

一、地理位置与地形气候

土耳其共和国（The Republic of Türkiye）是一个横跨欧亚两大洲的国家，国土包括西亚的安纳托利亚半岛，以及巴尔干半岛的东色雷斯地区。土耳其的陆地邻国共八个，西北与保加利亚接壤，西部与希腊为邻，东北面是格鲁吉亚，东部毗邻亚美尼亚、阿塞拜疆和伊朗，东南则与伊拉克和叙利亚相接。三面海水环绕，北临黑海，南临地中海，西毗爱琴海。在安纳托利亚和东色雷斯地区之间的，是马尔马拉海、博斯普鲁斯海峡和达达尼尔海峡（统称土耳其海峡，是连接黑海和地中海的唯一航道），形成了这两个地区之间的天然分界线，同时也分割了欧亚大陆。土耳其作为欧亚文明连接与碰撞的中心，一直以来发挥着无可估量的重要作用。

土耳其从西到东延伸超过 1600 公里，从北到南延伸不超过 800 公里。国土介于北纬 35°~43°、东经 25°~45°，总面积（包括湖泊在内）78.36 万平方公里，其中 97% 位于亚洲的小亚细亚半岛，3% 位于欧洲的巴尔干半岛。[1] 土耳其的欧洲部分东色雷斯地区与希腊、保加利亚接壤；土耳其的亚洲部分安纳托利亚由中央高原和狭窄的沿海平原组成。土耳其复杂多变的地理景观是

---

〔1〕　外交部：《土耳其国家概况》，https://www.mfa.gov.cn/web/gjhdq_676201/gj_676203/yz_676205/1206_676956/1206x0_676958/，2024 年 7 月更新。

几千年来地壳运动的自然结果，同时也通过频繁的地震与火山喷发显现出来。博斯普鲁斯海峡和达达尼尔海峡即是沿断层线侵蚀的古河道，经地壳下陷、海水浸没而形成的，因而也逐渐促成了黑海的形成。土耳其地处北安纳托利亚断层带，地震频发，1999年发生了里氏 7.4 级强烈地震。

土耳其海岸线长 7200 公里，陆地边境线长 2648 公里。南部沿海地区属亚热带地中海气候，内陆为大陆性气候。濒临爱琴海和地中海的国土部分是温和的地中海气候，夏季炎热干燥、冬季温和多雨。而濒临黑海的地区则是温带海洋性气候，有温暖湿润的夏季和寒冷潮湿的冬季。内陆地区气候相对更酷热一些，靠近海岸线的高大山脉阻挡了地中海气候从海洋延展至内陆，这给安纳托利亚高原的土耳其内陆地区带来了一个季节对比鲜明的大陆性气候。

因为各个地区气候差异显著，土耳其适合种植各种各样的作物。托罗斯山脉构成了土耳其地中海地区的脊梁，它由高到低向特瓦斯海滨倾斜。特瓦斯海滨由西向东从马尔马里斯的游艇码头，经由繁华的城市安塔利亚，延伸至东部的工业、农业和商业城市阿达纳。该地区以茂密的森林闻名，已成为土耳其主要的旅游区之一，吸引着无数的探险旅行者。

土耳其中部地区是山脉、河流、咸水湖和淡水湖纵横交错的安纳托利亚高原，土地既适合种植麦子和棉花，又可进行放牧。黑海海滨有 1000 多英里的山岬和山脉，湍急的河水在峻峭的山谷间奔腾。海滨地区雨量充沛，是探险旅行的绝佳场所，古代遗迹在山脉中随处可见。而安纳托利亚东南部炎热干燥，适合农业、牧羊、石油勘探和开发。底格里斯河和幼发拉底河源于土耳其东部，蜿蜒曲折流过东南部地区。

二、政治制度

(一) 历史背景

土耳其史称突厥,公元 8 世纪起从阿尔泰山一带迁入小亚细亚;13 世纪末突厥人建立奥斯曼帝国;15 世纪中期,奥斯曼帝国攻陷君士坦丁堡,消灭东罗马帝国;16 世纪达到鼎盛,统治区域地跨欧洲、亚洲、非洲三大洲;17 世纪开始衰落,在第一次世界大战中,土耳其加入同盟国作战;1918 年,因战败而沦为半殖民地;1919 年,凯末尔领导民族解放战争反抗侵略并取得胜利;1923 年 10 月 29 日建立土耳其共和国,凯末尔当选首任总统。凯末尔被土耳其国民称为"国父"。

2002 年 11 月至 2015 年 6 月,正义与发展党(以下简称"正发党")在土连续单独执政,政绩较为突出,执政地位相对稳固。2015 年 6 月,土举行议会选举,正发党赢得 40.8% 的选票,连续第四次成为议会第一大党,但因议席未过半数,失去单独执政地位,该党主席达乌特奥卢组建跨党派联合政府失败。11 月,土再次举行议会选举,正发党以 49.5% 的得票率成功获得过半议席,重新获得单独执政权。该党主席达乌特奥卢组建新内阁并于 11 月 30 日顺利通过议会信任投票。2016 年 5 月 22 日,正发党召开特别大会,选举产生新任党主席耶尔德勒姆,总统埃尔多安授权耶尔德勒姆组阁。5 月 29 日,新内阁通过议会信任投票正式就任。2016 年 7 月 15 日,土发生未遂军事政变,后迅速被土政府挫败,土社会基本恢复稳定。2017 年 4 月 16 日,土耳其修宪公投获得通过,根据宪法修正案,土将改行总统制,允许总统兼任政党职务,废除总理一职。2017 年 5 月 21 日,正发党召开特别大会,埃尔多安总统重新当选党主席。2018 年 6 月 24 日,土耳其同时进行总统选举和议会选举。埃尔多安赢得 52.59% 的选票,

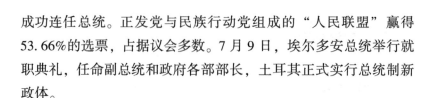

成功连任总统。正发党与民族行动党组成的"人民联盟"赢得53.66%的选票，占据议会多数。7月9日，埃尔多安总统举行就职典礼，任命副总统和政府各部部长，土耳其正式实行总统制新政体。

（二）政体

根据2017年4月16日通过的修宪法案，土耳其已开始实行总统共和制。

土耳其立法体系效仿欧洲模式。现行宪法于1982年11月7日生效，是该国第三部宪法。宪法规定：土耳其为民族、民主、政教分离和实行法制的国家。土耳其总统为国家元首、武装部队最高统帅，任期5年，最多可连任一届。现任总统是雷杰普·塔伊普·埃尔多安。2018年6月24日，土耳其提前举行总统选举，埃尔多安获得52.55%的选票，票数过半，成为实行总统制之后的首任总统。埃尔多安为国家元首和政府首脑，可继续担任政党主席，有权任命副总统、部长和司法官员，可不经过议会批准颁布法令和宣布国家进入紧急状态，可解散议会。

（三）议会制度

全称为土耳其大国民议会，是土耳其最高立法机构。共设600个议席，议员根据各省人口比例经选举产生，任期5年。实行普遍直接选举制，18岁以上公民享有选举权和被选举权。只有超过全国选票7%的政党或政党联盟才可拥有议会席位。本届议会于2023年6月产生，是土耳其第28届议会。目前议会席位分布情况是：执政党正义与发展党268席，共和人民党169席，绿党和左翼未来党61席，民族行动党50席，好党43席，再繁荣党5席，土耳其工人党4席。2023年6月7日，土耳其大国民议会举行下半程议长选举，现任议长为努曼·库尔图尔穆什，任期至2028年。

(四) 政府

土耳其共和国政府又称部长会议。2023 年 6 月，埃尔多安总统再次当选后组建新一届政府，为土耳其第 67 届政府。共有 17个部门，包括外交部、内政部、司法部、国防部、教育部等。

三、行政区划

土耳其全国的行政区划共分为四级，分别是省、市 (县)、乡和村。据统计，土耳其全境省一级的行政单位共有 81 个，县一级的行政单位有 923 个。面积最大的省为中部的科尼亚省，面积最小的省为西部的亚洛瓦省。

当前土耳其的行政机构是一种相互重合的二元组织结构，一个是以中央为首的地方各级政府，另一个是以各省首府为首的地方自治政府。前者享受中央的财政支持，接受中央政府的领导；后者则享有充分的行政权，不享受中央的财政支持。

以中央为首的地方各级政府中，省长和县长均由中央任命，省长作为中央在地方的代表，是地方体制内的最高领导，所以其产生途径也比较复杂。首先需要内政部提名，经总统批准后再由部长理事会任命。地方自治政府共 2950 个，其中治理人口超过75 万人的自治政府共有 30 个。各级自治政府的领导成员均由选举产生，选举过程受中央监督，在特殊情况下，中央有权免去自治政府成员的领导职务。一般情况下，伊斯坦布尔、伊兹密尔和安卡拉三个自治政府的选举竞争较为激烈，其中又以伊斯坦布尔为甚，其被誉为"进入中央执政的阶梯"，如土耳其现任总统埃尔多安曾于 20 世纪 90 年代任伊斯坦布尔大都市政府的行政特首。

以中央为首的各级地方政府和地方自治政府的有机结合体现出土耳其宪法中的"地方管理"和"中央集权"原则的统一。不同的是，以中央为首的地方各级政府的辖区是固定的，而地方自治政府则可以在中央批准的前提下，将辖区范围在合理范围内浮动。此外，二者的职权范围也有不同，以中央为首的地方各级政府更多关注环境规划、基础设施建设、紧急救援等民生领域的内容。

四、国家象征

（一）国歌

《独立进行曲》在 1921 年 3 月 21 日被正式定为土耳其国歌。当时，共有 724 首诗歌参加国歌歌词的竞选，最后梅赫梅特·阿基夫·埃尔索伊的作品被一致通过确定为国歌。而另一场国歌乐曲的竞争中，有 24 位作曲家参与。因战争而顺延到 1924 年召开的议会选择了阿里·里法特·察合台的曲子确定为国歌曲谱。1930 年，国歌乐曲改为总统交响乐队指挥奥斯曼·萨基·温格尔的曲子，歌词的伴奏、唱法也因此发生改变。

《独立进行曲》歌词大意如下：

要无畏，别气馁，深红旗帜颜色不褪。

这是最后的炉火，为国家化成灰，

我们确知它不白费，这是我国的明星，永放光辉，

这是我国的明星，是我的宝贝。

别皱眉，新月美，为你死我做好准备。

英雄国家快露出笑脸让愤怒消退，

免为你流血又受罪。

自由是我国权利，

自由属我信仰所归。

（二）国旗

土耳其国旗的旗面为红色，呈长方形，长宽比为3∶2，旗面中心左侧有一弯白色的新月和一颗白色五角星。红色象征鲜血和胜利；新月和五角星象征驱走黑暗、迎接光明，同时也标志着土

耳其人民对伊斯兰教的信仰，象征着幸福和吉祥。

（三）国徽

土耳其没有官方国徽，但习惯用国旗上的弯月和五角星图案作为类似国徽的标记，寓意与国旗相同。还有一种徽记多用于土耳其外交部和使领馆，是将国旗上的图案置于一个红色椭圆形中，在其上方以土耳其文书写国名"土耳其共和国"。

（四）首都

土耳其首都为安卡拉，截至 2023 年人口统计约为 580 万，年最高气温 30℃，最低气温-3℃。安卡拉属于东 2 时区，比北京时间晚 6 个小时；每年 3 月到 10 月实行夏令时，比北京时间晚 5 小时。2016 年，土耳其政府规定不再实行冬令时和夏令时，全年比北京时间晚 5 小时。

（五）语言

土耳其的官方语言是土耳其语。约 90% 的土耳其人使用该语言。少数民族语言包括库尔德语（土耳其使用人口最多的少数民族语言）、阿拉伯语、希腊语以及亚美尼亚语等。土耳其语属于阿尔泰语系突厥语族，起源于中亚。早期的土耳其语文字采用阿拉伯字母记录，但在 1928 年，土耳其国父凯末尔建立共和国后着手改革国家的语言，用以区别新国家与旧奥斯曼帝国，于是改用拉丁字母，沿用至今。

第二节　姓名性格

一、姓名

土耳其人的姓名由名（土耳其语：ad/isim）和姓（土耳其

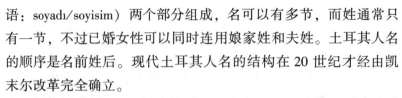

语：soyadı/soyisim）两个部分组成，名可以有多节，而姓通常只有一节，不过已婚女性可以同时连用娘家姓和夫姓。土耳其人名的顺序是名前姓后。现代土耳其人名的结构在 20 世纪才经由凯末尔改革完全确立。

根据土耳其政府 1928 年公布的《采用实施土耳其字母法》，土耳其新生儿的姓名只能使用土耳其语字母，像 Q、W、X 等拉丁字母和其他字符都不能使用，而应依照相应的正字法进行转写。由于上述法令等因素，土耳其姓名的辨识度较高，但仍和部分突厥语系民族（如阿塞拜疆）的姓名有一定相似性。

（一）名

大部分土耳其名字都具有性别特色，如奥乌兹（Oğuz）仅限男性使用，图切（Tuğçe）仅限女性使用。亦有一定数量的中性名，如艾塔奇（Aytaç）、代尼兹（Deniz）、德里亚（Derya）、埃夫伦（Evren）、埃夫里姆（Evrim）、厄兹居尔（Özgür）、于尔屈（Ülkü）和于杰尔（Yücel）等。部分中性姓氏仍然带有一定的性别倾向，如德里亚偏向女性，而厄兹居尔偏向男性。土耳其新生儿的姓名将登记于土耳其的中央民事登记系统（MERNIS），作为当地新生儿身份档案登记流程的一部分。

土耳其名字通常是土耳其语中具有实在意义的词汇，亦有名字来源于古代突厥神话。特定家庭的立场也会影响新生儿的命名，一些较为虔诚的家族会为子嗣起阿拉伯名字，如穆罕默德、阿里，但会存在突厥化的变体，如穆罕默德变为"Mehmet"。

土耳其人的名字最少有一节，最多有三节，其中由两节组成的复名较为常见，三节则罕见。对于拥有多节名字的人，人们通常只会用其中的第二节称呼，并视之为较为正式的"名"，而第一节名字和欧洲人的"中间名"概念等同。如 2006 年诺贝尔文学奖得主费里特·奥尔罕·帕慕克通常被称为奥尔罕·帕慕克；但也有例外，如另一名作家艾哈迈德·哈姆迪·坦珀纳尔（英语：Ahmet Hamdi Tanpınar）便以全名著称。

（二）姓

土耳其人本没有姓氏，但在 1934 年，作为凯末尔改革的一部分，土耳其颁布《姓氏法》（英语：Surname Law），土耳其人才拥有姓氏。在此之前，土耳其人有时会在自己父亲的名字之后加入 "-oğlu（某某之子），如穆斯塔法奥卢·穆罕默德（Mustafa-oğlu Mehmet，可推断出其父名为 "Mustafa"）；或是将家族昵称作为非正式姓氏置于名字之前，如克塞莱林·哈桑（Köselerin Hasan，"Köselerin" 意为 "角"）。一些声名显赫的统治家族拥有波斯风格的 "-zade"（扎德，波斯语意指男性后裔）后缀，如萨米帕夏扎德·穆罕默德贝伊（Sami Paşazade Mehmet Bey，萨米帕夏的子孙穆罕默德贝伊）。

根据法律，土耳其人的姓氏有指示血统的作用，不存在性别特征，也不依性别变换形式，遵从世界普遍的子承父姓规则。如果新生儿的母亲并未结婚，或父亲未知，新生儿将采用母亲的姓氏。凯末尔改革后，土耳其社会的旧贵族被废黜，因此不存在达官贵族专属的元素，如奥斯曼土耳其时期的帕夏、贝伊、贝格等。新的土耳其姓氏必须来自土耳其语、使用土耳其语正字法拼写，可以使用土耳其人特有的属格后缀 "-oğlu"。带有外族文化烙印的姓氏都被严令禁止；暗示外族血统的姓氏也不允许使用，如阿尔纳武托卢（Arnavut oğlu，阿尔巴尼亚人之子）、屈尔托卢（Kürt oğlu，库尔德人之子）；包含部落名的姓氏也被禁止。此外，在同一地区不允许出现同姓家族，登记手续采用 "先到先得" 的原则。

自 2014 年起，土耳其妇女将可以在结婚后保留她们的原名。在此之前，土耳其《民法》第 187 条曾规定女性必须在结婚后从夫姓，或是借由书面申请将自己的姓名缀于丈夫的姓名之前。2014 年，土耳其宪法法庭认为这属于侵犯妇女权利，从而决定废止。在离婚后，女子可以自愿改回她们的旧姓，也保留前夫姓，从而得到同时拥有两个姓氏的权利，不过若她们选择再婚，就不能再采用第三个姓氏。

土耳其公民可以依照土耳其民法和人口服务法，通过法庭判决以改姓。

二、性格

如果一个人在街上问候你："最近好吗？"他希望得到的回答是一句简单的"还不错"，而不是絮絮叨叨地讲你最近的身体状况和人际关系等。同样，如果土耳其人问你"土耳其怎么样？"，他希望得到的回答是"棒极啦！"而不是你对土耳其事无巨细的指责抱怨。土耳其人可以允许自己埋怨甚至批评国家的方方面面，但是如果外国人也对他们国家指手画脚、品头论足，他们就不乐意了。

近年来土耳其更加开放和多元化。街道上玩艺术的土耳其人跳着嘻哈舞，给这种全球流行的趋势增加了一份土耳其风味。在大学里，到处都有学习奥斯曼语和拜占庭史的学生。

奥斯曼建立帝国的时间有 800 年，此后人们又为求生存进行了长达一个世纪的抗争，使得土耳其赢得了威望和强权。他们天性中的一部分使他们在面对困境时，能够坚强微笑，使他们懂得享受当下生活，乐意对陌生人和境况比自己糟的人慷慨解囊。这些特性造就了土耳其民族，使他们成为世界上最热心、最好客的民族之一。

第三节　衣食住行

一、服饰风格

土耳其社会风气比较多元、开放，由于地理位置、历史渊源、申请加入欧盟等原因，当地人更习惯将自己视为欧洲人而非亚洲人。服饰也是西式服装与宗教传统服装交杂，大多数人特别是年轻人穿西式服装，大多数女性不系头巾、不着罩袍。在商务活动场合宜穿正装西服，女性忌穿无袖服装。在现代，土耳其有99%的人信仰伊斯兰教，从1926年以后，国家正式废除了女性必须头戴面纱、身穿长袍的习俗。现在，城市的人们大多穿短裙、衬衣，男士的西服也很标致。

土耳其的传统服装在农村和特殊的日子里较为常见，在平时或在城市中就很少看见了。女性的传统服装有两种，一种是头巾和头饰，棉衬衣，无裆裤很宽大；另一种是"三件头"，即三块布组成的长裙子，穿在衬衣和裤子外面。土耳其女性的传统服饰多由花色繁杂的棉质与丝质布料制成，基本款式没有太大变化，各地区之间的差异也较小，一种称为莎伐（Salvar）的十分宽大松垮的裤子逐渐成为最普通、最具代表性的服饰。在土耳其许多地区，常见的女性服装还有高领长袖的夹克配以长可及膝的外套，夹克的下摆分为三片，前面两片，后面一片。为了便于跳舞或工作，有时将后面的一片折进腰带，或将前面的两片折至背部，固定在臀部。在北部某些地区，人们还会将前面两片交错成围裙的样子。夹克大多是用有着垂直线条且色彩丰富的布料制成，它与款式宽松色调平淡的莎伐形成了鲜明对比。

男性的传统服装有衬衣、短裤、毛袜、皮鞋。土耳其男性的红色筒帽一般都附有头巾，有些地区的男性只戴头巾，头巾分为单色或多色，佩戴时常常环绕在头部。黑海沿岸的某些地区，男子喜欢戴"巴士里克"，它由条长长的黑色围巾绕在头上，但在头部两侧会露出像耳朵一样的两端。土耳其男性大多穿着黑色或褐色的叶梅尼鞋子，在黑海沿岸更常见的是软皮靴再配一条宽腰带。很多人更喜欢在宽腰带上系上另一条很宽的皮带，便于插置各式武器。

二、饮食特色

一个社会的饮食文化与其社会生活方式是紧密相连的。位于欧、亚、非交界的土耳其，在饮食方面融合了中亚、中东与地中海特色，安纳托利亚几千年的灿烂历史和文化以及其独特的地理位置造就了土耳其菜系，它和中国菜系、法国菜系并称"世界三大菜系"，土耳其祖先突厥人是游牧民族，烤肉、烤饼、酸奶构成其饮食的基础，又因其境内物产丰富，高山植物提供了香料，变化出各种丰富菜肴。最后将土耳其菜推向精致化，则要归功于奥斯曼土耳其帝国。宫廷美食影响民间甚巨，使土耳其菜在世界美食之林占得一席之地。土耳其人多数信仰伊斯兰教，因而土耳其菜系中是绝对禁止猪肉的，喜食牛、羊、鱼肉，忌吃猪肉，忌用猪、猫、熊猫做图案。

饮食文化是土耳其社会不可分割的一部分。每一顿饭都是真主赐予的礼物，可以享用，不会浪费，所以土耳其人经常在厨房里花上几个小时，精心准备各种餐食。早餐是一天中最重要的一餐，通常包括鸡蛋、黄瓜、番茄和橄榄，但永远不要忘记土耳其面包，无论是在早餐还是其他用餐时间。土耳其面包是土耳其人日常饮食的主要组成部分，在全国各地大量出售，没有正宗的土耳其面包，一些土耳其人甚至拒绝坐下来吃饭。

土耳其的菜品集合了各种菜系的精华，汇集了世界各地的饮食特色。大多数土耳其餐兼顾美味与营养。酸奶在很多的土耳其佳肴中都作为佐餐。以酸奶为底料的汤，配以各种谷物、肉以及豆类，也是一种完美的结合。干扁豆通常配以蔬菜、肉和谷物。米饭通常与鸡肉、鱼和各种蔬菜一起制作。最普遍的搭配是"ayran"（稀酸奶）、米饭与干蔬菜。著名的"Kebab"（土耳其烤肉）一般是配以蔬菜和土耳其面包或者米饭和酸奶一起食用。土耳其甜品多以面粉作为基料，并且配以坚果和糖浆，著名的有"baklava"（以面粉、蜂蜜、开心果碎屑制成的甜点)、"lokma"(土耳其油炸面点)、"ulunma tatlisi"(油炸的面点,配以糖浆制作而成)、"ka-dayif"(配以糖浆的丝状面点)以及"kunefe"(内裹芝士的甜点)。

土耳其人喜爱喝茶。茶不仅是芬芳的饮品,还是一种不可或缺的社交催化剂,维系着土耳其人之间的紧密关系。热情的土耳其人通常以香气四溢的红茶招待外国宾朋,以此表达他们的欢迎之情。土耳其红茶是由极富特色的双层茶壶烹制。小茶壶里装有适量干茶叶,先用水清洗茶叶,洗完的水从壶嘴中滤出。在大茶壶里加满水,将小茶壶叠放在大茶壶的壶口,用大火烧至水开。在这个过程中,小茶壶里的茶叶清香溢出。然后把大茶壶里烧开的水注入小茶壶里,再往大茶壶中加满水。继续把上、下两个茶壶叠放在一起,用小火慢慢烧至大茶壶里的水再次滚开。茶煮好关火以后要稍等片刻,待滚开的茶水沉静下来,再倒入透明的细腰玻璃杯中。倒茶的时候也很有讲究,玻璃杯口放有一个过滤网,一般先把小茶壶里的茶水倒入一半,然后再倒入一半大茶壶里的开水。土耳其人一般还会在茶中加入两块方糖。

土耳其人也喜爱喝浓咖啡。土耳其语中的"早餐"(Kahvalti)也是"咖啡"(Kahve)和"之下"(altinda)的合成词,意为在早餐之后,由此可见喝咖啡这件事情在土耳其文化中扮演着非常重要的角色。土耳其咖啡离不开土耳其咖啡壶,也叫"cezve"或"ibrik"。其壶身上窄下宽,是为了保证咖啡渣会沉积在底部;有一个小尖壶嘴,便于倒出咖啡;土耳其壶需要直接接触热源,因此手柄很长。一般来说,土耳其壶的材质是黄铜的,这也是由于黄铜材质的导热性较好,通常壶身还会刻制传统的花纹。经过衍生,现在也有不锈钢、陶瓷等材质的土耳其壶。在土耳其,加热土耳其壶的热源不是燃气也不是直火,而是热砂,热砂的优势在于可以保持热度的均匀。咖啡师通过在热砂中移动壶来控制温度，使水温缓慢上升，以萃取出香醇的咖啡。土耳其咖啡是典型的浸泡式咖啡，而且由于咖啡粉与水接触的时间很长，加上缓慢升温的作用，土耳其咖啡的风味也就浓郁偏苦。因此，在享用土耳其咖啡时，为了突显咖啡的风味、平衡苦味，通常土耳其咖啡是和一杯冰水（用于漱口）、一碟土耳其糖一同出品的。

三、建筑风格

土耳其建筑的历史可以说是包罗万象，从赫梯人的石头房子，到大气磅礴的希腊罗马式神庙，再到现代伊斯坦布尔的塔楼，无所不有，但是土耳其建筑中最独特的风格却是由塞尔柱人和奥斯曼人发展起来的。

（一）塞尔柱建筑

塞尔柱人给土耳其留下的最丰富的历史遗产就是无数精致华丽的清真寺和神学院，它们的大门装饰精美，显得与众不同；在科尼亚和锡瓦斯，你能够看到这些建筑中最完美的代表。此外，在 13 世纪塞尔柱人，沿着通过安纳托利亚的丝绸之路修建了一连串的商队驿站。

（二）奥斯曼建筑

奥斯曼人同样也留下了很多雄伟壮丽的清真寺和神学院，还有很多工艺更加精美的木石结构的房屋。

在奥斯曼帝国之前，清真寺最常见的布局就是一大片正方形或者长方形的区域，上面是一系列修建在柱子上的小圆顶，如埃迪尔内埃斯基清真寺。但是，14 世纪早期，当奥斯曼人占领了布尔萨和伊兹尼克以后，他们开始接触到拜占庭，尤其是基督教教会的建筑风格。奥斯曼的建筑开始吸收这些因素，并把它们和波斯萨珊王朝的特色融合起来，创造了一种全新的建筑风格——T形布局。埃迪尔内的清真寺后来成为其他清真寺修建的范例，不仅因为它是这种 T 形布局的最早尝试之一，也因为它是第一个拥有宽阔圆顶，并在前庭建有洗礼喷泉的奥斯曼清真寺。

（三）土耳其巴洛克建筑

从 18 世纪中期开始，洛可可和巴洛克的建筑风格开始影响到土耳其，蔚然成风，一时间到处可以看到夸张的曲面、波形褶边、涡卷、壁画以及圆润的建筑风格，被称为"土耳其巴洛克"。这一时期最好（也有人说是最糟）的建筑代表是奢华夸张的多尔玛巴赫切宫，虽然此时清真寺的建筑形成了固定的模式，但是奥斯曼人仍然喜欢小凉亭的设计，这可以让他们享受到户外的新鲜空气。

（四）新古典主义建筑

从 19 世纪到 20 世纪早期，外国的建筑家或是接受过外国培训的建筑家开始展现出一种新古典主义的混合风格：他们将欧洲建筑与土耳其巴洛克建筑结合起来，甚至还融合了一些经典奥斯曼的格调。他们在佩拉（Pera，今贝伊奥卢区）建立了很多奢侈华丽的大使馆，成为殖民势力诱惑土耳其高官，迫使他们开通贸易和割让领土的一个工具。当时，时髦前卫的瑞士斯帕雷兄弟就在伊斯坦布尔独立大街附近修建了荷兰和俄罗斯驻土耳其的领事馆。

在伊斯坦布尔，曾经在巴黎学习的土耳其建筑家维达特·泰克修建了伊斯坦布尔邮政总局，既融合了奥斯曼帝国建筑风格的特征，如拱门和贴砖，又带有欧洲对称结构的布局。而德国建筑家奥古斯特·雅斯蒙德主持修建的锡尔凯吉火车站，也是这种新古典主义兼容并包的另一个例子。

（五）现代建筑

过去十多年里，土耳其在建筑方面出现的最有意思的一个变化是对传统建筑遗产的重新认识，尤其是那些可以通过旅游业变现的古典建筑。最近，在伊斯坦布尔的苏丹艾哈迈德区及其他地区，甚至是在卡帕多西亚的格雷梅，无论是对旧建筑的翻新，还是对新建筑的建构，一般都会采用经典的奥斯曼风格。

四、交通概况

（一）公路

土耳其在运输系统的投资集中于陆路运输。近年来，土耳其公路网络得到迅猛发展，截至 2023 年 1 月 1 日，公路总长达 6.9 万公里（其中高速公路总长达 3633 公里，国道高速公路总长达 3.1 万公里，省道公路总长达 3.4 万公里）。土耳其还是欧洲最大的公路运输车队之一。目前，95% 的乘客和 90% 的货物都是通过公路运输的。

（二）铁路

截至 2022 年底，土耳其全境铁路总长 1.31 万公里，其中高铁 1460 公里，占比为 11.1%。市内铁路和城际铁路总客运量 3.21 亿人次（其中，动车铁路总客运量为 936.3 万人次，城际铁路总客运量为 432.6 万人次），货运量 3224.1 万吨。

目前，土耳其 69.4% 的铁路线属于单行线，52.4% 的铁路线属于非电力，44.8% 的铁路线属于无信号线。其中，30% 的铁路线服务期超过 27 年，而且处于闲置状态，维护和更新严重不足。土耳其目前旅客运输的 3%、货物运输的 5% 是通过铁路进行的。

近年来，土耳其政府大力抓铁路建设，计划通过铁路将沿海港口与一些重要省份实现连接。2017 年 10 月，土耳其同格鲁吉亚和阿塞拜疆联合建设的卡尔斯—第比利斯—巴库铁路投入运营。该铁路总长度 838 公里。从土耳其出发的列车可以穿越格鲁吉亚和阿塞拜疆，到达中亚和中国，运输时间可缩短至 12～15

天。此外，位于博斯普鲁斯海峡口的马尔马拉海底铁路隧道于2014年10月29日通车，该隧道把欧、亚两洲的铁路连接起来。

土耳其第一条高速铁路：安卡拉至伊斯坦布尔高铁一期（安卡拉至埃斯基谢希尔）于2009年3月13日通车，全长249公里，时速250公里/时，运行时间80分钟。第二条高铁：安卡拉至科尼亚高铁于2011年8月23日通车，全长301公里，时速250公里/时，运行时间90分钟。安卡拉至锡瓦斯的高铁于2022年建成通车。埃迪尔内至伊斯坦布尔铁路项目中的"Çerkezköy - Kapikule"段于2019年6月开工建设。

2014年7月25日，中资企业参与建设的安卡拉至伊斯坦布尔高铁二期（埃斯基希尔至盖伊韦）建成通车，全长158公里，设计时速250公里，总投资金额12.7亿美元。

（三）空运

土耳其现有56个民用机场，其中24个向国际航班开放。土耳其航空公司是欧洲发展最快的航空公司之一，其运输量和运输能力增长在欧洲均名列前茅。截至2021年，土耳其航空公司通航目的地342个，包括53个土耳其国内城市和289个国外城市，涵盖128个国家和地区，位居全球各航空公司之首。2011—2022年，土耳其航空公司连续被评为"欧洲最佳航空公司"（Skytrax世界航空公司奖）。

据土耳其航空管理总局统计，2022年搭乘土耳其各家航空公司的国内旅客数量上升至7867万人次；国际旅客数量上升至1.03亿人次，总共1.82亿人次，国内和国际旅客数量同比增长42.1%。国内航班的数量为78.92万班次；国际航班数为69.9万班次。

目前，位于土耳其伊斯坦布尔第三机场首期已经竣工并投入使用。全部建设完毕后，该机场将成为全球最大的机场，占地面积约7650万平方米，其中封闭空间约为350万平方米、航站楼建筑面积约 140 万平方米，拥有 14 个航站楼、165 架登机桥、6 条跑道、3 座航空管制塔、8 座控制塔、能容纳 500 架飞机的停机坪以及医院等其他公共服务设施，年客流量可达 2 亿人次。

新冠肺炎疫情前，土耳其航空公司（国航与土航签署了该直飞航线的代码共享合作协议）开通了伊斯坦布尔与北京、上海、广州、香港的往返航班，2019 年开通伊斯坦布尔与西安的往返航班，中国南方航空公司开通了北京、武汉与伊斯坦布尔之间的往返航班，四川航空公司开通成都与伊斯坦布尔的往返航班。此外，经第三国转机到中国的航班主要由阿提哈德航空、阿联酋航空、卡塔尔航空、新加坡航空、阿塞拜疆航空、俄罗斯航空、大韩航空等经营。

（四）水运

土耳其北、西、南三面环海，即黑海、马尔马拉海、爱琴海和地中海，还有达达尼尔海峡和博斯普鲁斯海峡，海岸线长达 7200 公里，这使其海上运输颇具竞争优势。

第四节　日常交往

一、日常交往的基本准则

（一）见面

土耳其自成立共和国以后，提出向西方学习，政教分离，推行了一系列社会改革，取得了巨大成绩。所以，他们奉行西方礼仪，见面时以握手礼和拥抱礼为时兴。家人、朋友、同事见面或分手时多行贴面礼，左右面颊分别互贴一下，相互亲近的人还会在贴面时发出轻微的亲吻声。

土耳其人虽然是东方民族，但从凯末尔革命之后，多向西方学习，所以，他们的行为举止大方、斯文，不紧不慢，颇具绅士风度，但又带有东方游牧民族的彪悍。

（二）拜访客人

拜访传统土耳其家庭的客人，宜提前预约，准时赴约。初次到别人家或公司拜访，宜带甜点或小礼物作为见面礼，如一盒果仁蜜饼或者土耳其蜜饯。土耳其人特别喜欢花，每当人们欢宴宾客时，餐桌上都有一只插满鲜花的花瓶，应邀赴宴的客人也不会忘记给好客的主人带一束令人赏心悦目的鲜花。

就餐时，只吃最靠近个人的公用餐盘里的食品，吃完自己盘子里的食品，但是不要吃得太多，记住土耳其的谚语——"吃得少才能成为天使；吃太多是毁灭的开始。"吃饭时要说"Afiyet olsun"（祝您身体健康）；吃完饭要说"Elinize saglik"（祝您的双手永远健康灵巧），以赞美女主人的厨艺，在土耳其总是女主人做饭。不要用左手直接从碗里拿食物吃、坐在异性的旁边，除非是男主人或女主人这样建议。

土耳其人很好客，经常邀请新朋友到家里参加晚宴。如果到主人家里做客，需要脱掉鞋子才可进入，所以客人应把鞋子留在门口，进屋后会得到一双拖鞋。土耳其人家里一定会铺满地毯，并且会把地毯收拾得非常干净，土耳其人比较喜欢赠送礼物来增进朋友间的友谊。当大量的食物被端上来，拒绝是很不礼貌的。在这段时间里，主人不希望你带礼物，但如果你打算遵循西方流行文化带瓶酒，一定要提前了解主人是否喝酒，很多人滴酒不沾或者只在屋外喝酒。

（三）餐饮礼仪

在土耳其给客人送一杯咖啡是表示友好，在商店也经常有服务人员给顾客提供咖啡。咖啡屋由来已久，就像现在的酒吧一样，成为人们娱乐、畅谈的场所。其实，土耳其不出产咖啡，咖啡出产在埃塞俄比亚。不过土耳其人的咖啡制作独特，即把阿拉伯咖啡豆加入"卡达蒙"香料磨细，放到铜咖啡壶里煮，这壶叫"杰兹韦"。他们时兴用咖啡渣算命，叫"咖啡法勒"。土耳其人喜欢喝浓咖啡，糖也加得很多，但绝不搅拌。

茶在土耳其和咖啡一样重要，生活中时刻不能少。他们喝的是自制的红茶。烧茶很特别，壶有两层，上面放茶叶和水，下面放水，下面的蒸气把上面的茶叶和水烧开，颜色是红的，故称红茶，放糖喝。

（四）商务礼仪

土耳其的伊斯坦布尔是古老的商业中心，现在因其地理位置处于欧亚两大洲交界，并跨两洲，正处于博斯普鲁斯海峡，是黑海和地中海的必经要道，所以商贸业发达。与土耳其人谈生意时一旦价格谈定，就必须成交，否则土耳其人会非常生气。

土耳其人非常喜爱绿、白和绯红这三个颜色，不喜欢紫色和黄色，因为他们认为黄色是死亡的颜色。在土耳其的话最好是少用绿三角，因为这个标志是免费用品的标志，如果你送人礼物的时候带有这个标志的话自然是不妥的。

在土耳其，各种商务活动均宜穿保守式的西装，女性忌穿无袖衣服。拜访他们的时候最好是提前预约，然后做到准时赴约，不管是在土耳其的哪个城市里，想要订房间的话都需要事先预订，并在临行前再确定一次，避免出现不必要的麻烦。

（五）宗教风俗

土耳其99%的居民信奉伊斯兰教，进入清真寺须脱鞋并保持肃静。土耳其对正式的、非宗教的结婚仪式不重视，而由教长主持的穆斯林式婚礼相当隆重。土耳其人极崇敬其国父凯末尔将军，不论公司行号、政府机关均悬挂有凯末尔的相片。土耳其人习惯在自家门口挂几头大蒜，认为这会给他们带来幸福和吉祥。

土耳其人喜欢骆驼，每年要举行两次骆驼格斗。土耳其人尚武，有"尚武之国""武士重武，不重食"之称。

二、禁忌

土耳其绝大部分居民信仰伊斯兰教，其中85%属逊尼派，15%为什叶派少数人信仰基督教和犹太教。土耳其宗教气氛相对宽松，在男女握手、饮酒等方面无特殊禁忌，但禁食猪肉，忌用猪、猫、熊猫做图案。进入清真寺做礼拜时须洁净身体、脱鞋，男性须着长衣、长裤或长袍，女性须系头巾、着长袍，男女分开礼拜，忌大声喧哗。

土耳其人的忌讳很多，他们认为每月的"13"日是不吉利的，不能做任何事情；兔子从面前跑过，乌鸦围着房子叫，黑狗从面前经过，坐在门槛上，晚上剪指甲，晚上照镜子，晚上吹口哨，剪刀开着，打破镜子等都将是不好的征兆或不吉利的活动，所以要严格禁止。还有猫头鹰在房子上空叫会死人，骂人死后会变成猪，站着穿裤子会变穷，孩子玩火晚上会尿床，有愿望重复40遍就会变成现实，喜鹊敲窗叫预示着有好消息，谁发现三叶花长四瓣叶子有好运，鸟粪掉在头上有吉星，星期二不能开始工作等。此外，土耳其人还忌紫色和黄色，因为黄色代表着死亡。在土耳其应慎用绿三角，绿三角是免费用品的标志。他们在布置房间、客厅时，绝对禁忌用花色，因为民间认为花色是凶兆，是禁色。在谈话中忌谈当地政治，以及与希腊的纷争。土耳其人喜欢谈论无异议的国际问题、家庭、职业及业余爱好。

第五节　婚丧习俗

一、婚姻

以前，土耳其的婚礼由阿訇主持，自 1926 年实施新的民法后，废除了一夫多妻制和宗教婚姻，实行了政教分离制度，法律规定男女平等享有宗教、婚礼、离婚和儿童监护权等权利，婚礼不再像共和国成立之前由阿訇主持。根据土耳其法律规定婚姻必须非宗教化，但实际上现在只有 40% 的婚礼是世俗性的，50% 是宗教和非宗教的混合式，10% 仍是按宗教仪式非法举行的。法定结婚年龄男女均为 18 岁。尽管已废除一夫多妻制，但在个别地区的农村，一夫多妻现象仍然存在，占全国家庭的 3% 左右。他们的婚姻多数要经过以下几个环节：

一是求婚。男方要找女媒人到女方家去看看，是不作声突然而至。第二次再去时就正式提出婚事。女媒人要当面对姑娘进行考试，有时还会特意抱个孩子来，交给姑娘照料，以观察其生活能力。有的人还要到姑娘常洗澡的地方打听姑娘的情况。

二是定亲。男方家派一些人到女方家，由男方父亲提出请求，双方商定后就把事先准备好的礼金送给女方家，然后喝甜果汁，糖是男方家带来的，再把订婚戒指给姑娘戴在手上，姑娘要亲吻每位妇女的手。有的地方在订婚时，男方要准备很多东西，女方也要准备很多东西，订婚时放到一起展示，吹吹打打，亲友很多。

三是订婚后、结婚前的仪式。多位女亲友带姑娘去洗澡，叫新娘浴或开脚浴。还有互相拜访送东西，叫查访。婚礼前一周，男方要把准备好的结婚用品全装在一个精致的箱子里送到女方家。在婚礼前一天，女方家要把陪嫁品一起装进这个箱子里送到男方家。

四是婚礼。婚礼前一天晚上叫"凤仙花之夜",即由亲人替新娘染手心和脚心、戴头巾、撒红花瓣,然后唱歌、跳舞,其他亲人还要哭诉离别惜情。婚礼这天,一早就有一支早已准备好的迎亲队伍把新娘接来,新郎等新娘一到,就往头上撒零钱、小麦、糖果、小米、苹果等。各地都有一些不同的做法,如新娘到了后往额头上涂蜂蜜、摔盘子、过羊皮、喝甜果汁、撒面包屑、塞娃娃等。在新娘入洞房前要让婆婆坐在洞房中的凳子上,先摔盘子,再放一张羊皮在面前,等新娘进来时吻婆婆的手。然后小伙子乱棒打新郎,再入洞房。还要踩脚、送礼、拉家常、煮咖啡等。在城市,结婚时往往在餐厅请客举行仪式。

二、丧葬

土耳其人实行土葬,人去世后将尸体放在一间单独的房子里,头朝麦加,两个大脚趾捆在一起,然后抬到清真寺,由阿訇在宣礼塔宣布葬礼的时间、地点、亡者姓名和《古兰经》中的话语。葬礼前,要把尸体清洗干净,用白布裹好,放进木制棺材里,众人齐聚,举行仪式。此后将尸体抬到坟地,由阿訇诵经后尸体下坟穴。7 天后举行纪念活动,52 天时要诵经,为穷人提供斋饭发糕。

第六节 纪念节日

一、主要纪念节日

土耳其的节日主要分为三大类:全国宗教性节日、全国非宗教性节日、地方性节日。宗教性节日的时间是依据伊斯兰历确定,无法用公历算出准确的日期;地方性节日的时间一般与收获时节、天气变化、月亮盈缺等密切相关，因此也很难计算出确切的日期。土耳其的主要节日如下：

（一）新年（1月1日）

土耳其过年的日子是元旦，这一天是他们新年的开始，新年前不论是有钱还是没钱、老人还是少年都会给自己买一张新年彩票。不管最后是不是真能一夜成为富翁，买彩票讨个好彩头也是一个很有意思的风俗。

（二）国家主权日和儿童日（4月23日）

国家主权日来自土耳其独立战争期间1920年土耳其国民大会的召开日期。1929年，根据儿童保护组织的建议，土耳其国父凯末尔把这一天定为儿童日，寓意儿童是国家的未来和主权的捍卫者。从1986年起土耳其政府开始在4月23日庆祝儿童日。

（三）国际劳动节（5月1日）

国际劳动节又称"五一国际劳动节""国际示威游行日"，是世界性节日，定在每年的5月1日。它是全世界劳动人民共同拥有的节日。

（四）国父纪念日、青年和运动节，即阿塔图尔克诞辰日（5月19日）

1919年5月19日，凯末尔将军正式宣布土耳其独立战争开始，领导人民群起反对欧洲列强对土耳其的侵略。战争胜利结束后，凯末尔将5月19日定为土耳其青年节。土耳其的青年节也叫运动节，寓意青年是国家的未来，而强壮的青年又是建设富强国家的基础。所以每逢这一天，土耳其青年都会不约而同地到户外参加各种各样的体育运动。

（五）穆斯林斋月（伊斯兰历的第9个月）

伊斯兰斋月，又译莱麦丹月，是伊斯兰历第9个月，该月名字意为"禁月",是穆斯林封斋的一个月,是真主安拉将古兰经下降给穆罕默德圣人的月份。

斋月每年开始的时间都不同,近几年斋月一般是从 6 月中旬开始,持续一个月,开斋节即斋月结束后的第一天,土耳其会放假 3~4 天作为庆祝。

斋月是土耳其的全国宗教性节日,为期一个月。斋月首日可能随着月亮盈缺变化而前后波动一天。按照《古兰经》教义,在这一个月中,穆斯林将在黎明到日落间禁止一切饮食等活动。通常,人们在天亮之前吃"封斋饭",在日落时以食物或饮料开斋。斋戒是伊斯兰教的念、礼、斋、课、朝五项基本功课之一,是穆斯林的一种修炼心性的宗教活动。

(六)战胜纪念日/胜利日(8 月 30 日)

1922 年 8 月 30 日,土耳其军队战胜希腊侵略军,取得了民族解放战争的胜利,此后这一天被定为"胜利日",现为土耳其公共假日。1923 年首次庆祝胜利日,到 1935 年胜利日已成为全国性的节日。

二、其他节日

(一)棉花银行(Pamukbank)舞蹈节

在伊斯坦布尔举办的棉花银行舞蹈节,汇集了世界著名的舞蹈团体;同样吸引世界著名舞蹈团体的还有音乐节,至今已举办了 10 届。

(二)安卡拉国际音乐节

在首都安卡拉,SevdaCenap 基金会于每年四五月份都会主办安卡拉国际音乐节。

该音乐节为欧洲艺术节协会成员之一。第 16 届安卡拉国际

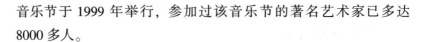

音乐节于 1999 年举行，参加过该音乐节的著名艺术家已多达 8000 多人。

（三）伊兹密尔国际艺术节

一年一度的伊兹密尔国际艺术节由伊兹密尔文化艺术教育基金会举办。世界著名艺术家和团体每年都会聚集于此，表演管弦乐、室内乐、芭蕾舞、戏剧、爵士乐和流行乐。

（四）比尔坎特国际安那托利亚音乐节

比尔坎特国际安那托利亚音乐节也是重要的节日活动之一，每年举办一次，每届历时达一个月。

（五）安塔利亚电影节

土耳其历史最悠久的电影节是安塔利亚电影节，它有时也被称为"土耳其电影业的奥斯卡"。

（六）土耳其美食节

土耳其美食节每次都会吸引成百上千的市民参加。除各式风味烤肉外，还有种类繁多的精美甜点。此外，主办方还邀请乐队现场表演土耳其传统音乐，市民在大快朵颐的同时还可以欣赏表演。

（七）诺鲁孜节（3 月 21 日）

古老中东的春节，土耳其的库尔德人和阿拉维人会举办大型的酒宴并围着篝火跳舞，是官方指定的狂欢节日，庆祝往往会持续到第二天清晨。

（八）麦加朝圣（伊斯兰历的第 12 个月）

"朝觐"是伊斯兰教为信徒所规定的必须遵守的基本制度之一，每一位有经济和有体力的成年穆斯林都负有朝觐义务。每年在伊斯兰历的第 12 个月，数以百万计的穆斯林都会聚集在沙特的麦加，参加一年一度的朝觐。朝圣期间，他们聚集在"圣城"麦加周围，一起祈祷、吃饭、学习。麦加朝圣是每年伊斯兰教最盛大的宗教活动。麦加朝圣是全国宗教性节日，庆典日期随斋月有所变动。"朝觐"是伊斯兰教五功之一。

第七节　旅游名胜与奇观

　　历史上的土耳其曾经是罗马帝国、拜占庭帝国、奥斯曼帝国的中心，有着6500年悠久历史和前后十三个不同文明的历史遗产。土耳其南部和西部气候温和，夏季干热，冬季多雨；黑海沿岸，凉爽湿润；内陆、东北、东南则冬季寒冷、夏季干热，加上三面环海的地势和内陆复杂的地理环境使其拥有了极为丰富的旅游资源。土耳其同时也是一个现代化国家，有着一流的旅游服务设施。这里有热情好客的人民、灿烂的文化、迷人的景色和神秘的传说。它既有古希腊的文明遗迹，同时还带有伊斯兰教的宗教色彩，优美的自然风光和出众的文化遗产让土耳其成功跻身世界十大旅游国。

　　近年来，土耳其已成为欧洲的主要旅游观光地。夏季、冬季疗养地在急速开展，从世界各地来探求土耳其历史、文化、美丽自然的人每年都在增加。从地中海的海水浴到乌鲁塔山的滑雪，土耳其拥有璀璨的文化和奇美的景色。它横跨欧亚大陆，是古丝绸之路的重要沿线节点；它北临黑海，南临地中海，西临爱琴海，形成了独特的自然风光。去费特希耶乘坐滑翔伞，去棉花堡温泉度假胜地，去粉色天然盐湖图兹湖泊拍照留念，漫步在最美的卡普塔什海滩，享受地中海和爱琴海的碧蓝海岸……提到土耳其，人们首先想到的便是这是一个富有"浪漫"氛围的旅行目的地。

　　土耳其是欧亚大陆的交会国，自1983年3月11日加入《保护世界文化和自然遗产公约》以来，截至2018年，经联合国教科文组织审核被批准列入《世界遗产名录》的土耳其世界遗产共有 18 项（包括文化遗产 16 项、文化与自然混合遗产 2 项），在数量上居世界第 17 位，众多的历史古迹和文化多样性是吸引国际游客主要原因。2017 年主办的国际旅游节游客超过 3760 万。

一、重要城市

（一）伊斯坦布尔

伊斯坦布尔，作为世界上唯一一个地跨两大洲的城市，是土耳其最大的城市，著名的圣索菲亚大教堂坐落在这里。伊斯坦布尔有着太多的故事和积淀。这座城市扼博斯普鲁斯海峡的咽喉，横跨亚欧大陆，位居东西方文化折中地带，曾是古代三大帝国——罗马帝国、拜占庭帝国以及奥斯曼帝国的首都，保留了丰富的历史遗产。伊斯坦布尔历史城区在 1985 年被联合国教科文组织列为世界文化遗产。

（二）安卡拉

安卡拉是土耳其的首都和第二大城市，是土耳其政治、经济、文化、交通和贸易的中心，位于小亚细亚半岛上安纳托利亚高原的西北部。安卡拉为仅次于伊斯坦布尔的全国第二大工业中心，有东西行的铁路干线通向全国主要城市和港口，另有公路多条通向各方。航空港保持国内外的航空联系。因此，安卡拉自古以来就是交通要塞，素有"土耳其的心脏"之称。

这一地区有非常肥沃的麦田，在东北方分布着广阔的森林。这一地区的历史是从青铜器时代的哈梯文明开始，又继承了公元前 2000 年的西泰特人、公元前 10 世纪的菲尔吉斯人、利迪亚人、波斯人的文明。其后，继葛拉特亚人之后，公元前 3 世纪盖鲁特人在安卡拉建设了最初的首都。

（三）伊兹密尔

伊兹密尔是土耳其的第三大城市，是继伊斯坦布尔之后的第二大港口以及良好的运输枢纽。位于安纳托利亚高原西端的爱琴海边，是重要的工业、商业、外贸、海运中心之一，同时也是历史文化名城、旅游胜地和军事要塞。这里曾以无花果著名。曾经的古城士麦那，现在是一个现代繁华的商业中心，内部环绕海湾及四面环山，后面的山脉一直延伸至南部。这里有宽阔的林荫大道，玻璃外墙的建筑物和现代购物中心由传统的红色瓷砖屋顶点缀着。18 世纪的市场、旧清真寺和教堂依旧可见。

二、旅游景点

（一）蓝色清真寺

蓝色清真寺位于伊斯坦布尔市中心，本名叫作苏丹艾哈迈德清真寺，是伊斯坦布尔的地标建筑，世界十大奇景之一。墙壁使用了土耳其瓷器名镇烧制的蓝彩釉贴瓷，以白色为底，刻有丰富的花纹图案，使得整个清真寺内都充满了蓝色。蓝色清真寺是伊斯坦布尔最大的圆顶建筑，30 多座圆顶层层升高，向直径达 41 米的中央圆顶聚拢，浩大而优雅。建造蓝色清真寺未使用一根铁钉，建筑结构严谨，历经数次大地震仍安然无恙。

（二）圣索菲亚大教堂

圣索菲亚大教堂位于伊斯坦布尔市中心，与蓝色清真寺隔街相望，重建于 532—537 年，早期是拜占庭帝国的主教堂，后被土耳其人占领并改建为清真寺，现为博物馆。这是一座土耳其著名的历史建筑，也是土耳其的象征之一。教堂外部是典型的清真寺圆顶和尖塔，在教堂前有一个净洗亭，旁边立着几根顶部雕刻花纹的石柱。作为世界十大令人向往的教堂之一，圣索菲亚大教堂

充分体现出了卓越的建筑艺术。

（三）博斯普鲁斯海峡

博斯普鲁斯海峡位于小亚细亚半岛和巴尔干半岛之间，又称伊斯坦布尔海峡，它北连黑海，南通马尔马拉海和地中海，把土耳其分隔成亚洲和欧洲两部分。没有哪个城市能像伊斯坦布尔一样容纳一个海峡。在这里航行，可以纵览两岸的清真寺、皇宫，还可以穿越大桥，远眺城市风光，近看海天一色。海鸟飞舞，海风附耳，浪花翻涌，绝对是一种享受。乘船游览时，前一分钟人还在亚洲，后一分钟就来到了欧洲，是非常奇妙的地理位置切换。

（四）棉花堡

棉花堡位于土耳其代尼兹利市以北 19 公里处，是远近闻名的温泉度假胜地，此地不仅有上千年的天然温泉，更有古怪得好似棉花一样的山丘，所以被称为棉花堡。棉花堡是自然的一个奇迹，大自然的鬼斧神工制造出了如此美妙的仙境。棉花堡的景观十分独特，温泉自洞顶流下，将山坡冲刷成阶梯状，平台处泉水积蓄成一个个小池塘，从上往下看，一方方温泉平台像一面面镜子，映照着蓝天白云。从下往上看，像刚爆发完的火山，白色的岩浆覆盖了整个山坡，颇为壮观。独特的风景吸引了全世界很多摄影爱好者。

（五）以弗所古城

以弗所古城位于伊兹密尔以南大约 50 公里处，是地中海东岸保存最为完好的古典城市，也是早期基督教的重要中心。以弗所古城作为当年罗马帝国在亚洲地区的首府，享有"亚洲第一个和最大的大都会"之称，世人说其"不是罗马，胜过罗马"，是体验和感受罗马时代生活的好地方。以弗所面积广阔的古城遗迹，保存至今已有两千余年的历史，如今是列入联合国教科文组织列管的古迹之一，一直以来是游客造访土耳其最钟爱的地点之一。

（六）格雷梅国家公园

格雷梅国家公园位于安纳托利亚高原上的卡帕多西亚省，是围绕着格雷梅镇周边的一大片区域，以壮观的火山岩群、古老的岩穴教堂和洞穴式住房闻名于世，是卡帕多西亚最典型的景观之一。这一带地处由远古时代火山喷发出来的熔岩构成的火山岩高原，因岩石质地较软，孔隙多，抗风化能力差，山地经过常年的风化和水流侵蚀，形成了许多奇形怪状的石笋、断岩和岩洞。在这里，除了徒步和自驾，搭乘热气球也是绝佳的游览方式。伴着日出，乘坐热气球从空中俯瞰卡帕地区蔚为壮观的喀斯特地貌奇景，一定会令你终生难忘。

三、世界奇迹

土耳其拥有世界七大奇迹中的两个：阿尔忒弥斯神庙和摩索拉斯陵墓。

（一）阿尔忒弥斯神庙

阿尔忒弥斯神庙是古希腊最大的神庙之一，其规模超过了雅典卫城的帕台农神庙，也是最早的完全用大理石兴建的建筑之一。它以建筑风格壮丽辉煌和规模巨大而跻身于"古代世界七大建筑奇迹"之列。它还一度享有对逃亡者的"庇护权"，其地位之显赫，由此可见一斑。在建成后的近二百年时间里，它巍然屹立在以弗所东北郊的一座高山之上，迎接着摩肩接踵前来朝觐的人们，它很快成为爱琴海诸岛和小亚细亚西海岸希腊移民城邦的香客们向往的圣殿。

阿尔忒弥斯神庙是希腊神话阿尔忒弥斯女神的神庙，四周有

127 根高约 20 米的大理石柱。据称建筑时间前后长达 120 年。公元前 356 年 7 月 21 日，神庙被黑若斯达特斯焚毁，至今只剩下一根柱子。这座神庙遗址位于今天土耳其的爱奥尼亚海滨，《圣经》里把这个地方称为以弗所，而现在它被称为或者翻译为艾菲索斯。

（二）摩索拉斯陵墓

在土耳其西南方的哈利卡纳苏斯矗立着一座世界七大奇迹之一的古迹——摩索拉斯陵墓。它是古代波斯帝国加利亚省总督摩索拉斯的陵墓。摩索拉斯曾经是波斯帝国加利亚省的总督，在波斯帝国衰落的形势下，他扩充自己的势力，最后终于摆脱了中央政府强有力的控制，实现了国土的独立。公元前 5 世纪中叶，爱琴海东岸一个新兴的独立王国——加利亚王国就此兴起。为了炫耀财富和宣扬威力，摩索拉斯设计了自己的陵墓。公元前 373 年，摩索拉斯因病去世，他的王后阿提米西亚继承王位，并根据丈夫生前设计的图纸修建了这座举世瞩目的陵墓，这座陵墓也是希腊古典时代陵墓中最杰出的代表。

摩索拉斯陵墓位于哈利卡纳素斯，在土耳其的西南方，底部建筑为长方形，面积是 40 米乘 30 米，高 45 米，其中墩座墙高 20 米，柱高 12 米，金字塔高 7 米，最顶部的马车雕像被高 6 米的墩座墙围住，旁边以石像作装饰。顶部的雕像是四匹马拉着一架古代战车。摩索拉斯陵墓充分体现了古希腊爱奥尼亚式建筑活泼精致、柔和俊秀的特点，也积极吸收了古代东方诸多优秀的艺术风格。在集希腊和东方建筑风格于一体的过程中，呈现出繁华宏大的特点，这也是后来许多壮丽气派陵墓的典范代表。

参考文献：

［1］［澳］Lonely Planet 公司编：《土耳其》，世纪译鸣翻译中心译，生

活·读书·新知三联书店 2007 年版。

[2] 郭长刚、杨晨、李鑫均、张正涵编著：《土耳其》，社会科学文献出版社 2015 年版。

[3] 昝涛等：《重新发现土耳其》，西南财经大学出版社 2016 年版。

[4] 藏羚羊旅行指南编辑部编著：《漫游土耳其》，北京出版集团公司、北京出版社 2016 年版。

[5] 实业之日本社海外版编辑部编著：《土耳其》，张亚林译，旅游教育出版社 2015 年版。

[6] [新加坡] APA 出版有限公司编：《土耳其》，邓伟权等译，中国水利水电出版社 2004 年版。

[7] 中国银行股份有限公司、社会科学文献出版社编：《土耳其》，社会科学文献出版社 2016 年版。

[8] 哈全安：《土耳其通史》，上海社会科学院出版社 2014 年版。

[9] 杜晶晶：《土耳其政治文化世俗化初探》，载《呼伦贝尔学院学报》2013 年第 4 期。

[10] 杨晨：《土耳其的宗教、政党与政治——以伊斯兰政党的兴起为中心》，上海大学 2017 年博士学位论文。

第四章

斯里兰卡的习俗文化

【本章概要】斯里兰卡，全称斯里兰卡民主社会主义共和国，旧称锡兰，是坐落在南亚印度洋上的重要岛国，北隔保克海峡与印度相望，接近赤道。中国古代曾称其为狮子国、师子国、僧伽罗。斯里兰卡拥有迷人的风景和沙滩以及丰富的自然资源。这里历史悠久，风景宜人，人文气息十足。在这片充满异域风情的土地上，有着神秘又庄严的古城神殿，满眼碧绿的锡兰茶园，以及各种美丽的昆虫和鸟类。斯里兰卡是一个多民族的国家，目前人口最多民族为僧伽罗族和泰米尔族，此外还有少数的维达族、伯格族和摩尔族。斯里兰卡宗教文化十分多元，大多数人口信奉佛教，但受到其他文化的影响，除了佛教外，斯里兰卡也有信仰伊斯兰教、印度教和基督教的教徒。本章首先对斯里兰卡的国家概况，包括其地理位置、历史沿革、行政区划、国家标志及语言，还有对姓名性格、衣食住行、日常交往、婚丧习俗、主要的纪念节日等进行了详细介绍，最后对斯里兰卡的旅游名胜与奇观进行简要盘点。

第一节 国家概况

斯里兰卡民主社会主义共和国（The Democratic Socialist Republic of Sri Lanka），简称斯里兰卡。"斯里"寓意着光明，而"兰卡"则是岛的意思。斯里兰卡象征着光明之岛。正如它的名字一样，斯里兰卡充满了神奇的色彩，是印度洋上的"宝藏小岛"。

一、地理位置

斯里兰卡是坐落于南亚次大陆南端印度洋上的岛国，因此也被称为"印度洋的一滴眼泪"。整个岛呈梨形状，位于北纬 5°55′ ~ 9°50′，东经 79°42′ ~ 81°53′，面积仅有 65 610 平方公里，在南亚七国中面积排第五名。前四名分别是印度、巴基斯坦、孟加拉国和尼泊尔[1]。斯里兰卡原来是德干高原的一部分，四面环海，东部与马来西亚、新加坡、印度尼西亚等东南亚沿海国家隔海相望，西北部邻近印度。

二、历史沿革

斯里兰卡在历史上曾经有许多称谓。中国史书中曾对斯里兰卡有过"狮子国""师子国""僧伽罗"等称谓。1948 年，斯里兰卡独立时定国名为锡兰；1972 年，成立"斯里兰卡共和国"时

---

〔1〕 印度：约 298 万平方公里；巴基斯坦：约 80 万平方公里；孟加拉国：约 14.76 万平方公里；尼泊尔：约 14.7 万平方公里；斯里兰卡：约 6.56 万平方公里；不丹：约 3.8 万平方公里；马尔代夫：约 300 平方公里。（上述排名由笔者根据查找国土面积资料后进行排序所得。）

将国名变更为斯里兰卡。丰富的历史文献资料及考古发掘显示，早在数万年前，斯里兰卡岛上便出现了早期的居民。他们开创了斯里兰卡历史，在绵延数万年一直延续到了现代。斯里兰卡独立之前的历史可以简单地划分为三个不同阶段，即史前史、古代史和近现代史。

斯里兰卡的史前史主要指的是公元前3000年以前的历史。早在公元前2.8万年前，斯里兰卡岛上就有人类居住。在石器时代，斯里兰卡的土著人被称为维达人。在旧石器时代的很长一段时间里，斯里兰卡与印度半岛之间存在一座陆地桥梁，两地居民通过这座桥相互往来。关于石器时代斯里兰卡居民的文化认同和起源问题，现代斯里兰卡人存在着分歧。僧伽罗人认为斯里兰卡的民族文化发源于印度北部，深受雅利安文化的影响。而泰米尔人则认为，斯里兰卡与印度南部地区有着较高程度的文化相似性，斯里兰卡文化源于印度南部的达罗毗荼人。尽管上述两种说法存在不同观点，但二者都认同斯里兰卡的文化起源于印度。

斯里兰卡的古代史。僧伽罗人的祖先来到岛上之后，首先经历了一个征服土著部落的过程，把土著居民维达人从沿海地区赶到更偏远的内陆，然后建立了自己的国家，从而开始了僧伽罗国家发展的历史。斯里兰卡古代历史是一部僧伽罗人的王族斗争史和反抗异族侵略的历史。大致可以分为三个时期：阿努拉达普拉（Anuradhapura）时期、波隆纳鲁瓦（Polonnaruva）时期和衰微时期。

斯里兰卡的近代史从15世纪末期开始。此时世界已经进入地理大发现时代，全球历史进入了近现代阶段。这一时期，斯里兰卡主要是反抗殖民统治。斯里兰卡先后被葡萄牙、荷兰和英国进行了殖民统治。1505—1656年，斯里兰卡的沿海省份被葡萄牙人占领和控制。1656—1796年，荷兰东印度公司控制了斯里兰卡的大部分地区；此后直到1802年，斯里兰卡在英国东印度公司的控制之下；1802 年之后，斯里兰卡沦为英国的殖民地。近现代殖民统治对斯里兰卡的政治、经济、社会、文化都产生了重大影响。

三、行政区划

斯里兰卡国土面积小，行政区划较为简单，分为 9 个省和 25 个区。9 个省分别是：西部省、中部省、南部省、西北省、北部省、北中省、东部省、乌瓦省和萨巴拉加穆瓦省。

（一）科伦坡

斯里兰卡有几个重要城市吸引着国内外的目光。第一大城市是科伦坡，是斯里兰卡行政和商贸的中心，位于斯里兰卡西南部海岸，素有"东方的十字路口"之称，是世界重要港口之一。早在英国殖民时期，科伦坡就是斯里兰卡的政治和商业中心。尽管有一些新兴的建筑点缀其间，科伦坡至今仍然保持着殖民地时期城市的原貌。这里地处海滨，气候宜人，高温而无酷暑。市内的街道上到处栽有被称为"国树"的铁木树和"国花"的睡莲，但更多的是直耸云霄的椰子树。还有许多奇特的树，如"雨树"，它是一种傍晚树叶吸收水分，直到太阳东升后，叶子伸展，水就像雨滴似的洒给树下的植物。这里还是乌鸦（斯里兰卡人称为"神鸟"）的天堂，它们在市内空中盘旋，遮天蔽日，叫声震耳欲聋。

（二）康提

康提是斯里兰卡第二大城市，位于科伦坡东北 115 千米处，是中部山区商业、行政和文化的中心。它是斯里兰卡历史上最后一个都城。因为康提湖的存在，康提充满了灵秀之气，湖光山色，风光宜人。不少豪华的观光酒店就建在古城周围的群山上，俯瞰着整座城市。

与科伦坡相比，康提才是斯里兰卡人心中的心灵首都。康提居民把康提称作"Mahn Nuvara"，意思是"伟大的城市"。对他们而言，康提是世界上最好的一片土地，而且永远不会被征服。

四、国家标志及语言

（一）国家标志

1. 国旗

斯里兰卡国旗呈长方形，长与宽之比约为2∶1。旗面四周的黄色边框和框内靠左侧的黄色竖条，将整个旗面划分为左右结构的框架。左边框内是绿色和橙色的两个竖长方形；右侧为咖啡色长方形，中间是一头紧握战刀的黄色狮子，长方形的四角各有一片菩提树叶。咖啡色代表僧伽罗族，占全国人口的72%；橙、绿色分别代表泰米尔族、摩尔族等少数民族；黄色边框象征人民追求光明和幸福。菩提树叶表示对佛教的信仰，而其形状又和该国国土轮廓相似；狮子图案标志着该国的古称"古狮国"，也象征刚强和勇敢。

2. 国徽

斯里兰卡国徽图案中圆面的中心为一头狮子，其形象寓意同国旗。狮子周围环绕着16朵荷花瓣，象征圣洁、吉祥；花瓣又为两穗稻谷环绕，象征着丰收。图案下端是一只花碗，碗里装着庙花；花碗两侧分别为太阳和月亮图案。国徽顶端为象征宗教信仰的佛教法轮；永远转动的法轮，还象征国家如日月一样永存。

（二）通用语言

斯里兰卡官方语言属于印度雅利安语系的僧伽罗语和属达罗毗荼系的泰米尔语。因为僧伽罗人和泰米尔人是斯里兰卡人数最多的两个民族。由于斯里兰卡是英语普及度较高的国家，因此在斯里兰卡的大都市内也通用英语。但如果想和当地人进行深入交流，还是要使用僧伽罗语或泰米尔语。

第二节　姓名性格

一、斯里兰卡人的姓名

在别的国家，要弄清楚一个人的姓名，是件很轻松的事情。但在南亚岛国斯里兰卡，这却是一个实实在在的难题——这个国家，人人都有一个长得匪夷所思的名字。这些长长的名字，最多时甚至超过10段、近100字。

斯里兰卡人约在公元前后开始使用姓氏，最早的姓氏多是父亲的名字，后来又加上地名、官职、种姓等成为复姓，因此当地人的名字大多很长。

一般来讲，是姓在前，名在后，有的姓名中加进原居住地名和村名，有的加进种姓或官职名，还有的在姓名中加进生辰八字、宗教信仰、个人爱好等。甚至可以从他们的姓名中知道他们的职业，比如名字有"果维伽玛"是土地耕种者；有"卡拉瓦"的是渔民；有"萨拉加马"是剥桂皮的人；有"哈纳利"则是裁缝。而且，这长长的名字当中，总会频繁地使用到字母"a"，所以你提到一个人的名字，嘴总是张得大大的。举例来说，有一人名叫帝伐那伐特达·兰卡·阿帝卡利·古塔，意思是说他名叫古塔，祖先住在帝伐那伐特达庄园，姓帝伐那伐特达，曾被赐予兰卡·阿帝卡利官职。随着种姓制度从印度传入，人们的姓氏又受此影响，把名字搞得越来越复杂了。目前在斯里兰卡，有时为了方便，会根据欧洲人的习惯，除姓保留不变外，其他部分通常只保留其中的第一个字母。如前总统朱尼厄斯·理查德·贾亚瓦德纳（Junius Richard Jayewardene）的名字，简称为"朱·理·贾亚瓦德纳"。在斯里兰卡，女人出嫁后要保留本名，去掉原姓，改随夫姓。

二、斯里兰卡人的性格

斯里兰卡靠近赤道，属于热带雨林气候，海风习习，绿树荫荫，风景自不必说，而给人感受最深的，是这个文明古国的人民虔诚的信仰和善意的微笑。斯里兰卡人民的性格犹如这里的气候，热情又温和。

斯里兰卡人十分热情好客，如果走在路上感觉口渴，热情的主人会捧出清凉可口的椰汁，邀请素不相识的客人畅饮一番。若是饿了，他们就会端出椰汁饭等独具斯里兰卡风情的食物款待你。有时候当地人还会主动搭话，给人一种轻松的感觉。

本地人善良淳朴。在斯里兰卡，你能看见各种各样的鸟儿自由飞翔。斯里兰卡人担心误伤小鸟，都不会用农药。遇到迷路的旅客前来问路，他们会极为认真地指引方向，一直到旅客弄懂为止。无论是街上出租摩托车的商人，还是水果摊上忙碌的小贩，都不会对游客乱开价，不讲道理地讹诈旅客。如果有旅客掏出照相机，当地人都很愿意与之合影，并露出灿烂的笑容。即使你并没有拍他们，他们也会对你挥挥手，摆出笑容。

第三节　衣食住行

一、服饰着装

僧伽罗人的传统服饰是纱笼，是一种用长方形的布料在下身围绕三圈的裙装。男人和女人都穿纱笼，男子的纱笼都是白色的，因为在僧伽罗人的社会生活中，白色是"神性"的化身且融入社会，它与神圣的空间、人生的启迪、贞操的纯洁、身心的洁净、内心的平和、崇尚"简单"的世界观以及可以给人们带来好运等紧密相连。[1]而女子的纱笼是各色各样的，色彩艳丽。僧伽罗妇女的服装是上身领口呈方形或圆形的女式短袖衫。这种衬衫很短，将腰部袒露出来。生活在农村的男人有时上身赤膊，仅穿纱笼。欧洲人来到斯里兰卡之后，将新的着装风气带来了，男子开始穿中间带纽扣的白色竖领上衣。沿海地区的僧伽罗人经常穿着衬衫，有时穿着西服。泰米尔妇女穿着纱丽。纱丽用长约5到6米的彩色丝绸或者尼龙纱绸缝制而成，一端裹住腰身，另一端从背后搭到前胸，在必要的时候，可以用这一端把脸遮住。摩尔人与僧伽罗人和泰米尔人的穿着差别不大。妇女也穿纱丽，男人下身也穿纱笼，上身穿西式衬衫，衣襟散露在外。不同之处在于，摩尔人戴帽子、穿鞋，妇女一般都戴很多首饰。

现在斯里兰卡人一般身着质地轻薄的棉质服饰或轻便套装，在沿海地区的旅游地区，戴宽檐沙滩帽和太阳眼镜的斯里兰卡人很多，他们脚下穿着凉鞋或便鞋。山区气候凉爽，一般要穿绒线套衫。进入寺庙等宗教场所时要尤其注意着装，须脱帽、脱鞋进入，以示虔诚。此外，斯里兰卡人是禁止无上衣日光浴的。

二、饮食文化

民以食为天，从食物的文化和餐饮的习俗中往往能窥见一个民族的智慧与文化。在饮食习俗上，斯里兰卡人喜欢用手抓取食物进食，正式场合就会用刀叉。吃饭时，他们会用手把主食揉成一小团，塞进嘴巴里，因此斯里兰卡人餐桌上往往放着一碗清水，以供他们净手。清水中有时候会放入切好的柠檬片，十分讲究，千万不要误以为这是用来喝的水。

斯里兰卡人大多以大米、椰肉、玉米、木薯等为主要食物。

---

[1]　余媛媛：《掩映于"神圣"与"世俗"中的白——斯里兰卡社会生活中的白色》，载 https://www.sohu.com/a/123019535_501399，最后访问日期：2020年10月3日。

他们尤其偏爱椰汁和红辣椒，这两样是他们几乎所有菜肴中都离不开的调料。斯里兰卡人爱吃辣，除了必备的红辣椒以外，还要加上大量的调料，如肉桂、咖喱粉、小豆蔻、丁香、柠檬、番红花等。

他们也有嚼酱叶的嗜好，习惯在酱叶上抹些石灰，再加上几片槟榔，然后把它们卷在一起嚼。据说这样可以提神、助消化。他们饮用红茶时，一般喜欢放糖，有时还加入牛奶。农民一般多喜欢饮用一种用椰花酿造的淡酒。

斯里兰卡的饮食文化很大程度上受到印度饮食文化的影响。因此只要提到斯里兰卡的美食，很多人第一印象就是咖喱。即使是熟悉斯里兰卡的人，可能也只能说出椰奶糕等很少的几种食物名称。毕竟斯里兰卡人爱吃咖喱，几乎餐餐都离不开它。其实除了咖喱，在这座印度洋上岛国，也受到其他多元的饮食文化影响，后来的印度、马来移民以及葡、荷、英等国的殖民因素，让这个"光明富饶之岛"，形成了独特的风味。

（一）食物及点心

1. 椰奶糕（Kiribath）

这是起源于公元5世纪的一种僧伽罗传统食物，一般常见于早餐或者重大节庆，比如每月的一号、新年、生日、婚礼等。椰奶糕制作方法是将椰奶、盐等放入将要煮熟的米饭中，煮好后再切成小块。传统上必须切成菱形，食用时搭配辣椒酱、咖喱等，吃起来富有弹性和椰子的清香。如果是僧伽罗和泰米尔新年，同时还会搭配 Kokis 和 Kavum 等油炸的甜食。用芭蕉叶做容器，呈到餐桌供人享用。

2. 圆煎饼（Hoppers）

Hoppers 是斯里兰卡当地最受欢迎的小点心。在各类斯里兰卡旅行美食推荐中都能找到它的身影，受到了来自全世界游客的喜爱。这是一种碗状的小圆形煎饼，口感酥脆。做法是在锅中打入一个鸡蛋，撒上胡椒粉、盐等作料。此外也有将大米粉和小麦粉和在一起放入模具蒸制而成的 String Hoppers。Hoppers 通常可以加入蔬菜和香料一起吃，也可以蘸着吃，味道十分美妙。当地人常常会把 Hoppers 当做早餐吃。

3. 香料米饭（Biryani）

斯里兰卡摩尔人的食物，起源于印度的穆斯林。一般 Biryani 中使用大量的香料，然后加入腌制的羊肉、鸡肉、牛肉、海鲜以及干果、蔬菜、酸奶等煮熟。Biryani 是斯里兰卡很受欢迎的一道美食，尤其在穆斯林的重要节日和婚礼上很常见。

4. 印尼炒饭（Nasi Goreng）

印度尼西亚、马来西亚的传统食物，随着马来人传到了斯里兰卡，在斯里兰卡很多餐厅都可以看到。Nasi Goreng 在印尼语里意思就是"炒饭"，有别于亚洲其他国家的炒饭，因为使用大量的甜酱油和虾酱，味道更加浓烈。在 Nasi Goreng 斯里兰卡也多少做了改良，但还是可以品尝出独特的味道。

5. 泰米尔八宝饭（Pongal）

起源于南亚次大陆，是南印与斯里兰卡泰米尔人最常见的早餐，其受欢迎度与椰奶糕相媲美。在印度 Pongal 有甜和咸两种，而在斯里兰卡主要以甜为主。传统的 Pongal，一般将大米和豆类煮开，然后再不断加入糖、坚果、葡萄干等。在泰米尔的丰收节，人们也会烧制 Pongal 供奉太阳神。

6. 印度煎饼（Dosa）

印度煎饼是一种古老的泰米尔食物，主要由米和黑豆制作而成，气味芳香，松软可口，是南印度最受欢迎的美食，也是斯里兰卡泰米尔族人特有的早餐。一般 Dosa 与咖喱、辣椒酱、酸豆浓汤一起搭配食用，在斯里兰卡的北部城市、山区比较常见，当然现在也不仅限早餐时段才供应。

7. 泰米尔炸物（Vade）

一种油炸的小吃，有着各种各样的形状和口味。它源自印度的泰米尔族，在印度被称作 Vada，通常当作早餐或者小吃，因为地区的不同，使用的原料也不同，比如鹰嘴豆、土豆、洋葱、虾、螃蟹等。新出锅的 Vade 酥软香脆，尤其是在各个车站或者火车站，小贩常常用作业纸或者报纸包裹着辣椒玉米油炸饼，还带有一丝油墨的乡土味。[1]

8. 酸鱼咖喱（Ambul Thiyal）

据说最初这是加勒地区人们保存鱼的一种方法，由于加入大量的香料而味道浓郁，久而久之成为斯里兰卡南部地区经典的招牌菜。烹饪酸鱼咖喱一般使用金枪鱼或者吞拿鱼为原料，将鱼切块煎好，然后与姜黄、肉桂、黑胡椒等各种香料放入陶罐中焖煮。各地区口味不同，使用的香料也略有不同，但最重要的是黑胡椒与藤黄果。与斯里兰卡那种糊状的咖喱不同，酸鱼咖喱是一种干咖喱菜，搭配米饭或者其他咖喱一起食用。酸鱼咖喱"酸"的秘诀来自酸果果干，是一种罗望子树结的果实。[2]

（二）饮料及水果

斯里兰卡最出名的特产之一就是红茶。斯里兰卡红茶香气浓郁。当地人会往红茶里面添加牛奶和砂糖，有时候也会滴几滴柠檬汁或者放上几片生姜片再或者放入磨碎的豆蔻做成口感独特的红茶。如果来到斯里兰卡，一定要品尝一下正宗的斯里兰卡红茶。

至于水果，在斯里兰卡能够买到各种各样的水果，包括香蕉、酸橙、木瓜、菠萝、柚子、菠萝蜜、椰子、黄金椰、罗汉果、红毛丹、百香果、山竹、芒果及榴莲等。这些水果在斯里兰卡价格低廉，游客到这里可以大饱口福。

---

〔1〕《斯里兰卡只有咖喱？小岛上的"十二道风味"，你吃过几个?》，载 https://www.sohu.com/a/260034507_141139，最后访问日期：2020 年 9 月 30 日。

〔2〕《10 种值得尝试的斯里兰卡美食》，载 https://www.sohu.com/a/226225638_531877，最后访问日期：2020 年 10 月 1 日。

在斯里兰卡，抬头随处可见黄金椰，这种椰子适合喝汁，口感上甜度更高一些，喝完汁可以将椰壳劈开吃椰肉，但这种椰子的肉没有青椰肉好吃，厚度薄，含水量大，吃起来软塌塌的，既没嚼劲也没回香。这种椰子价格分地方季节，价格从50卢比到100卢比不等。当地也有不少用椰子制作的甜品和零食可供品尝。

菠萝蜜是斯里兰卡常见的一种食物，无论在菜市场、超市，还是本地的餐厅，我们都可以看到它的身影。这种果肉肥厚，清甜可口的植物，在斯里兰卡人眼里，它却是一个备受推崇的重要粮食，因为它曾多次让这座小岛避免饥荒的风险。提起斯里兰卡的菠萝蜜，就不得不提到一个人——Arthur V. Dias。他是斯里兰卡著名的慈善家、独立运动成员以及民族英雄。作为一个种植园主，他在全岛率先开展菠萝蜜种植，因而被称作"Kos Mama"或者"Jack 叔叔"。历史上斯里兰卡人主要以食用大米为主，遍布小岛的水库和灌溉系统，便是前殖民时代统治者为种植水稻而建。不过，当英国人占领斯里兰卡后，开始侵占岛上农民土地，种植用于出口的茶叶、橡胶和肉桂等经济作物。水稻种植面积被迫大大减少。1915 年，因起义运动原本被英殖民者判处死刑的 Dias 获释。他了解到第一次世界大战后，整个欧洲出现令人担忧的"大饥荒"。岛上随着水稻种植量连年下降，斯里兰卡人也将很快面临粮食短缺问题。因此，Dias 希望通过自己的努力让斯里兰卡实现粮食基本自给。只凭他自己一个人无法建造用于水稻种植的水利系统，但 Dias 意识到可以种植菠萝蜜树。菠萝蜜可以像水稻一样作为食物，帮助斯里兰卡消除饥饿。当时，斯里兰卡本就不多的菠萝蜜树被英国人砍伐殆尽，为此 Dias 从马来西亚柔佛进口菠萝蜜的种子，免费分发给岛上任何角落的居民，并提出在斯里兰卡种植一百万棵菠萝蜜树的计划。今天，Dias 被斯里兰卡人视为民族英雄，写进了历史教科书。而他发起的"菠萝蜜运动"，帮助斯里兰卡建立粮食安全体制，度过数次粮食危机。斯里兰卡人亲切地将菠萝蜜树称为"Bath Gasa"，意为"大米树"。1940年，由于战争，全球多个国家面临前所未有的粮食危机，南亚、东南亚的孟加拉国和越南更是出现了可怕的饥荒。但是，在19世纪初Dias的倡导下，岛上居民都在自家后院里种植了菠萝蜜树，菠萝蜜让斯里兰卡相对平稳地度过第一次粮食危机。因此如今在斯里兰卡，可以品尝到很多用菠萝蜜制作的甜点和主食。[1]

三、居住环境

僧伽罗人农村地区的住房一般是单层土房，修建在10厘米到30厘米之间的地基上。地基用泥土夯实、垫高，以防雨季的到来。最普遍的房屋结构是木结构，里外都抹上一层厚厚的泥浆，房间里比较凉爽，室内光线昏暗。为了保持室内通风，有时候会在居室正面只修一道一米左右的矮墙，房顶就支撑在房屋的角柱上。铺屋顶基本不用瓦片，而是就地取材，用棕榈树叶、苇席或稻草铺上基层。房间的墙壁刷成黄色或白色。房间里有一个门，夜间用席子把门遮住。

僧伽罗传统住房一般会在正面用矮墙或栏杆围成一个露台，屋檐延伸的部分可以帮露台遮蔽风雨。僧伽罗人日常生活的大部分活动都在露台上进行，接待客人也在这里。

西部和西南沿海地区可以见到用砖块垒起的房子，有的屋顶上还铺了瓦，主要是这些地区生活水平较高。中部山区气候比较凉爽，村庄主要分布在水源附近，房屋的墙壁比较厚，门窗比较小，人们通常在室内活动。

---

[1]《菠萝蜜：我们眼中的"水果皇后"，却是解决斯里兰卡饥荒的"治愈食材"》，载 https://www.sohu.com/a/420051517_141139？spm=smpc.author.fd-d.1.1601708969291L23K66z，最后访问日期：2020年10月3日。

贾夫纳地区的泰米尔人住房和僧伽罗人有显著区别。由于贾夫纳半岛缺少黏土，房屋一般都是用石料建造的。房屋呈四方形，高高的屋顶朝四面倾斜，上面铺着稻草或棕榈树叶。房子一般都没有顶棚。房顶支撑在木桩上，四周都是露台。泰米尔人的住房周围一般都有一道篱笆墙与街道和临近人家隔开，这是与僧伽罗人住房不同的地方。

在许多泰米尔人的家里都有一个专门的小房间，或者在家中专门腾出一块地方设置家庭祭坛，供奉的是最崇拜的印度教神或家庭保护神的神像，人们摆上供品，对着祭坛祈祷。

斯里兰卡城市住房也保持着传统的特色，但相对而言更为坚固。墙壁多用红砖砌成，屋顶铺瓦片，房子的前部都有大而明亮的窗户，并修有宽大的前廊。

欧洲殖民主义的侵入也对斯里兰卡的建筑风格产生了一定的影响。在西南部沿海地区，一些较为富裕的家庭，房屋建筑风格明显带有荷兰建筑的印迹。这种住宅一般是单层的，很宽敞，还带有柱廊和院子。住房的门直接通往大厅，窗户很大，因此房屋采光极好。门窗都是木质的，还雕有精美的花纹。

四、交通设施

(一) 交通设施建设

斯里兰卡交通运输业主要以公路、铁路和航空为主。其中最主要的还是依靠公路，高速公路是斯里兰卡交通建设的重点；铁路也是斯里兰卡交通运输网络的重要组成部分。但航空业在当地并不发达，主要受制于经济和地理因素。

交通运输业的主管部门是运输和民用航空部，具体工作包括：制定相关政策；通过采用新技术、发展铁路基础设施和铁路服务，确保综合客运和货运铁路运输服务的有效运作；提供乘客渡轮服务；与其他国家签订扩大国际航空服务协定；与铁路局、中央运输局、国家运输医学研究所、汽车交通部、国家运输委员会、民航局、机场和航空服务有限公司开展有关的合作事项等。

斯里兰卡政府十分注重交通运输的建设与发展。在公路网方面，多条高速公路正处于设计或者建设阶段，如外环高速公路项目；在铁路网方面，计划延伸铁路运营里程；在航空运输方面，对多个机场进行改造建设，其中包括班达拉奈克国际机场。

在政府的推动下，近年来斯里兰卡交通运输业增长较为迅猛，2010 年占国内生产总值的比重为 10.3%，附加值为6,621.53亿卢比；2016 年占国内生产总值比重增至 12%，附加值增至 14,267亿卢比。[1]

（二）日常出行

对于普通的旅客，来到斯里兰卡旅游或出差的话，平日可选择的长途交通工具主要是火车，短途交通工具主要是巴士和突突车（tuktuk）。斯里兰卡的出租车大多是有计价器的，但司机通常不爱打表计价。如果要乘坐出租车，出发前要记得和司机谈好价钱，否则容易被漫天要价。因此如果不是必需，尽量不要选择乘坐出租车。

斯里兰卡铁路网分布很广，价格低廉，搭乘火车是一个很好的选择。其中有两条特色线路更是成了游客必打卡的特色体验：分别是"最美火车行程"之一的中部高山茶园火车——东线的康提到埃拉段以及宫崎骏动漫"海上火车"原型——南线的加勒到科伦坡段海上火车。据说这两条线路的火车都是中国赠予斯里兰卡继续使用的。坐在火车上可以一边体验斯里兰卡特色的挂火车，一边欣赏沿途的美景，别有一番风情。不过，斯里兰卡火车

---

〔1〕 李向阳主编：《"一带一路"国别概览——斯里兰卡》，大连海事大学出版社 2019 年版，第 79 页。

经常晚点，所以乘坐火车需要做好时间上的准备。火车有三种级别的车厢，一等座是有空调的，按票入座，票价相对贵。二等座和三等座不按票号入座，车窗可以打开，更有当地特色。三等车厢最便宜，也是本地人乘坐最多的，旺季会非常拥挤。不需预约的二等和三等车票在发车前 10~15 分钟才开始售卖。

斯里兰卡的公交分为国营和私营两种。国营长途巴士简称 SLTB，红色车身是标志，上面印有国旗上的狮子图案及 "SLTB" 字样。国营巴士通常没有空调，价格非常便宜，线路非常多。一些热门线路上会有私营巴士，通常都是小型的面包车，带有空调，但有时候空调温度会不够。搭乘这些车的主要都是游客，私营车可以确保你有座位，当然价格也会翻倍。

民营巴士分为两种：普通车和城际巴士。普通车很便宜，但设施一般、车况并不是很好、没有空调、空间狭小过道很窄，因为主要城市间的巴士非常拥挤，所以一定要尽早上车抢座位，否则上车晚了连座位都没有。它与国营长途车价格差不多，停靠的大站也一样，但可以在路上任何地方停车，比较方便。主要城市间的车次很密集，每个长途汽车站都有详细的时刻表，上车前务必要确认好开车时间以及需要转车的城市。

城际巴士配有空调，也不太拥挤，但价格比较贵，是普通车的 2 倍。城际巴士往返于两个城市间，不会随意停车。

最后是突突车，和泰国一样，突突车在斯里兰卡的街头随处可见，尤其是在科伦坡、康提和加勒这些相对大的城市，招手即停。价格一般在一公里 100 卢比以内，如果不确定路程价格可以多问几个，记住上车前务必和司机确认好价格。如果在一个城市待的时间比较久，可以留下靠谱实在的突突车司机的电话，找他们包下一辆突突车，自驾一日游也是个不错的选择。尽管坐在突突车上无法完整地领略风景，但坐车的本身就是一种奇妙的体验。

第四节　日常交往

　　斯里兰卡是一个大多数人口都信仰佛教的国家，许多的习俗都与佛教有关，在斯里兰卡佛教僧侣是备受尊敬的。他们着装比较保守，进入寺庙、教堂、宫殿、高级娱乐场所等正式场合时，衣着须端庄整洁，女士们不可袒胸露背，忌穿吊带衫，无袖上衣、短裤、迷你裙、拖鞋等不适宜的服装。斯里兰卡有很多印度教的寺庙是不允许异教徒进入的。在获得许可进庙后，要脱鞋，脱帽，脱掉身上任何皮制品，如皮带、皮包等。在参观佛教寺院时，要保持安静。不要触摸寺庙内的任何供品及前往神龛的信徒，需要按顺时针方向参观寺庙。

　　斯里兰卡佛教徒见面礼节一般是施合掌礼，通常要说一句"阿尤宝温"（意为美好的祝愿）。当对方施合掌礼时，客人也一定要还之以同样的礼节，回应问候。僧伽罗人中最重要的礼节莫过于"五体投地礼"（即用双膝、双手和前额均贴于地）。这一般用于重大场合，对佛教长老或父母，受礼者则以右手抚摸施礼者的头顶，以示祝福。"摸脚"也是僧伽罗人的一种传统礼仪（即晚辈给长辈或信徒给僧侣施跪拜礼时，要摸一下受礼者的脚背，以示尊敬）。受外国人的影响，目前斯里兰卡人也逐渐流行握手礼。斯里兰卡居民和佛教僧侣对话时，不论是站着，还是坐着，都设法略低于僧侣的头部，更不能用左手拿东西递给佛教僧侣和信徒。

　　斯里兰卡的居民与外人初次见面，多采用握手、双手合十的方法来打招呼，双手在面部合十是最为规范的做法。妇女在行合十礼时，腰弯得要比男人更低一些。

　　斯里兰卡人喜欢红色、白色、黄色等颜色，更视乌鸦为吉祥物，喜欢用燃灯的方式来庆祝开业、奠基、宗教仪式等。

值得注意的是在斯里兰卡，点头和摇头的含义与中国的习惯正好相反，点头是表示不是，摇头则表示是。斯里兰卡人吃饭是用右手的拇指、食指、中指这三根指头拿起食物食用，给当地人送礼物时，不要送花，吃饭和接受礼物时，都要用右手。

斯里兰卡的佛教徒除持有的"过午不食"的教规外，还有不进娱乐场所，不骑车，不快跑，不乘母畜拉的车，不戴手表，庙内赤足的规矩。日常生活中，人们对僧侣格外尊敬。乘公共汽车普通人均从后门上车，而僧人则从前门上车，车前还有僧人专座，他人不得擅坐。

他们忌讳使用左手传递东西或食物，视左手为肮脏、下贱之手。因此，以左手为他们递送物品是极不礼貌的。斯里兰卡僧侣禁止饮酒，也不喜欢吃蘑菇。斯里兰卡伊斯兰教徒禁食猪肉和食用猪制品。

他们对奠基、店铺开张或宗教典礼，一般都乐于请贵宾划火柴，把一根根灯芯点燃，以表示庆祝。他们认为点燃油灯象征着事业的繁荣和生活幸福。他们十分喜爱"莲花"，尊莲花为国花，并视其为友谊的象征。人们还常以莲花扎成花环，并用它来敬献给客人，然后再送上一份酱叶，以表达盛情欢迎。他们对狮子极为崇拜，视狮子为勇敢、威严和力量的象征，所以在国旗中都有狮子的形象。他们喜欢黑尾原鸡，认为它给人们带来了美好与幸福，并尊其为国鸟。他们普遍对大象怀有极好的感情，认为大象为人们带来了吉祥。所以人们对其倍加爱护，并时常为其打扮与装饰，甚至争相媲美。他们有准时赴约的良好习惯，认为这样是有礼貌的表现。

第五节 婚丧习俗

一、婚礼习俗

在婚姻方面，由于斯里兰卡保留着种姓制度，因此在择偶的时候，往往会比较注重门当户对，按照种姓择偶。随着社会发展和经济的进步，近些年对于跨种姓的婚姻已经宽容很多，但种姓仍然是择偶的重要因素。

僧伽罗人缔结婚姻的过程大概是这样：先是媒人撮合，然后是交换庚帖，再是讨论嫁妆，最后举办婚礼。在现代社会，年轻人结婚不一定要媒妁之言，他们可以通过自由恋爱的方式结成美满姻缘。但部分农村婚姻也存在父母包办的现象。斯里兰卡的女性地位很高，高昂的婚礼费用甚至房、车都由女方承担。[1]婚后丈夫也永久居住在妻子家里。

一妻多夫的婚俗曾经在斯里兰卡历史上盛行一时。目前，一妻多夫制度在某些中部山区依然存在。一妻多夫的婚姻，一般先由年龄相仿的一男一女举行婚礼，组成家族，随后又有一个或几个男子加入这个家庭中来，但不再举办任何形式的婚礼，后来的丈夫和第一个丈夫拥有同等的权利和义务。一妻多夫的家庭组成，一般有三种情况：一是本家兄弟共娶一妻；二是由几个姨表兄弟或者堂兄弟共娶一妻；三是本来无情无故，后来相好才共同组成家庭。以上三种情况以第一种情况较为常见。在这样的家庭中，妻子为一家之长，家庭出现矛盾由妻子裁决，如果有丈夫不服从，妻子可以将其逐出家门。一妻多夫家庭中长大的孩子只知

---

〔1〕 李向阳主编：《"一带一路"国别概览——斯里兰卡》，大连海事大学出版社 2019 年版，第 79 页。

其母，不知其父。

　　传统僧伽罗族婚礼在正式的婚礼仪式前，男女双方需要先定亲，选择一个良辰吉日作为婚期，确定婚期后，双方互换戒指。婚宴一般分两场举行，第一场是女方主办。婚礼当天，受佛教影响，一场传统的僧伽罗婚礼有比较多的流程，充满了佛教神秘色彩，新娘的婚纱大多红白两种颜色，但款式则多种多样，刺绣、镂空、流苏等装饰手段运用得精巧而有创意，新娘身上的各种饰品也是五花八门，虽令人眼花缭乱，却不失协调和美感。新郎的婚服也不甘落后，无论款式还是纹饰都更加夸张，体现了一种豪放的英武气概，并且头戴王冠。迎亲的时候，新娘的闺蜜们会用荆条抽打新郎的背部，警告新郎婚后要忠实于妻子，绝不抛弃她。

　　婚礼正式开始以后，新郎新娘用槟榔叶祭奠祖先，然后交换戒指；接着新郎在新娘腰部围上红色纱丽并送上鱼形发卡，新娘则在不久后新郎家举行的婚礼仪式上穿这件红色纱丽。主持会用棉线将新人小拇指系在一起，并由女方父亲用水壶浇之，象征双方彼此忠诚，不离不弃。为表示对父母的生育养育之恩，新人分别向父母亲递上槟榔叶和礼物，并对到场的双方亲人表示感谢。婚礼上还有新娘舅舅劈椰子环节，如果新娘舅舅一下子能将椰子劈成两半，那么即预示新人婚姻幸福，否则预示不吉。因为椰子白色的内核象征着彼此奉献给对方的纯洁，如若椰子没有被女方舅舅劈开即没有露出白色的内核，这段婚姻就不被看好。[1]所以这一环节尤其重要。

　　接下来新人会点燃吉祥灯，并将牛奶倒入叠在一起的罐子直至溢出，象征婚姻幸福美满。最后，由新郎新娘一起切椰汁米糕

---

〔1〕　余媛媛：《掩映于"神圣"与"世俗"中的白——斯里兰卡社会生活中的白色》，载 https://www.sohu.com/a/123019535_501399，最后访问日期：2020 年 10 月 3 日。

并互相喂食，象征互相照顾终身的承诺。随后，婚宴正式开始。[1]

一般在短短几天之后，男方将举办另一场婚礼。一般传统的僧伽罗婚礼是在寺庙举行，但现在越来越多的新潮年轻人选择在高档酒店举行婚礼，不论婚礼地点在哪里，这些传统仪式却是照样进行的。

在斯里兰卡，离婚率几乎为零。这是因为夫妻一方如果去世，并有了小孩，另一方就不再结婚，孩子则由亲属帮助抚养，这无疑也避免了很多社会问题，孩子的幼小心灵也会得到较好的呵护。正因如此，斯里兰卡的婚姻相对比较稳定与和谐，新娘的心中会对未来有更好的期待与寄托。所以，如果见到新娘，她们的脸上总是洋溢着一副幸福而踏实的微笑，也正是这种微笑，增添了斯里兰卡新娘独特的美丽。

二、丧葬习俗

（一）僧伽罗人的丧葬习俗

僧伽罗人在病人垂危时，要请和尚念经或举行祭鬼仪式。人死后，先由死者亲属报丧。然后将尸体停放在停尸床上，面朝上，头取西向，两手放在胸脯上，分别把四肢的拇指拴在一起，灌一口蜜水或清水，盖上敛被。随后，在尸体旁放一颗嫩椰子（中北部地区放食品供饭），床两边各点一盏油灯，倒扣墙上的照片等物。行"浴尸礼"后（男尸先要修剪胡须），换上白衣或缠上白布，戴上死者生前的首饰。停尸期间，须有亲属守尸。吊丧时，亲属穿白色丧服，朝夕哭灵，亲友前来吊唁，也要哭灵。还请和尚来念经，超度亡灵。入殓前，抬尸须走边门，脚在前。僧

---

〔1〕《图行世界》编辑部编著：《斯里兰卡：最纯净的岛屿》，中国旅游出版社2016年版，第70页。

侣圆寂后，先在寺庙敲丧钟报丧，然后由小和尚给死者剃须发，浴尸更衣，安放在插满鲜花的长眠床上。尸体喷洒防腐剂后，抬至大厅内停放数日，供众人吊唁。此间，由两名小和尚轮番守灵。施主们还要捐资建葬台，请吹鼓手奏乐，供给斋饭等。用薄棺入殓时，寺庙的小和尚要一一向遗体叩别。

僧伽罗人的葬礼主要有土葬和火葬两种。富户人家和僧侣行火葬，一般人士均行土葬。逢星期二、星期五和月圆日不行葬礼。出殡前，要举行祭灵仪式，由和尚念经超度亡灵。出殡时，鼓乐先奏，仪仗相随，孝子手举白旗，在前引路，后面是身穿丧服、肩扛薄棺或灵柩的送葬队伍。路上抛撒米花，路旁饰有白纸和椰花。到了墓地，抬尸绕墓穴走三圈，向死者表示敬意。然后将死者头朝西向，缓缓下葬，每人往墓坑内扔一把土后便开始掩埋，埋好后在坟墓上点上两根蜡烛。火葬仪式上，由死者的两个侄子，绕葬台转三周，洒上圣水后，亲属前来收骨灰，建坟塔。僧侣的葬礼较为隆重。葬前举行悼念法令，由施主赠福田衣，并将尸体用薄棺盛殓，放在一个四五尺高的木架搭成的葬台上。焚化后，骨灰盛于瓦坛中，葬于寺后，建一坟塔。僧伽罗人死后，按佛教习俗，举行"斋七"仪式。七天之内，由和尚念经超度，七天后设斋会追荐。以后还有"百日"（三个月）和"忌辰"（逝世周年）等祭典仪式。

（二）维达人

维达人的丧葬十分简单。当有一个维达人去世，他的亲属就剥一张树皮把尸体紧紧裹上，再用树藤牢牢地捆扎起来。然后，在树林之中选择一块树木稀少的地方，挖一个勉强能把尸体放下去的坑，用土埋上即可。葬礼由氏族长主持，下葬时亲友要来致哀。遵照传统，氏族长为死者唱哀歌，悲凉凄怆的哀歌一落，葬礼便告结束。有些地区维达人的葬礼更为简单。一个人死后，人们就把他的尸体遗弃在所居住的石穴中，只在尸体上覆盖一层树枝树叶，任其自然腐烂或被野兽吞食。其他人则离开这个石穴，另找栖身之所。若干年后，他们再返回石穴，把尸骨拖到树林深处丢掉。

第六节　纪念节日

斯里兰卡节假日很多，是一个总在过节的国家。斯里兰卡在日常生活中与我们一样使用西历，但庆典活动都是按照各个宗教或者民族固有的历法来计算的。佛教徒按照僧伽罗历，印度教徒按照泰米尔历，伊斯兰教徒按照伊斯兰历，基督教徒按照西历。下表以西历为标准，标注了斯里兰卡一年中各个节日的时间。

1月15日	泰米尔日历元旦
1月17日	月圆日——纪念佛陀首次莅临斯里兰卡
2月4日	国庆节
2月12日	古尔邦节——伊斯兰教节日
2月16日	月圆日——纪念斯里兰卡第一位佛教僧侣诞生
3月1日	湿婆神节——印度教节日
3月18日	月圆日——亚当峰季节开始
4月12—14日	僧伽罗和泰米尔新年
4月16日	月圆日——纪念佛陀第二次莅临斯里兰卡
4月18日	耶稣蒙难日
5月1日	五一劳动节
5月7日	卫塞节——纪念佛教创始人释迦牟尼诞生、成道、涅槃
5月14日	穆罕默德诞辰
5月15日、16日	月圆日——维萨卡节
6月14日	月圆日——波桑节

7月13日	月圆日——佛牙节
8月11日	月圆日——纪念佛教僧侣第一次讲经
10月9日	月圆日——佛教僧侣举行隆重法会，进入雨安居期
10月10日	建军日
11月8日	月圆日——佛教僧侣举行隆重法会，庆祝雨安居期结束
11月26日	开斋日——伊斯兰教节日
12月8日	月圆日——纪念斯里兰卡第一个比丘尼僧团建立
12月25日	圣诞节

一、僧伽罗和泰米尔新年

僧伽罗和泰米尔新年是斯里兰卡最重要的传统节日，类似于中国的新年。新年是每年的4月12日至4月14日，人民遵循传统的新年习俗，在良辰吉日安排喜庆活动。

新年期间，主要的习俗有送旧月、迎新月、沐浴净身、生火做饭、吃团圆饭、串亲戚、抹头油、洗头礼等多种活动。在迎新月时，要吃用米粉、蜂蜜、红糖和椰汁等做成的"米汁饭"或用椰奶煮成的"吉利"饭，以示吉祥。在新年和旧年交替之际一个小时左右的时间里，被称为"凶期"，也有的称之为"行善期"。此时，要停止一切活动，待在家里或去寺庙听经守戒。"凶期"一过，便立刻喧闹起来，鞭炮齐鸣，人们开始进行大规模的娱乐活动。斯里兰卡人喜欢参与团体性的群众娱乐项目，如击鼓跳舞、赛牛车、袋鼠跳等各种游戏比赛活动。

在家中，家庭主妇要做的第一件事就是面对着吉祥的方向，换新衣，净双手，然后开始生火做饭，要先将放在灶上奶罐里的牛奶煮沸，用树枝沾着四周点洒。更重要的是，必须让罐里的牛奶满溢出来，当地人相信这预示着未来一年会幸福满溢。饭做好后，摆放在屋中央的桌上，家庭所有成员围坐在草席上，由最年长者把饭盛在一张张芭蕉叶上分给每一个人。房屋村舍个个扫饰一新，享受用新陶罐蒸煮拌有椰奶的新米糕。

僧伽罗和泰米尔新年的仪式，首先是互赠礼物。吃完年饭，长辈要赠给家里每个孩子一枚硬币。主仆之间此时也要互赠礼物，祝贺新年。晚辈要向长辈行叩拜礼，献蒌叶。如果亲戚或邻里之间平时有矛盾，此时也要互赠蒌叶，以示言归于好，然后去寺庙供佛献僧。

其次是拜佛。拜佛是斯里兰卡这个佛教国家传统新年首要的一项活动，人们希望通过供奉与祈福，在新的一年中平安如意，五谷丰登。此外还有洗头礼，新年里的最后一个仪式是"洗头礼"。良辰一到，人们纷纷来到附近的寺庙，接受寺庙主持的沐浴礼，或者在家中接受父母的沐浴礼。

僧伽罗和泰米尔的传统新年均已有几千年的历史，都有着浓厚的农耕文化色彩。新年到来之际，正值太阳位于斯里兰卡正上空，也是当地农业收获季节结束之时，所以新年许多传统都与农人感谢收获有关。不过，僧伽罗人和泰米尔人分别信奉佛教和印度教，因此他们过年时也都添加了本民族宗教的一些元素。僧伽罗和泰米尔两个民族的传统新年结合了宗教、文化、历史等多种因素，人们聚在一起用独特的方式共享喜庆祥和的气氛。

二、佛牙节

一年一度的佛牙节是斯里兰卡最盛大的节日，也是游客最多时候。许多位置优越、方便观看游行表演的酒店会被预订一空，有些酒店甚至提前半年就被预订一空。到了佛牙节这一天，街边只要有空隙的地方，都会围满了观看的群众。许多斯里兰卡当地人会提前一天就来到康提占领位置，把准备好的塑料布铺在游行的沿途路边。

传说佛祖涅槃后，他的舍利被分给各地统治者供奉。佛牙舍利在印度供奉了 8 个世纪后，印度公主历尽艰辛，带着它来到了斯里兰卡，最后存于佛牙寺中。据说，有佛牙舍利的地方，总会风调雨顺，这也许就是康提城如此美丽的原因。

佛牙节游行活动开幕当晚，数十只盛装打扮的大象华丽登场。其中最豪华最闪耀的大象，是一只领头象。它全身上下被华丽的装饰点缀。这只大象还有特殊的任务，它背上巨大的华盖下安放着佛牙舍利的神龛复制品。经过道路上都铺着白色地毯。象群的身后跟随着身穿传统服装的康提舞者。象队巡游全城，让所有民众分享佛牙荣光。佛牙节是世界佛教徒十分向往的节日，也让来到斯里兰卡的旅游者们一饱眼福，已经成为世界上最为隆重的佛教庆典之一。

三、独立日

斯里兰卡独立日也就是斯里兰卡的国庆节。独立日是为了纪念斯里兰卡在 1948 年 2 月 4 日从英国殖民地中独立出来成为共和国而设立的庆祝日。在独立日的当天，会在加勒菲斯绿地举行独立日庆典。斯里兰卡士兵会鸣炮 21 响来庆祝，包括斯里兰卡空军部队在内的军事力量都会参加游行庆祝，总统会亲自升国旗。人民聚集在街头，整个加勒城热闹非凡。

四、卫塞节

5 月 7 日是斯里兰卡一年中重要的文化节日卫塞节。卫塞节是为庆祝佛陀降生、成道、涅槃"三期同一庆"的节日。东南亚和南亚国家如斯里兰卡、泰国、缅甸、新加坡、马来西亚、印度尼西亚、尼泊尔等国家的佛教徒，都会在这一年一度的重要节日里举行盛大的庆典活动。[1]

传统白色灯笼是斯里兰卡卫塞节的最大象征。在卫塞节当天，家家户户都要挂上纸灯笼。斯里兰卡各地会举办大小不一的庆祝活动，活动通常持续两到三天，佛教徒人人参与其中。佛教徒的住宅、办公场所、大街小巷都会挂满六色佛教教旗。晚上还会点亮卫塞节灯笼，象征着佛教三宝的庇佑。

在科伦坡、康提、高尔等大城市，除各家各户悬挂灯笼外，还有大型的插电彩灯牌坊，这些是由社会各大机构、组织、公司、慈善组织捐赠搭建，民众都会晚间上街赏灯。除了赏灯，还有些公共演出活动，通过活动展示佛教戏剧和佛教歌曲等。

除此之外，虔诚的佛教徒会在卫塞节去寺庙礼佛，聆听长老宣讲佛法，讨论佛理，鲜花香油供佛等。而最吸引民众的一项活动就是布施，分享和给予是卫塞节传递的重要理念之一。组织者会很热情地把免费饭、茶、饮料等分发给民众，大街小巷都可看到布施摊位，大型摊位前往往排起长长的队伍。

五、月圆节

斯里兰卡的月圆节十分有趣。因为每个月的月圆之日都是国家法定休假日。这一天广大佛教信徒纷纷前往寺庙做燃灯、献花等佛事活动，盏盏油灯象征着佛祖成道的智慧之光。全国的佛寺都要在喧闹的城镇街市举行供奉佛教圣物的各种宗教仪式。月圆日当天禁止饮酒，商店也不能贩售酒精饮料。

在每个月的月圆日中，最重要的是2月的月圆日，它有专属的名字，叫纳瓦姆，与著名的康提佛牙节齐名。节日当天，全国放假，白天佛教徒们会准备美味佳肴前往寺庙祭祀祷告，晚上会

〔1〕 白星星：《斯里兰卡斯里兰卡卫塞节于5月7日举行》，载《中国会展（中国会议）》2020年第10期。

有持续两天的宗教巡游活动。最盛大的游行是由坐落在科伦坡市中心贝拉湖而建的岗卡拉摩寺组织筹办的，届时会有数十头大象接受沐浴、进食和装扮。随后大象披挂上精美的纺织物，涂抹上亮丽的色彩，与热闹的巡游队伍穿插在一起，穿过科伦坡的主干道，绕着贝拉湖和维多利亚公园行进一圈。数万名当地居民和外国游客等候在街道两旁，观赏这一幕盛大而精彩的表演。

第七节　旅游名胜与奇观

一、空中奇迹狮子岩

狮子岩，斯里兰卡锡吉里耶（Sigiriya）的巨岩王朝（又称之为狮子岩 Sigiriya Lion Rock），是一座真真实实构筑在橘红色巨岩上的空中宫殿。它有着澳洲艾尔斯岩的自然奇景，更有着化不可能为可能的人工奇迹，令每位初到此地的游客瞠目结舌、大叹神奇。它是斯里兰卡"文化金三角"其中的一个顶点，并且也是受到联合国教科文组织保护的世界级珍贵遗产之一。

这块巨岩高两百公尺，由远处看，狮子岩俯伏在丹不拉（Dambulla）东北部平地之上。顶部平坦貌似狮子的大石，狮头风化掉落，只剩下孤零零的狮身，背上藏了一个建在二百米高空的花园宫殿。这里曾被埋没在丛林中好几个世纪，直到 19 世纪中才被英国猎人贝尔发现，从此备受考古界的重视。它的范围包括护城河、一座花园广场、一座巨大的岩石以及建筑在岩石顶端呈现砖红色的空中城堡。

这座天上宫阙是由摩利耶王朝的国王卡西雅伯（Kassapa，公元 447 年至 495 年）建造的。卡西雅伯国王弑父登基，为了逃避为父报仇的同父异母弟弟莫加兰（Mogallana）复仇，十八年间，沿山建造了这座军事防护重于统治意义的碉堡宫殿。狮子岩大概高两百米，石面平滑方正，气派非凡。在这巨岩上所建立仅维持短短七年的王朝，山顶面积约两公顷，极奢华地建造了空中庭园，即便是在今日也是个浩大的工程；庭中有国王的石制宝座、蓄水池、宴会厅、议事厅、国王寝宫等。以当时的建筑水平，此工程量规模之大令人不可思议。蓄水池是人工凿出来的，所储存的水来自雨水，可以供应宫中一整年所需，当水池水位过高时，溢流的水由山顶流向花园，在设计成大小不同的出水孔处，形成高低不一的喷泉，甚为壮观。

经过长长的走道，就可到达狮爪平台（Lion's Paws Platform）。穿过狮爪城门，便登上一条狭窄贴着悬崖的铁梯，几乎呈直角攀登，劲风时时擦肩而过。抵达峰顶，迎面是一块 1.6 公顷的大平台，从这里可判断出这座失落宫殿当年的规模和布局。其中皇家游泳池仍保存完好，水依然是深绿色的。

岩顶的景色豁然开朗，极目远眺，丛林无边无际，绿意盎然，整个都城一览无余。这座天上宫阙是如何建造的，一直是考古建筑学家乐于探究的主题。2004 年，考古学家在镜墙的外墙发现了几个类似螃蟹的"人造八爪机械板车"的图形，他们怀疑这就是当年用以攀爬岩壁运送建材的器具，至于如何操作就不得而知了。以往的宫殿配合原有的宫廷壁画，已经成为专门提供展览六世纪绘画作品的艺术殿堂。精美的风景画是当今世界上其他的城堡所无可比拟的独特奇观。整座狮子岩壁画原有五百余幅，绘有迦叶波一世的嫔妃、天女等几十个女性像，画像分别以红、黄、绿、黑为主色，她们头戴宝冠，身披璎珞，下身在迷蒙云气中，上身裸露，似飞天散花等舞蹈姿势，形态绝美，这些仅存的壁画是斯里兰卡古代艺术的珍品，与印度尼西亚婆罗浮屠、柬埔寨吴哥窟和印度阿旃陀石窟并称为古代东南亚四大艺术胜迹。

据斯里兰卡古代历史记录《大史》记载：王子迦叶波（Kasyapa）惧怕被同父异母的弟弟目犍连（Moggallana）夺走王位的

继承权，就监禁了父亲达图塞纳（King Dhatusena）并篡夺了他的王位，逼使弟弟远逃印度，然后又指使与父亲有仇的臣子杀害了自己的父亲。也许是害怕发誓复仇的弟弟回来报仇，也许是对父亲的悔恨，迦叶波从此宣称自己是神王，并在这块巨岩顶兴建了这座空中皇宫避居。为了安抚父亲的亡魂，迦叶波命人在悬崖以父王钟爱的皇妃为模特，画了许多至今仍艳丽如初的半裸仕女图，但最终弟弟还是找到了他，因此他离开巨岩去应战，却全军覆没，迦叶波被皇弟追杀陷入泥沼而亡。用这种手段夺来名与利，终逃不过死亡的下场。之后目犍连把锡吉里耶的王宫捐给了佛教僧侣们，并把首都重新迁回了阿努拉德普勒。

二、丹布勒石窟

丹布勒紧挨着著名旅游地锡吉里耶，丹布勒因为丹布勒石窟的存在成为斯里兰卡热门旅游城市和佛教朝圣中心。

丹布勒被称为"缅怀过去之城"。城市不大，仿佛一不留神就会错过这里，整个地区的规模和景致像一个中国乡村的偏僻小镇。公元前 1 世纪起，这里就被过往 Valagam Bahu 作为庇护所，后来他把庇护时所用的岩洞改造成了寺庙，使丹布勒成为著名的佛教朝圣中心。

不仅如此，丹布勒还是冥想修炼者的圣地。斯里兰卡人民相信在丹布勒周围蕴含了大自然的力量。巧妙的是，丹布勒附近确实有南亚最大的红水晶矿脉和铁力木森林。斯里兰卡人民认为在丹布勒附近走一走，可以汲取大自然的能量，改变运势。同时许多热爱冥想的斯里兰卡人也会来到这里，这里曾经是僧侣们的聚集地，是修炼冥想的风水宝地。斯里兰卡人民把冥想这种古老的生活方式保存至今，代代相传。他们至今仍像千年前的僧侣一样，在斯里兰卡的荒野上冥想，思考自己的内心世界。

丹布勒石窟坐落在丹布勒一座石山的斜坡上，1991 年被列入

《世界遗产名录》。石窟寺修建者就是阿努拉德普勒古城无畏山寺的修筑者——阿巴耶国王（Vattagamani Abhaya）。这位国王命途多舛，刚座上王位仅有五个月就被南印泰米尔人打败。为了逃难匆匆躲到丹布勒的石窟中，并在里面躲了14年。在这段艰苦的岁月里，国王始终坚信自己会得到佛祖的庇佑，重新夺回王位。后来愿望果真实现，于是他修筑了丹布勒石窟寺来还愿。

沿着丹布勒石窟的台阶拾级而上，许多旅行者都会累得气喘吁吁。不过这是值得的，因为短暂的疲惫会在朝圣时一扫而空，获得内心极大的平静。石窟分为五个独立的岩洞，庙宇中分布着姿态各异的雕像，包括佛像、神灵、僧侣、国王塑像。第一窟中有一尊巨大的卧佛让人印象深刻，这尊佛像长达15米，红色的脚底多呈现绽放的莲花。斯里兰卡的第一任国王维杰耶刚来到锡兰小岛的时候，他的手就是红色的。第二个石窟也颇有趣味，石窟某个地方的顶部会不断往下滴落水珠。这些圣水被细心地收集起来，信徒们相信这些圣水具有神奇的功效，因此只在重要祭祀场合才会使用。这个城市的名字"丹布勒"意为有水涌出的地方，也正是来源于此。

丹布勒石窟中珍藏着面积达2100平方米的壁画和157尊雕像，是斯里兰卡最大、保存最完整的洞穴庙宇。这里还有许多2000年前泰米尔人和国王征战场面的壁画。据说，石窟寺最初只有三座石窟，后来经过两任国王的扩建，才成为我们现在看到的样子。其中主要的两位建造者是阿巴耶国王和尼散伽摩罗，现在都可以在2号洞穴中看见。

在丹布勒石窟寺的下面，建有一座现代风格的寺庙。这座寺庙是由日本捐助而成的丹布勒黄金寺。黄金寺的入口上方有一尊30米高的金色大佛，金光闪闪，庄严肃穆。该佛像修建于1998年，历时三年，用混凝土和砖头砌成，外表镀了一层黄金，寺庙因此而得名。除了金色的大佛，寺院的东侧居住着丹布勒石窟寺的僧侣，而寺院主址是一个三层的博物馆，里面藏有来自中国、日本、韩国、新加坡等亚洲国家捐赠的佛像及各种佛教古董和佛教文化艺术品。

三、霍顿平原国家公园

霍顿平原是斯里兰卡一个热门的旅游胜地，也是斯里兰卡唯一一个允许游客徒步的国家公园（仅能沿着指定路线行走）。霍顿这个名字来源于英国殖民期间的英国驻锡兰总督威尔莫特·霍顿。1969 年，霍顿平原因其生物多样性被指定为野生动物保护区。徒步往返距离大概 9.5 公里，需要 3 小时左右的时间。"世界尽头"悬崖和贝克瀑布是霍顿国家公园中最有名的景点。

"世界尽头"（World's End）是一处 880 米深的悬崖，景色十分壮观。从远处放眼望去，晨光与雾气融合在一起的景象令人震撼，天气晴好的清晨可以眺望到南部的海滨。在去往"世界尽头"的路上有着迷人风景，让人为之震撼，瞬间忘却旅途的疲惫。"世界尽头"这个浪漫的名字吸引了无数情侣前往，希望到那里能够见证爱情的天长地久。

"世界尽头"在斯里兰卡第二高峰与第三高峰的山脚下，被原始草甸覆盖，野生动物的种类多样，非常适合徒步旅行。来这里观赏美景要趁早，早上六点至十点是游览"世界尽头"最好的时间，可以看到山下的村庄、远处的茶园，甚至南边的海岸，否则铺天盖地而来的云雾很快会将你的视线遮挡住。这里温差很大，清晨和傍晚需要穿长衣长裤，但到中午却是烈日炎炎，千万不要忘了防晒。这里最晴朗的季节是 1 月到 3 月。来到这里可以近距离接触到许多动物包括水鹿、熊猴、头巾猴等。此外，霍顿也是个观赏鸟类的绝佳之处。本地的品种包括黄色的鸣鸟、扇尾莺、灰头画眉、斯里兰卡绣眼鸟、斯里兰卡黑鸟、斯里兰卡白眼、深蓝捕蝇鸟、山鹰以及斯里兰卡蓝鹊等都有机会在那里见到。动物们悠然自得地生活在那里，不惧怕人类。人与自然和谐相处的魅力，在霍顿得到了最好的见证。

四、波隆纳鲁沃古城

（一）古城概述

波隆纳鲁沃古城，位于斯里兰卡国东北部，距首都科伦坡东北 216 公里。公元 933 年，波隆纳鲁沃城成为斯里兰卡的首府所在地。在波隆纳鲁沃古城里，不仅有考拉斯时期的婆罗门教遗址，还能看到帕拉克拉马一世十二世纪时修建的神话般花园城市的遗迹。1982 年联合国教科文组织将波隆纳鲁沃古城作为文化遗产，列入《世界遗产名录》。

波隆纳鲁沃古城虽然现在只是一座小城市，但这里拥有亚洲数一数二的遗址群，记录着僧伽罗王朝曾经的繁荣与历史，来到这里能依稀感受到当年佛教之都的神圣。波隆纳鲁沃是与阿努拉达普拉齐名的古都，于公元 368 年成为国王驻地。公元 993 年，波隆纳鲁沃成为斯里兰卡的第二任首都。

公元 10 世纪末，当时的国都和佛教中心阿努拉达普拉开始衰落，波隆纳鲁沃取而代之声名鹊起，但 14 世纪起趋于荒废，20 世纪初，复建成为一座现代化城市。现存的古迹大部分建于波罗迦罗摩巴忽大帝和尼散迦摩罗统治时期。

（二）斯里兰卡美术史

公元前 3 世纪中叶，佛教传入斯里兰卡，迄今大多数居民仍信奉佛教。佛教文化 2000 余年来始终是斯里兰卡文化的主流，印度教文化也逐渐有所渗透。历代僧伽罗王朝的都城是斯里兰卡文化艺术的中心，阿努拉德普勒、波隆纳鲁沃和康提三大古都所形成的文化三角地带最为重要。斯里兰卡美术史的各个时期通常便以这些古都为标志来划分。

　　波隆纳鲁沃时代美术（993 年至 1236 年）。这一时代可分为两个时期：①朱罗人统治时期（993 年至 1070 年），朱罗人带来了印度教文化，在新建的都城波隆纳鲁沃兴修了一些印度教神庙，其中石造的湿婆神庙 2 号显然是南印度神庙的翻版。当地出土的舞王湿婆、帕尔瓦蒂等铜像，多属南印度朱罗王朝的舶来品。②僧伽罗人恢复统治时期（1070 年至 1236 年），特别是波罗迦罗摩巴忽一世（1153 年至 1186 年在位）及其后继者统治期间，大力复兴佛教文化，恢复了阿努拉德普勒时期的佛塔建筑传统。12 世纪波隆纳鲁沃的吉里寺大塔便沿袭了鲁凡韦利塞耶大塔的风格。同时，此期的佛教文化中已渗入印度教文化的某些因素。波隆纳鲁沃 12 世纪兴修的砖砌厚壁佛教祠堂睹波罗摩寺、兰卡蒂拉克寺和蒂凡卡寺，长方形的平面设计与印度教神庙相近。7 层方尖角锥顶的砖塔萨德·玛哈尔·普拉萨德也接近印度教神庙的高塔。此期的雕刻亦受到印度中世纪巴洛克美术风格的感染，塔寺的墙壁和石柱上的装饰浮雕渐趋繁复华丽，守护神石的神像身上的珠宝饰物增多，月形石浮雕的装饰性增强而象征性减弱。此期的佛像追求巨大的尺寸和个性化的表现，衣纹多以间隔相等的平行凹线刻画。波隆纳鲁沃的伽尔寺的 4 尊天然花岗石雕刻的佛像是巨型佛像的代表作，其中涅□的佛陀卧像长达 14.12 米，最北端的 1 尊佛陀（也叫阿南陀）立像高 6.93 米，双手交叉在胸前，面容哀苦，表现了悲悯众生的情怀。世俗人物雕像的个性表现更加显著。例如波隆纳鲁沃南部波德古尔寺的 1 尊花岗石国王立像（约 11~12 世纪），据说可能是波罗迦罗摩巴忽一世的肖像，高 3.5 米，手持王权之轭，雕刻风格写实，既表现了僧伽罗人犷烈的性格，又表现了佛教徒的虔诚和王者的尊严。此期还出现了斯里兰卡本土崇拜的巴蒂尼女神铜像（约 12 世纪），那纤细优美的造型似乎是从南印度帕尔瓦蒂铜像脱胎而来。此期的绘画遗品有 12 世纪末至 13 世纪初蒂凡卡寺的壁画残片等，题材多为本生经和佛传故事，画法与色彩同锡吉里耶壁画相仿，更注重细节描绘。

公元 1059 年到 1207 年，伴随着波隆纳鲁沃的繁荣，其建筑水平亦达到了炉火纯青的地步。点缀在古城中的巨大的人工蓄水池和内海也为此处的全景增色不少。较之阿努拉达普拉，波隆纳鲁沃的纪念碑修缮工作要略胜一筹，因为它们被存放在更为密封的地方，所以更有利于今后研究的发展。在原先属于王室领土和宗教中心的一小块地区就发现了大量纪念碑和一些千姿百态的佛像。这里有比科伦坡湾面积还大的人工水库——波罗迦罗摩海，还可以游览到国王议会大楼、皇家城堡、皇家楼阁、铺设了月长石和雕刻了栏杆的纪念堂以及雕刻最精美的巨大佛像。该佛像雕刻在一块花岗岩石头的表面上，侧卧的佛像长 14 米，立着的佛像高 7 米。其中一座 12 世纪时的雕像被称为"圣人"，大家普遍认为它象征着国王波罗迦罗摩巴忽一世。[1]

五、佛牙寺

佛牙寺是斯里兰卡最具有代表性的景点之一。它坐落于宁静美丽的康提。来到斯里兰卡，不去佛牙寺看看就不算来过。这座代表着斯里兰卡的佛教寺院，静静地矗立在康提湖畔，呈现出一派祥和的景象。寺院内部用通透的岩石雕刻成佛陀石像，雕刻着精密花纹的石门，描绘着华丽的藏青色藤蔓式花样的天花板与寺内景色融为一体。

供奉在寺院内的佛牙，相传是公元前 543 年在印度火葬佛陀时得到的。公元 4 世纪，印度的奥里萨邦州的羯陵伽王子将佛牙藏在头发里，带到了锡兰，供奉在阿努拉德普勒。之后伴随每次

---

〔1〕《波隆纳鲁沃古城》，载 https://baike.baidu.com/item/%E6%B3%A2%E9%9A%86%E7%BA%B3%E9%B2%81%E6%B2%83%E5%8F%A4%E5%9F%8E/5406020?fr=aladdin，最后访问日期：2020 年 10 月 3 日。

迁都不停转移，最后终于决定放在了康提。

佛牙被带到康提是在 1590 年，康提国王维玛拉·达摩·苏里亚（Vimala Dharma Surya）一世建造了供奉佛牙的二层寺院。第三代国王重新修建了寺院，并将佛牙仍然保留在了院内。如今包围着佛牙寺的墙垣和八角形殿堂是康提最后一位国王建造的。19 世纪前半叶，英国殖民者占领时期，八角形的殿堂被当作留置所使用，而现在成为收藏棕榈叶写本的图书馆。

在斯里兰卡，佛牙地位很高。作为王权的象征，佛牙在哪里，都城就建在哪里。16 世纪后半叶，基督教徒葡萄牙人占领了康提，夺走了佛教徒之魂的佛牙宣称要在印度的果阿毁掉佛牙。但当时机智的僧伽罗人用假佛牙骗过了葡萄牙人，同时将真佛牙保存在康提。

寺院从早到晚都开放，游客可以自由选择时间参拜。但存放佛牙的房间只有在一日三次的朝拜时才会开放，分别在五点半、九点半和晚上六点半。这个时候，全斯里兰卡的参拜者都聚集在这里，气氛十分热烈，人们伴随着乐曲声恭敬地捧着贡品虔诚地祈祷。能看到佛牙的机会是很难得的，实际看得到的是镶嵌着宝石的佛塔形状的金色小箱。箱子仿佛套娃一样，一共有七层，最里面那层才供奉着佛牙。

参考文献：

［1］日本大宝石出版社编著：《斯里兰卡》，北京旅游出版社 2014 年版。

［2］王兰：《斯里兰卡的民族宗教与文化》，昆仑出版社 2008 年版。

［3］李向阳主编：《"一带一路"国别概览——斯里兰卡》，大连海事大学出版社 2019 年版。

［4］王兰：《列国志——斯里兰卡》，社会科学文献出版社 2004 年版。

［5］马博：《打造"21 世纪海上丝绸之路"交汇点：中国—斯里兰卡关系发展的机遇与挑战》，载《世界经济与政治论坛》2016 年第 1 期。

［6］佟加蒙：《海上丝绸之路视域下中国与斯里兰卡的文化交流》，载《中国高校社会科学》2015年第4期。

［7］佟加蒙：《斯里兰卡的殖民进程研究》，北京外国语大学2013年博士学位论文。

［8］索毕德：《古代中国与斯里兰卡的文化交流研究：以佛教文化为中心》，山东大学2010年博士学位论文。

［9］江潇潇：《斯里兰卡种姓研究》，北京外国语大学2014年博士学位论文。

［10］余媛媛：《掩映于"神圣"与"世俗"中的白——斯里兰卡社会生活中的白色》，载 https：//www.sohu.com/a/123019535_501399，最后访问日期：2020年10月3日。

第五章

沙特阿拉伯的习俗文化

【本章概要】沙特阿拉伯王国，通称沙特阿拉伯，简称沙特。"沙特"取自于沙特阿拉伯王国的创始人伊本·沙特之名，在阿拉伯语中"沙特"是幸福的意思，"阿拉伯"则指沙漠，沙特阿拉伯意为"幸福的沙漠"。沙特是阿拉伯半岛面积最大的国家，国土面积约225万平方公里，占半岛面积的70%。不仅如此，位于亚洲西南部阿拉伯半岛的沙特还是西亚北非地区最大的经济体，人口约3218万（数据截止到2024年10月），是享誉世界的石油王国，石油储量和产量均名列世界前茅。近年来，国际油价低迷，导致沙特经济下行压力增大。为摆脱对石油产业的高度依赖，沙特推进多元化发展战略。2005年12月，沙特正式加入世界贸易组织。沙特是伊斯兰教创始人穆罕默德的故乡和伊斯兰教的发源地，是全世界穆斯林的"精神中心"，伊斯兰教对沙特的影响深入国家社会生活的方方面面。沙特奉行独立自主的外交政策，已同130多个国家建立外交关系，依托政治、宗教影响力及经济实力积极参与国际和地区事务。2023年3月，沙特阿拉伯内阁批准了加入上海合作组织的决定，沙特正式成为上海合作组织的对话伙伴，为维护地区安全稳定，促进共同发展做出了重要贡献。

第一节 国家概况

沙特阿拉伯王国 (Kingdom of Saudi Arabia)，简称沙特，其位于亚洲西南部的阿拉伯半岛，东濒波斯湾，西临红海，同约旦、伊拉克、科威特、阿联酋、阿曼、也门等国接壤，国土面积约为 225 万平方公里，是阿拉伯半岛面积最大的国家。沙特人口约 3218 万[1]，其中沙特公民约占 58.4%，全国共分为 13 个省。沙特的主要民族是阿拉伯族，多信奉伊斯兰教逊尼派，官方语言为阿拉伯语，以《我们敬爱的国王万岁》为国歌，实行君主制的政治体制。沙特是世界著名的"石油王国"，对外贸易以出口石油和石油产品为主，约占出口总额的 90%。沙特长期奉行独立自主、温和务实、不结盟的外交政策，大力开展多元化外交。

一、历史沿革

中国学者陈沫在《列国志：沙特阿拉伯》一书中，把沙特的历史划分为：古代的阿拉伯国家、伊斯兰教的兴起、中世纪时期的阿拉伯半岛、瓦哈比运动与早期沙特国家的建立、现代沙特阿拉伯王国的建立、第二次世界大战后的沙特阿拉伯。[2] 美国学者威廉·史密斯在《国别研究：沙特阿拉伯》中将沙特的历史划分为：阿拉伯半岛的形成、前伊斯兰教时期、伊斯兰教前期（622—700 年）、伊斯兰教中期（700—1500 年）、沙特家族和瓦

---

〔1〕 根据中华人民共和国外交部官网 2024 年 10 月更新数据。
〔2〕 陈沫主编：《列国志：沙特阿拉伯》，社会科学文献出版社 2011 年版。

哈比教派产生时期（1500—1850 年）、19 世纪的沙特、阿卜杜勒·阿齐兹的崛起时期（1890—1926 年）、阿卜杜勒·阿齐兹的统治时期（1926—1953 年）、沙特和费萨尔国王统治时期（1953—1975 年）、哈立德国王统治时期（1975—1982 年）、法赫德国王统治时期（1982—2005 年）、阿卜杜拉国王统治时期（2005 年至今）。虽然目前对沙特历史阶段的划分方式和依据存在差异，但相同点在于认同伊斯兰教的产生对沙特社会造成了深远影响以及建立现代国家是历史转折点。当代沙特是继承了游牧部落传统和伊斯兰教思想，并通过历任国王不断推进社会政治、经济等领域的现代化改革进程中逐渐形成的民族国家。

公元 7 世纪，伊斯兰教创始人穆罕默德的继承者建立阿拉伯帝国，8 世纪为鼎盛时期，版图横跨欧、亚、非三洲。沙特阿拉伯始建于 1750 年的阿拉伯半岛中部地区，一个名为穆罕默德·本·沙特（Muhammad bin Saud）的当地国王与一名伊斯兰教改革家穆罕默德·阿卜杜·瓦哈卜（Muhammad Abd Wahhab）一起建立了新的政体。在之后的 150 多年中，沙特阿拉伯家族的势力时起时落，为争夺半岛的控制权不断与埃及（其实为奥斯曼帝国半独立的一部分）、奥斯曼帝国发生冲突，并先后两次失去政权。

19 世纪英国殖民者入侵，沙特阿拉伯一度沦为英国的殖民地。现代沙特王国的复兴肇始于 20 世纪初，缔造者是阿卜杜勒·阿齐兹·伊本·阿卜杜勒·拉赫曼·伊本·沙特（简称"阿卜杜勒·阿齐兹"或"伊本·沙特"）。1892 年，第二沙特王国覆灭后，伊本·沙特的"全部决心和思想就是解放利雅得，恢复先辈的王国"[1]。1902 年，伊本·沙特通过夜袭夺回利雅得。1906 年到 1925 年，他借助瓦哈比教义，采取近攻远伐和力促游牧民定居的策略，统一了阿拉伯半岛大部分地区。1927 年 5 月英

---

〔1〕〔叙利亚〕莫尼尔·阿吉列尼：《费萨尔传》，何义译，商务印书馆 1977 年版，第 32 页。

国同伊本·沙特签订《吉达条约》，承认汉志、内志及归属地国
王陛下全面绝对的独立，同时废除 1915 年将内志纳入英国保护
国的《英国—内志条约》，现代沙特王国诞生。1932 年 9 月 23
日，沙特国名正式确定为"沙特阿拉伯王国"，这一天被定为沙
特国庆日。但新王国的建立并未导致社会结构的变化。沙特一半
以上人口仍为游牧民，定居和半定居人口约占 35%，仅有 10% 的
人口生活在主要城镇。战后初期，除石油工业外，沙特国内称得
上工厂的，仅有几家盐水蒸馏厂、小马力发电厂和制冰厂。城镇
只有一些手工作坊，沿海居民主要靠捕鱼和采集珍珠为生。[1]

　　伊本·沙特国王在位期间，同邻国结好，为国内发展营造了
稳定的外部环境；在国内积极整顿行政机构，建立内阁制度，统
一全国行政；引进科学技术，不断提升农业生产水平；大力发展
交通、邮电、教育、医疗等公共事业。1933 年，他把面积约 93.2
万平方公里的石油开采权租让给美国加利福尼亚美孚石油公司，
期限 66 年。该公司于 1938 年在哈萨的达曼地区发现了大量的石
油，这些石油的发现和开采使沙特王国的经济结构发生了变化，
可以说石油改变了这个国家的命运。

　　1953 年伊本·沙特去世。沙特（1953—1958 年、1960—
1964 年在位）、费萨尔（1958—1960 年、1964—1975 年在位）、
哈立德（1975 年—1982 年在位）先后继任国王。1982 年 6 月哈
立德病逝，法赫德·伊本·阿卜杜勒·阿齐兹继位。对内鼓励私
人投资发展经济；对外奉行中立不结盟政策，维护民族独立，反
对霸权主义，主张加强阿拉伯世界和伊斯兰世界的团结，为沙特
王国的建设做出了巨大的贡献。

---

〔1〕〔苏联〕别里亚耶夫：《美帝国主义在沙特阿拉伯》，商傑译，商务印书馆
1958 年版，第 24 页。

二、自然环境

沙特位于阿拉伯半岛，国土面积约 225 万平方公里，是在阿拉伯世界中地理面积第二大的国家，仅次于阿尔及利亚。沙特阿拉伯北方与约旦和伊拉克接壤；东北与科威特接壤；东边和卡塔尔、巴林及阿联酋交界；东南方和阿曼接壤；南方则与也门交界。它是唯一一个同时拥有红海和波斯湾海岸线的国家，大部分的土地由不宜居的沙漠及贫瘠的荒野组成。海岸线长 2437 公里，平均海拔 665 米，地势西高东低。全境大部分为高原。西部红海沿岸为狭长平原，以东为赛拉特山。山地以东地势逐渐下降，直至东部平原。沙漠广布，其北部有大内夫得沙漠，南部有鲁卜哈利沙漠。沙特阿拉伯是世界上最大的无流国。沙特西部高原属地中海气候，其他地区属亚热带沙漠气候。夏季炎热干燥，最高气温可达 50 摄氏度以上；冬季气候温和，最低温度在 10 摄氏度左右。年平均降雨量不超过 200 毫米。沙特 70% 的面积为半干旱荒地或低级草场，可耕地面积只占土地面积的 1.5%，约 344 万公顷（2018 年）。永久性草地约 378.5 万公顷，占土地面积的 1.9%。森林覆盖率很低，林地面积只占到全部土地的 0.5%（2020 年）。耕地集中分布在降水量较充沛的西南部地区。由于大部分地区降水稀少，沙特农业的发展受到极大限制。尽管沙特在农业生产上不具有优势，但还是取得了可喜的成绩。目前沙特主要农产品有：小麦、水稻、玉米、椰枣、柑橘、葡萄、石榴等。沙特谷物自给率较低，只有 20%，依靠大量进口才能满足国内需求，2021 年进口谷物约 550 万吨。水果自给率达 60%。畜牧业主要有绵羊、山羊、骆驼等。

沙特首都利雅得以前是一座占地不足一平方公里的沙漠小城，位于沙特王国中部内志高原的哈尼法、艾桑和拜萨汗宰三条干涸河谷中，海拔 520 米，东距波斯湾约 386 公里，附近为一片

绿洲，有广阔的椰枣林和清泉，因此得名利雅得。利雅得在 20
世纪 30 年代发现石油后，经过几十年的建设和发展，已建成为
阿拉伯世界最著名的"花园城市"之一，属于典型的热带沙漠气
候，夏季炎热干燥，冬季气候温和。

　　沙特是名副其实的"石油王国"，石油储量和产量均居世界
首位，原油探明储量为 2976 亿桶，约占世界储量的 17.85%，居
世界第二位；天然气探明储量为 9.4 万亿立方米，占世界储量的
4.6%，居世界第六位。沙特油气资源由沙特国家石油公司——沙
特阿美公司垄断开发。除了丰富的油气资源外，沙特还有金、
铜、铁、锡、铝、锌等 30 多种金属矿藏，其中，以金矿储量最
为丰富，占全部金属矿产的 33%。此外，沙特还有相当数量的钾
盐、石灰岩等非金属矿产。沙特的地理位置决定了其天然淡水资
源短缺，但沙特是世界上最大的淡化海水生产国，其海水淡化量
占到了世界总量的 20% 左右。据沙特《阿拉伯新闻报》报道，沙
特海水淡化总公司于 2016 年底启动至 2020 年中完成麦加地区和
东部省新建日产能 250 万立方米的项目，该项目将能满足相关地
区所有用水需求。

三、政治经济

　　沙特是政教合一的君主制王国，禁止政党活动，无宪法，
《古兰经》和穆罕默德的《圣训》是国家立法的依据，瓦哈比主
义是国家所奉行的官方意识形态。国王亦称"两个圣地（麦加和
麦地那）的仆人"。国王行使最高行政权和司法权，有权任命、
解散或改组内阁，解散协商会议，有权批准和否决内阁会议决
议，以及与外国签订的条约、协议。1992 年 3 月 1 日，法赫德国
王颁布《治国基本法》，规定沙特阿拉伯王国由其缔造者阿卜杜
勒-阿齐兹·拉赫曼·费萨尔·阿勒沙特国王子孙中的优秀者出
任国王。

沙特协商会议于 1993 年 12 月 29 日正式成立，是国家政治咨询机构，下设 12 个专门委员会。协商会议由主席和 150 名议员组成，由国王任命，任期 4 年，可连任。现任主席为阿卜杜拉·本·穆罕默德·阿勒谢赫，2009 年 3 月就任，三次连任至今。

沙特的政府为内阁，本届内阁于 2022 年 9 月成立，共有 37 名成员，主要成员包括王储兼首相穆罕默德·本·萨勒曼·本·阿卜杜勒-阿齐兹·阿勒沙特，国防大臣哈立德·本·萨勒曼·本·阿卜杜勒-阿齐兹·阿勒沙特，外交大臣费萨尔·本·法尔汉·阿勒沙特，能源大臣阿卜杜勒阿齐兹·本·萨勒曼·本·阿卜杜勒-阿齐兹·阿勒沙特，财政大臣穆罕默德·本·阿卜杜拉·杰德安等。萨勒曼·本·阿卜杜勒-阿齐兹·阿勒沙特国王生于 1935 年，自幼接受伊斯兰正统教育，多年担任利雅得省长。2011 年 11 月被任命为国防大臣，2012 年 6 月任王储兼副首相和国防大臣，2015 年 1 月 23 日继任沙特第七任国王。其曾于 1999 年 4 月、2014 年 3 月、2017 年 3 月访华。

司法方面，沙特以《古兰经》和《圣训》为执法依据。由司法部和最高司法委员会负责司法事务的管理活动。2007 年，阿卜杜拉国王颁布《司法制度及执行办法》和《申诉制度及执行办法》，建立了新的司法体系。沙特设立最高法院、上诉法院、普通法院三级法院，并建立刑事、民事、商业、劳工等法庭，最高法院院长由国王任命。沙特的申诉制度尤为特别，规定设立直属于国王的三级行政诉讼机构，即最高行政法庭、行政上诉法庭和行政法庭。

行政区划方面，沙特设 13 个地区，分别为：利雅得、麦加、麦地那、东部、卡西姆、哈伊勒、阿西尔、巴哈、塔布克、北部边疆、吉赞、纳季兰、朱夫。地区下设一级县和二级县，县下设一级乡和二级乡。沙特阿拉伯首都为利雅得。此外，其夏都为塔伊夫；外交之都为吉达。

　　沙特属于中东经济强国之一。进入 20 世纪 70 年代后，沙特石油工业迅猛发展。1986 年，阿美石油公司实现国有化，正式成为沙特国家石油公司。[1]据统计，1974 年到 1997 年，沙特石油年均收入为 441.6 亿美元。石油收入直线上升的"黄金时期"是 1974 年之后的十余年，石油工业构成了国民经济的主干，政府约 95% 的收入来自石油出口。沙特政府将巨额石油收入投入王国的现代化发展，使沙特从传统的落后的农牧业经济迅速向以石油工业为基础的经济结构转变，到 20 世纪 70 年代已成为世界上人均国民收入最高的国家之一。1970 年，沙特开始启动 5 年为一个周期的发展计划，截至 2019 年已实施十个五年计划。前四个五年计划主要投资于基础设施建设、人力资源发展和公共福利等项目。从第五个五年计划（1990—1994 年）起，政府逐步加大对经济多样化和私营经济发展的投资，经济结构出现从封建农业经济向国家资本主义经济，再向自由资本主义经济转变趋势。1975 年，沙特私营企业为 1181 家，其中 958 家为独资企业，总资产约 22 亿里亚尔。1986 年，私营企业增至 7000 家，其中 5406 家为独资企业，总资产达 681 亿里亚尔。1992 年，私营企业产值在国内生产总值中所占比例达 35%，1995 年为 48%。2000 年，沙特非石油产业总值共计约 3704 亿里亚尔，其中私营企业产值 2637 亿里亚尔，国有企业产值 1067 亿里亚尔。同时新兴服务业也在迅速成长，重点是金融业、房地产业、保险业等，形成了以资源为资本累积手段、统筹分配经济资源于各个生产部门的综合发展模式。沙特经济结构的变化和民间资本的发展，促使民众政治力量崛起，加快了新的社会阶层和精英集团的出现。[2]利雅得现在已

　　[1]　Madawi Al-Rasheed, *A History of Saudi Arabia*, Cambridge University Press, 2010, p.112.

　　[2]　M. A. Ramady, *The Saudi Arabian Economy: Policies, Achievements and Challenges*, Springer, 2005, p.28.

经成为阿拉伯半岛最现代化的城市，人民的收入和生活水平显著提高，市场供应比较繁华。吉达位于沙特西部，是沙特第二大城市和最大的商品批发集散地以及最大的港口城市，作为重要的商业和金融中心，拥有各类工商企业八万余家，全国大型综合企业集团的总部大部分设在吉达，全市有一百多家银行及其分支机构如拉吉赫银行、利雅得银行、半岛银行、阿拉伯国家银行、沙特国民银行等。

四、国家象征

沙特阿拉伯国旗呈长方形，长与宽之比为3∶2。绿色的旗面上写着伊斯兰教的格言："万物非主，唯有安拉；穆罕默德，主之使者"。下方绘有宝刀，象征着圣战和自卫。绿色象征和平，是伊斯兰国家所喜爱的一种吉祥颜色。国旗的颜色和图案突出地表明了沙特的宗教信仰。

沙特阿拉伯国徽呈绿色，由两把交叉着的宝刀和一棵枣椰树组成。绿色是伊斯兰国家喜爱的颜色。宝刀象征圣战和武力，象征捍卫宗教信仰和保卫祖国的决心和意志；枣椰树代表农业，象征沙漠中的绿洲。沙特人民很喜爱枣椰树，将它作为捍卫宗教信念的象征。

沙特的官方语言为阿拉伯语，由国家宪法明确规定。同时，官方会不时出台一些在经贸、医疗、教育等各个领域有关阿拉伯语语言使用情况的规定、决议和制度等，以保证宪法中规定的阿拉伯语作为国家语言的主导地位。

沙特阿拉伯的国歌是《我们敬爱的国王万岁》，由依布拉欣·卡哈法吉作词，阿都·拉曼·阿尔哈提卜作曲。

第二节　姓名性格

一、姓名

阿拉伯人名基于一种庞大的命名系统，许多阿拉伯人的名字并不单单只是"名-中名-姓氏"，而是一长串的名字组合。这种命名系统源自阿拉伯世界，并跟随着伊斯兰教的传播而为世界各地的穆斯林所接受，但非阿拉伯族裔的穆斯林并不是全盘接受这种阿拉伯人名命名系统，仅是取其中的几个部分，如果因为一个人的名字当中包含有阿拉伯语名字而判断名字的主人是阿拉伯人的话，可能就会出现失礼的场面。

阿拉伯人没有姓，因此他们会带上儿子、父亲、祖父、家族、外号等与其他人区分。现代阿拉伯人名可以包括本名、父名、祖父名、昵称、族名（姓氏）等多节。下面将分别介绍阿拉伯人名的各节：

本名（اسم；Ism）是阿拉伯人名最主要的部分，代表的是"他或她本人的名字"，多数的阿拉伯本名是带有正面意义的阿拉伯语词汇，不少来自伊斯兰教经典，部分本名也可能是日常语言中经常用到的形容词和名词，阿拉伯报刊有时会为了尽量避免产生混淆而为这类本名加置括号或引号。一般而言，从上下文和语法结构上可以推断该词是如何使用的，但对阿拉伯语的初学者而言，这有相当难度。

除了以عبد（Abd）开头的人名外，常见本名还可能使用后缀الدّين（al-din / ad-din / el-din / eddin / uddin），意为"宗教"。例如علاء الدين（Aladdin，阿拉丁）、نور الدين（Noor-al-din / Nooreddin，努尔丁）、صلاح الدين（Salah ad-Din / Saladdin，萨拉丁）。后缀-allah（安拉）也很常见，如حبيب الله（Habiballah / Habib-allah，

哈比布拉）。

父名（نسب，Nasab）指的是在名字中"冠上父亲的名字"。在沙特阿拉伯和海湾国家，父名经常以ابن（伊本，ibn）或بن（本，bin）的词缀方式出现在男性的名字当中，代表的是"某某之子"，以بنت（宾特，bint）的词缀方式出现在女性的名字当中，代表的意思是"某某之女"。例如ابن خلدون（伊本·赫勒敦，Ibn Khaldun）就是指"赫勒敦之子"。在阿拉伯人名中，这种方式可以上溯多代，但一般止于曾祖父。这种命名方式是古代阿拉伯部落的重要社会基础，目的是鉴定个人在社会和政治上的互动关系，在现代阿拉伯社会中，人们在正常的交谈中会选择忽略这个部分，仅使用本名互相称呼。

族名（نسبة；Nisba）是用来"描述个人所属的祖籍、职业或血缘关系"，它可以由家族或宗族中的几代人所传承，例如المصري（埃及人，al-Miṣrī）是在阿拉伯人名中常见的族名，然而传承这个族名的家族可能已经在埃及以外居住了无数代，所以这个族名的定义其实更类似于中文的姓氏。

这一节也可以视为"祖先名"，用法是以一位著名的祖先，加上特别的آل（Āl）前缀（这个前缀和一般的族名前缀ال不同，易于混淆），例如沙特家族成员的人名中，会加入آل سعود（阿勒沙特）。

族名的前缀ال（al-）是冠词，中文音译时，约定俗成不予翻译。但是需要注意的是，如果族名是以"祖先名"用法出现，那么前缀应是آل（Āl），这时应该音译为"阿勒"。

昵称（كنية；Kunya）是指"冠上儿子的名字来替代本名"，例如أبو كريم（'Abū Karim）是指"卡里姆之父"，أم كريم（Umm Karim）是指"卡里姆之母"，它会冠上家族中第一个男孩的名字，但并不会用来取代本名。例如现任巴勒斯坦民族权力机构主席马哈茂德·阿巴斯，在中东地区以其昵称阿布·马赞（ابو مازن，

'Abū Mazem）更加为人所熟悉。

别号（لقب；Laqab）是用来"描述个人外表或品行上的特征"，例如 هارون الرشيد（哈伦·拉希德，Hārūn al-Rashīd）的名字中，الرشيد的意思是指"正义"或"正确的指引"。别号的前缀也可以是'Abū，例如 Abu al-Fadl（阿布-法德勒），字面意思为"恩典之父"。

传统上，阿拉伯女子婚后并不改姓。现代有女子从夫姓的情况。此外，还可以在丈夫的姓名前加上前缀 Haram，Hurma 或 Hurmat，意为"某某之妻"。

在家庭内部，以 Abu-*（某某之父）、Umm-*（某某之母）称呼某人的情况是很常见的。

二、性格

地理环境是民族性格产生的必要基础，特殊的历史境遇对民族性格的形成也产生了重要影响。阿拉伯人的性格深受沙漠自然环境和伊斯兰教的影响而形成。

首先，在伊斯兰教形成以前，贝都因人是"以氏族部落为基本单位在沙漠旷野过游牧生活的阿拉伯人"。他们的基本生活是逐水草而居，这种生活方式在当时是半岛人适应沙漠环境最好的生存方式。由于生活物资奇缺，游牧的贝都因人经常劫掠他们的兄弟——定居的阿拉伯人及其商队。经常性的掠夺常会遭遇反抗，如果在斗争中表现得软弱，就会因生活资料缺乏而无法生存。劫掠的生活使贝都因人形成了像所有原始游牧民族那样英勇善战和视死如归的性格，这成为阿拉伯民族性格的特点之一。其次，贝都因人有放荡不羁、不屈服于外来束缚的性格。沙漠生活的艰苦条件是防御外界侵略的第一道防线，而他们在艰难时期仍然艰苦奋斗。再次，贝都因人具有坚韧耐劳的性格。他们的日常食物主要是奶、骆驼肉、炒面等，主要穿着长衫、头巾，一般不穿鞋袜。在艰苦的环境中世代生活，并以此为荣耀，在这种性格的支撑下，阿拉伯文明才得以繁荣至今。最后，家庭部落观念和高傲的性格。在资源稀缺的沙漠环境中，单个人是无法生存的，他们对家庭和部落的热爱使他们能够长久地生存和发展。由于沙漠环境的闭塞，他们不了解外部文明世界，所以他们认为自己是世界上最尊贵的民族。艾哈迈德·爱敏引用阿鲁西的话说："总之，阿拉伯人思想高尚，完美无比，言辞流利，理解高超，具有各种美德，继承了一切光荣。"这是其性格高傲的重要体现。

公元 610 年穆罕默德开始传播伊斯兰教，伊斯兰教对阿拉伯人的影响是多方面的，它不仅是一种信仰，更是一种"生活方式"。《古兰经》规定："凡枉杀一人的，如杀众人；凡救活一人的，如救活众人"，并提出了"凡是穆斯林都是兄弟，人人平等"的口号。由这些训诫可以看出穆罕默德提倡大家正直、善良、诚实，也使阿拉伯人形成了这种性格。正直公平、诚实守信、乐观好客、仗义疏财的美德与宗教意识紧密地结合在一起，成为沙特人民的不懈追求。

第三节　衣食住行

一、服饰风格

沙特人衣着朴素。沙特人的传统服饰是大袍，又长又宽又大，各个阶层的人都穿用。男人穿白色长袍，头戴白头巾，用黑色绳圈压着。许多人喜欢戴红色格子的头巾。社会地位高的人士，在白袍外边穿一件黑色或金黄色镶金边的纱袍，王室成员和大酋长们都穿这种纱袍。沙特妇女常穿黑色大袍，并在头上和脸上蒙黑色纱巾，不让外面的人看见她的面目。根据历史记载，古代妇女主要是受到部落习俗的制约，而穆罕默德创立伊斯兰教以后，妇女地位有所提高，但从总体上来说，特别是与男性相比地位还是较低的，一般在家里劳作。现代社会虽有所改变，但总体上还是如此。女人从头发到双足都不能露出来，连声音也不能让陌生男性听到。如果有女性透过面纱窥视男人，被认为是不正经行为。外国女子在沙特时，在穿衣上要特别注意，不能穿短裙，不能有任何裸露出现。连女性外交官穿短裙打网球都不可以，曾有一位女性外交官因此被宣布为是不受欢迎的人，只能离开。

妇女可以戴首饰，手指、手腕、脖子上都呈金碧辉煌的女性不少。但男人不准戴首饰。

二、饮食特色

沙特民众是世界上最虔诚的伊斯兰教徒，禁忌较多。他们认为人体感官上的一切刺激，都是一种堕落的表现，是犯罪的开始，因此沙特法律严格禁酒。饮酒者如被抓获，要当众鞭打80下或者被监禁6个月到1年，另外还要处以罚款。买酒、私酿酒或酒后开车者均要处以重刑，最严厉的斩首示众。在沙特，所有的餐馆和饭店都不供应酒精类饮料，只向顾客提供各种不含酒精的"啤酒"和"香槟酒"等。

沙特人在饮食上和一般亚洲人相同，一日三餐，晚餐是正餐，早餐多吃面包、甜食、鸡蛋、干酪，午餐多吃米面肉菜。他们最爱吃的是羊肉、骆驼肉，小骆驼肉是沙特阿拉伯的特色肉类。为了获得最佳风味，宰的骆驼大小在6个月到1年之间。饭后喝茶或咖啡，也吃水果，最喜欢喝的是骆驼奶。在沙特，咖啡通常是用来招待客人的首选饮品，以咖啡飨客一直被视为主家好客的表现。沙特人的咖啡有自己的特殊味道，当地人通常饮用阿拉比卡咖啡豆烹煮的咖啡，色泽浅淡，烹制方法与添加的香料格外讲究。煮咖啡时，沙特人往往要在咖啡壶里加入丁香、肉桂、小茴香和藏红花等香料，还有人喜欢加入砂糖、奶精甚至胡椒粉等调味，让味道更加丰富。[1]

饮食的独特之处在于用香料、树皮、水果、种子、汁液等调味，也有药用价值。常用的除香辣椒、丁香、肉豆蔻等外，还有特殊的椰枣、小豆蔻、干酸橙、麦哈拉卜、地衣、蔷薇水、橙花水、黄栌单宁、藏红花、萨塔尔、罗望籽、乳香等，有的还保持祖传配方。用珍贵的香料饮食招待客人，说明对客人十分尊崇。

三、居住条件

地域文化是影响居住条件的主导因素。阿拉伯地区由于深受伊斯兰文明的影响，形成了内向型的居住模式、宗教性的空间哲学和抽象性的美学传统。

20 世纪 60 年代，阿拉伯地区发现了丰富的石油资源，巨大的财富为地区经济发展大大提速。昔日，大多数沙特居民住在较狭小的农村地区，今天，不少阿拉伯青年从农村到城市工作。城市的现代住宅得到极大发展。影响建筑环境的主要因素之一是人口的持续增长，导致新的规划体系诞生，它们对于沙特的环境和社会产生了极其重要的影响。标准化使得当代的沙特各城市在空间形态上极为相似，缺乏个性。文化与社会的变异导致建筑环境功能也发生了变化，在当代的城市中，曾经作为居民们传统社会生活环境的聚会场所逐渐消失，传统的社会互动性减少，取而代之的是新的社会交往空间、地方建筑环境特色逐渐退化。

伊斯兰教提倡居家宁静，强调家庭生活的私密性。这种神学属性的内向性贯穿于穆斯林的整个居家行为中。功能组织要求主客分区。建设外墙不开窗或开设小窗，外观封闭，一个基本的居住单元围绕中心庭院组织，营造了内向型的空间，家庭内的日常

---

〔1〕 苏黄、刘皓然：《沙特人的"欢迎光临"带着咖啡味》，载《环球时报》2023 年 7 月 13 日，第 9 版。

生活便围绕院落展开。《古兰经》一贯强调家居的"宁静"、夫妻生活的"宁静"。在当地多层内院住宅，往往在住宅顶上一、二层临街一侧做退台处理。退台构成"露台"——即当地别具特色的"赫里杰"，这"露台"外侧修筑带孔"围墙"，可以保障私密性。地区微小气候使这"露台"夜间格外清凉，是男士夜间聚会或休息的优良空间。

住宅内还实行严格的性别分区，这是阿拉伯住宅的一道严格"禁令"。住宅入口要分设，家人与男宾统一出入口，女宾另设出入口。住宅区内的会客厅也要求男女分设，若是内院住宅有条件则分设男女内院，在卧室区域更强调卧室的独立性。

至今阿拉伯人仍有席地而坐手抓饭进食的习惯，因此餐厅的独立性被弱化，用餐空间也许在餐厅，也有的在卧室。

《古兰经》中提到："天国有八层，坐落在七层天之上，是常年绿荫覆盖的绿洲，环境恬静优雅。"而穆斯林用水进行"净礼"以表示对真主的崇敬。因此，伊斯兰建筑中对水空间和绿荫空间的钟爱，不仅是对于干旱气候环境下舒适度的考量，更具有深刻的宗教根源。这对于沙特阿拉伯这样的宗教国家是极为重要的。内向私密的建筑外观把沙尘抵御在住宅之外，所见之处到处都是花朵、青草、树木，给人营造了美好的天国景象，使人们在干旱炎热的环境里得到心灵的慰藉。为了降温和强化住宅室内空气对流，传统住宅常在夏季主导风一侧外墙上方设"进风口"，而住宅又在中部高处设"气楼（出风口）"，基于热压动力原理，新鲜空气被"吸入"通风槽，且适量加湿冷却后进入室内，室内热气、废气从"气楼"向外排出，形成了空气的循环，有效降低室温，保持室内优良空气质量。[1]

---

〔1〕　黄翔宇：《阿拉伯地域文化主导的当代住宅设计探讨——以卡塔尔 Katara village 别墅设计为例》，载《住宅与房地产》2016 年第 3 期。

四、交通运输

作为重要的石油产出国，沙特的交通运输极为便利，主要有公路运输、铁路运输、空运和水运四种方式。

（一）公路运输

公路交通是沙特的主要运输方式，道路总长 22 万公里。高速公路总里程超过 5000 公里，占公路总里程的 2.27%。双车道公路总长超过 1.2 万公里，交通部正在努力将 4.9 万公里的单车道公路改造成双车道公路。沙特与约旦、也门、科威特、卡塔尔、阿联酋、巴林等国相通。此外，沙特计划升级改造现有的连接沙特和巴林两国的法赫德国王大桥（沙巴一号跨海大桥），并考虑新建与一号大桥并行的二号大桥。

（二）铁路运输

沙特当前运营铁路总里程约为 4130 公里。其中，沙特铁路局（SRO）和沙特铁路公司（SAR）分别运营 1380 公里和 2750 公里，主要铁路线有达曼-利雅得铁路（449 公里）、麦加—麦地那铁路（453 公里）、南北铁路（2750 公里）。沙特麦加—麦地那高速铁路途经吉达、拉比格、阿卜杜拉国王经济城，是中国企业与沙特等国企业以联合体形式参与建设的世界首条穿越沙漠地带的时速最高的双线电气化高速铁路。自 2018 年 9 月投入运营以来，这条时速可达 360 公里的双线电气化高铁将麦加至麦地那的路程缩短了 2 个小时，预计每年将运送超过 1500 万乘客。

根据沙特公共交通管理局（PTA）的数据，沙特铁路网络使用量大幅增长。沙特铁路在 2022 年第一季度运送了超过 300 万名乘客，与 2021 年同比增长了 208%；运输货物超过 300 万吨，同比增长 26%，运输集装箱超 16 万个。

（三）空运

沙特共有 27 座民用机场，6 座军用机场，9 座沙特阿美公司内部机场。27 座民用机场中有 4 座为国际机场，分别是利雅得机场（哈立德国王国际机场）、吉达机场（阿卜杜勒-阿齐兹国王机场）、达曼机场（法赫德国王国际机场）和麦地那机场（穆罕默德·本·阿卜杜勒-阿齐兹亲王机场）。全年客运量约 3935 万人次，货运量约 10.24 亿吨。

（四）水运

沙特东西两岸分别临阿拉伯湾（波斯湾）和红海，当前有 9 个主要港口。其中，6 个为商业港，3 个为工业港，另外还有若干规模不等的渔港。9 个主要港口分别为吉达伊斯兰港、阿卜杜勒-阿齐兹国王达曼港、法赫德国王延布工业港、法赫德国王朱拜勒工业港、延布商业港、朱拜勒商业港、吉赞港、杜巴港、海尔角港。沙特 2020 年海运吞吐量超过 1350 万吨，在阿拉伯世界排名第 1 位，在全球排名第 20 位。

第四节　日常交往

当代沙特人民的日常交往的每一个细节都深深地沿袭与渗透了伊斯兰精神，沙特穆斯林的日常生活要履行宗教功课，每天都会重复"安拉至大"以及"我作证：万物非主，唯有安拉，他独一无二；我作证：穆罕默德是安拉的仆人，是安拉的使者"等誓词。这种程式化的礼拜形式鞭策穆斯林民众坚持伊斯兰传统生活方式。进入现代化社会转型时期，社会生活方式逐渐多元化、开放化。

一、日常礼仪

（一）相见礼仪

沙特阿拉伯的人民把伊斯兰教作为国教，沙特也是伊斯兰教的发源地，是穆罕默德的故乡，所以他们的传统礼仪都是伊斯兰教的宗教礼仪。当前，由于世界经济一体化迅速发展，地方的传统礼仪或宗教礼仪都被大大淡化，改为世界通行的礼仪形式。因此，沙特阿拉伯的人民在一般情况下见面时都施行握手礼。有时也施行举拳抚胸礼，即人们彼此相遇时，要把右手握拳举在自己的额前，左手放在自己的心窝处，并且要说些问候的话和祝福的话，如早安、晚安和祝您平安、幸福之类的话语。女性不准与生人接触，外出时必须穿女长袍，戴好面纱，还要有亲戚或女仆陪同。不准女性单独外出，更不准接见宾朋。贝都因族男人见面以鼻碰对方的额头，然后拥抱。

（二）仪态礼仪

沙特阿拉伯自从 1938 年由加利福尼亚美孚石油公司打出达曼 7 号油井以后，"黑色的金子"就滚滚而来。经过 50 年的发展，沙特阿拉伯自己掌握了石油开采、输出的主权，全部石油的利润归于自己国家。由于有强大的经济基础，加之文化的快速发展，沙特阿拉伯的人民很讲仪表仪态，出门穿得整整齐齐，讲究公德，人们大多自觉排队，公共汽车上为老年人让座，在公共场合尊重女性。说话时语调温和柔缓，声音适中，注意力专注。即便是遇到不认识的人，也以礼相待。当人们相遇时，步行者先问候骑乘者，年轻者先问候年长者，行者先问候坐者，后到者先问候先到者，个人先问候大家等。说话时注意看着对方，听讲者神情专注，不轻易打断对方讲话。

（三）家庭礼仪

大多数沙特家庭讲究家庭礼仪，尊重双亲，尊老爱幼，亲人之间相互关心、相互帮助，但男主女从的现象在沙特家庭中普遍存在。当亲人需要帮助时，大家都会自觉伸出援助之手。

（四）商务礼仪

穆斯林擅长经商，他们在商务活动中信守伊斯兰教的教规教法，严格遵守商业道德。

（五）民族礼仪习惯

"干净的右手，不洁的左手。"阿拉伯人用餐很有特色，通常是席地而坐，将面包掰成小片或是将米饭撮成小团，用右手的几个手指捏住送进口中，即使是带有汤汁的菜肴，他们也都能全部吃完。实际上，用手直接抓着进食也不能算作是阿拉伯人独享的"专利"，全世界用手抓着吃饭的有好几亿人口，其居住的范围从北部非洲一直延伸到南亚次大陆。按照阿拉伯人的生活习俗，他们的右手总是干净的，故吃饭时必须用右手将食物直接送进口里，而不能用左手，因为在他们的传统观念中，左手是不洁的，只能用来辅佐右手撕扯食物。即使是在平时干活时，阿拉伯人也更多的使用右手。当地妇女总是用右手劳作，而左手则是将裹在身上的长长的布料紧紧地捏在腋下，左手偶尔腾出来辅助一下，然后及时地缩回去。

在待人接物方面，阿拉伯人的左右手也是绝对的内外有别。凡是对外的事情，譬如递送东西给他人，他们必须用右手，否则就是极大的不恭敬，且在对方看来也是相当不礼貌的。同样的，阿拉伯人在接别人递送过来的东西时，也要使用右手，即使右手正在忙碌着，也要赶紧腾出右手接过来。

沙特阿拉伯的旅游资源比较多，也很独特。朝觐者要受戒，禁止打架斗殴，不准争吵，不准杀生，不准踩踏花草树木。其他旅游者也必须遵守这些规则。

二、主要禁忌

沙特的社会活动和商业活动深受伊斯兰教法的相关约束，因此沙特人民在日常交往过程中有较多禁忌，将履行宗教习俗融入现代社会生活之中。比如：①禁食猪肉及一切外形丑陋和不洁之物，如甲鱼、螃蟹等。②禁止吸毒、贩毒。沙特政府认为贩卖毒品、吸食毒品的行为完全违背了他们所信奉的教义，因此对贩卖和吸食毒品的行为加以严厉打击。如近些年颇受重视的新型毒品恰特草，沙特阿拉伯是最早一批将其列入违禁物的国家之一。在沙特阿拉伯，毒品犯罪将面临极其严厉的处罚，甚至是被判以死刑，斩首以警示众人。③禁止偶像崇拜，在他们的心目中真主只有一个。他们是虔诚的穆斯林，禁止奢侈豪华，因此，不准穿绸缎，不准男人佩戴装饰物，甚至对音乐、舞蹈、电影都是反对和禁止的。图书上不准有人头或人体画像，甚至连动物画像也在禁止之列。因此，如果要向沙特阿拉伯人赠送图书、年历就要特别注意这些禁忌。洋娃娃等外形似人的物品，禁止放在家里作为装饰品。他们的解释是：放在家里，天天观看，日子一久，会形成"偶像崇拜"的结果。因此在这些国家，绝不能以洋娃娃作为礼物。他们敬奉的是唯一真主，对其他的一律持反对态度。④禁穿有星星图案的衣服。埃及、阿拉伯诸国对穿星星图案衣服的人反应强烈，很是不满。原因是，其政治上的对手以色列的国旗是以星星作为图案。除了衣服，有星星图案的包装纸也不受欢迎。⑤不能双手交叉着说话。在中东、近东诸国有个习惯：说话或跟对方面对面的时候，不可以双手交叉。其实，在很多国家，双手交叉着说话，都被视为"态度傲慢"或是"不礼貌"。在中东地区把这看得比较严重，认为是"侮辱"或是"挑战"。⑥不得送酒。对沙特人民来说喝酒是直通罪恶的途径，对禁酒成习的教徒，应避免赠送酒类礼物，因为这种行为无疑公然劝他破戒，绝对做不得。

三、特殊惩戒方式

多年来，鞭刑又称"酌定鞭刑"（Ta'zir flogging），一直是沙特最常见的惩罚形式之一。通常情况下，那些犯下婚外情、通奸、扰乱社会治安、酗酒滋事等罪行的罪犯，都会被沙特法院判处鞭刑。甚至沙特部分王子，也曾因行为欠端、不遵守王室规范和礼仪等受到过鞭刑的惩戒。由于被实施鞭刑的罪犯受刑十分痛苦，这一惩罚方式受到国际人权组织的强烈批评。沙特阿拉伯最高法院于 2020 年 4 月 24 日宣布：正式废除鞭刑，这一刑罚取消之后，将以监禁、罚金等其他处罚方式代替。法院将对每一个案件进行审理和评估，并作出决定。此举标志着在沙特实行多年的鞭刑从此消失。废除鞭刑，也被认为是沙特司法改革进程向前迈出的"重要一步"。

第五节　婚丧习俗

一、婚姻习俗

沙特作为典型的伊斯兰教国家，现代婚姻、子女继承的相关习俗大多沿袭了《古兰经》的规定。阿拉伯国家婚姻法是一种包含宗教信仰、风俗习惯和礼仪秩序的综合社会规范，包含着阿拉伯国家生活的方方面面。其主要内容包括结婚、离婚、夫妻双方的权利和义务、等待婚姻期（IDA）、订婚（maohia）、合法子女和非法子女、妻子赡养费、子女监护权和其他相关法律规定。阿拉伯国家婚姻法为阿拉伯国家法院审理相关婚姻和家庭诉讼案件

奠定了基础，其中相关婚姻要件和离婚条款尤为重要。

在沙特，不论男女，婚姻大事都由家长决定，传统中结婚年龄都很小，有的女孩 10 岁就嫁人了。现在有所改变，结婚年龄稍大，但绝大多数还是父母包办，男女双方在结婚前并不相识。订婚和结婚时男女双方分开进行，只有在婚礼的某些时刻或婚礼结束后，新郎与新娘才会最终在一起。因此若在一个婚礼上见不到新娘是十分正常的，其实新娘正在另外一处参与仪式。婚礼仪式通常会持续三天，即从周三到周五。周三下午双方正式签署婚约，周四双方做准备，周五是阿拉伯国家的休息日，在这天新郎新娘正式成婚。在一位阿訇（波斯语音译，意为"教师""学者"）的主持下，双方父亲面对面坐下，新郎恳请未来岳父："以真主安拉的名义，您愿意将您的女儿嫁给我吗？"岳父回答："以真主安拉的名义，我愿意将女儿嫁给你为妻。"阿訇问新娘的父亲："您的女儿是否同意这桩婚事？"回答一般是肯定的。接着，新郎与岳父都伸出右手，紧紧握住对方。阿訇开始念诵《古兰经》。第一天在女方家，大摆宴席，宾客庆贺。第二天把新娘迎娶到新郎家，新郎家照样庆贺一番，吃抓饭和烤全羊。在沙特阿拉伯的传统中，婚前六天、婚后七天都是大庆时间，一般约两周，现在有些农村还实行这种传统。

阿拉伯民族对女子的贞操十分重视，如果在入洞房后，男方认为女方不贞洁，就连说三声离婚，此时女方就得回娘家。如果男方后悔，可以再结婚，但必须经过阿訇主持仪式，只准许第二次，不准有第三次。如果没有举行结婚仪式而男女双方幽会，就被视为通奸，要判以石击刑，即捆在柱子上，众人用石块打死。[1]

现在的青年男女都有自由恋爱的热切愿望，但由于宗教、民

---

〔1〕 钟燕：《浅谈〈古兰经〉中的婚姻立法》，载《法制与社会》2009 年第 34 期。

族、家庭以及国家的法律都维护传统婚姻习惯，阻止自由恋爱。现在婚姻的聘礼厚重是个大问题。随着沙特阿拉伯的石油出口越来越多，人们的生活水平也大幅度提高，所以聘礼越来越多，有的几万美元，甚至几十万、几百万美元。这就更加阻挠了婚姻的自由。

沙特政府还颁布了政令，禁止沙特男性与来自孟加拉国、巴基斯坦、缅甸、乍得四国的女性结婚。此外，与其他国家女性结婚也要通过严格的审查，要求必须年满 25 岁，获市长签发的许可文件，并提交家庭成员身份证明。长期以来，与移民女性结婚在海湾国家一直存在着争议。

二、丧葬习俗

伊斯兰教认为，死亡是一个人最后的必然归宿，是肉体的消失和精神的升华，是人生的复命归真，而不是生命的终结。《古兰经》有云："凡有血气者，都要尝死的滋味。我以祸福考验你们，你们只被召归我。"伊斯兰教的先知穆罕默德告诫穆斯林："你们宜速埋葬亡人，如属幸福者，宜早使其获福，如系不幸者，亦当尽快使其远避火狱之灾。""如早晨死了，不可停放过午，黄昏死了，不可过夜。"因故滞留不得超过三日。教法规定速葬为"穆斯泰哈布"（Mustahabb，即嘉许的行为）。伊斯兰教葬礼三项基本要求是土葬、从速、从俭。教法规定善葬亡人，是活人的善举义务。在亡人待葬期间，不宴客，不服孝，禁止袭用非教法规定的一切习俗。

葬礼仪式主要分为归真前应当做的四项事务和去世后的四项主要工作。

在病人归真前，首先，病人归真前会留遗嘱。穆罕默德说："凡身负重病的穆斯林，只要他还能活两天的时间，就把遗嘱留下来"。病人亡故前，在清醒时应叮嘱家人为自己偿还债务，分配遗产和施舍，请人们原谅过错及讨讨口唤等。病人自己可请阿訇代为念"讨白"，向真主悔罪求得饶恕。其次，病危时依据圣训，守候人要给病人提念"清真言"，务使病人记念真主，勿留恋尘世，切勿强求以防病人因临终痛苦而伤其诚信。再次，诵读《古兰经》"雅辛章"。该章概述伊斯兰教信仰的三大原则，即作证真主、承认先知和信复活日。为临终病人诵读，使其从容亡去归主，同时使活人受其教诫和回赐。最后，病人绝气后，脱去衣服，合其双眼，闭其口齿，顺其四肢，整理容发，使亡人面向"克尔白"天房，覆盖白布单。

在病人去世后，要准备亡人的殓衣（即克凡）。根据圣训、教法规定，殓衣要用白棉布，不宜用色、丝绸（无白棉布时，妇女可通融使用），男殓服三件。然后净礼（俗称"洗埋体"），即为亡人冲洗大净。一般由三人操作，其顺序先净下，后洗头部，用白布或棉花沾水擦口齿和鼻孔，以代替漱口、呛鼻，再洗脸和两手至肘，然后以从头至足、先右后左的顺序冲洗全身三遍，擦干后可为亡人涂抹香料，如麝香、樟脑粉、冰片末等，礼浴即成。举办殡礼，即站"者那则"（殡葬仪式）。教法规定举行殡礼是"副天命"（Farid Kifayah）。穆罕默德说："你们为亡人做礼拜时要竭诚地为他做祈祷"。穆斯林均有参加站"者那则"的义务，尤其亡人的亲属更应参加。凡参加站"者那则"的人，都须沐浴净身、洗衣，其仪不同于拜主，仅有举意、抬手、大赞、不躬、不叩、不跪坐，最后埋葬。穆斯林有抬送亡人的传统，参加送葬被视为圣行，抬送"埋体"为应尽义务。一般埋葬亡人的坟坑宜深，南北向，长为 2 米，宽 1 米，墓深约 2 米，墓坑里再偏穿穴，有的直穿穴，以区别非穆斯林的直坑埋葬。旅行者中途亡于海船上，按规定的仪式举办后，即可投入水中水葬，战争时期穆斯林战士牺牲后，可免去洗礼、穿殓衣等规定，允许着原血衣举行殡礼后埋葬。将亡人置入坟坑时应诵念："谨奉安拉之名与钦差的圣行"。然后解下亡人的腰带，盖好捕板，坟墓中不准有随葬物品。墓用土筑为长方马背形。禁止以水泥、石灰等物修饰。最后诵读《古兰经》章节，参加者作"读阿"（即祈祷辞），为亡人求赦宥。

第六节　纪念节日

沙特阿拉伯的宗教礼仪和节日深深地根植于伊斯兰教的信仰和传统中。法定节假日主要有开斋节（伊斯兰历 9 月 25 日至 10 月 5 日）、宰牲节（伊斯兰历 12 月 5 日至 15 日）、国庆节（公历 9 月 23 日）。周五、周六为公休日。重要节日如下：

一、开斋节

开斋节标志着斋月的结束，是穆斯林庆祝斋戒成功的节日。在这一天，穆斯林会进行特殊的祈祷，互赠礼物，并与家人和朋友共享盛宴。

每年伊斯兰教历的 9 月为斋月，斋月结束的第二天，便是穆斯林的开斋节。开斋节之日整个伊斯兰世界普天欢庆，人人互致问候："尔德·穆巴拉克"（节日吉祥）。在斋月里，每天东方刚刚开始发亮至日落期间，除了患病者、旅行者、乳婴、孕妇、哺乳妇、产妇、正在行经的妇女以及作战的士兵外，成年的穆斯林必须严格把斋，不吃不喝、不吸烟、不行房事等。直到太阳西沉，人们才进餐，随后或消遣娱乐，或走亲访友。

二、宰牲节

宰牲节：也被称为"古尔邦节""牺牲节"，这个节日是为了纪念先知易卜拉欣（Abraham）愿意牺牲他的儿子以表示对真主的忠诚。在这个节日，穆斯林会宰羊、牛或骆驼，将肉分给亲友和穷人。"古尔邦"意为"献祭""献牲"，为朝觐功课的主要仪式之一，时间是伊斯兰历 12 月 10 日。

三、哈吉

哈吉（Hajj）是伊斯兰教五大支柱之一，是阿拉伯语音译，意为"朝觐者"，用以尊称前往伊斯兰教圣地麦加朝觐。所有身体和经济条件允许的穆斯林一生中都应至少参加一次哈吉。哈吉是在伊斯兰历最后一个月（Dhul-Hijjah）的 8 日至 12 日进行。期间，穆斯林会聚集在麦加进行一系列的仪式，包括围绕着麦加的圣殿（Kaaba）行走七圈，游走阿拉法特山（Mount Arafat）等。

四、穆罕默德诞辰

穆罕默德诞辰亦称"圣纪节"，是伊斯兰教三大节日之一，相传穆罕默德于伊斯兰教历纪元前 51 年 3 月 12 日（公元 570 年）诞生。现在穆斯林过圣纪节时会准备许多好吃的食品庆祝，讲述穆罕默德生前的事迹等。现圣纪节节日活动多由清真寺主持。届时，穆斯林要穿戴整齐，到清真寺沐浴、更衣、礼拜，听阿訇们念经，讲述穆罕默德的历史和创建伊斯兰教的功绩。然后休息、游玩一天。

五、沙特阿拉伯国庆日

沙特阿拉伯始建于 1750 年的阿拉伯半岛中部地区，一个名为穆罕默德·本·沙特的当地国王与一名伊斯兰教改革家穆罕默德·阿卜杜·瓦哈卜一起建立了新的政体。在之后的 150 多年中，沙特阿拉伯家族的势力时起时落，为争夺半岛的控制权不断与埃及（其实为奥斯曼帝国半独立的一部分）、奥斯曼帝国发生冲突，并先后两次失去政权。现代沙特阿拉伯是由国王伊本·沙特一手建立的。1902 年伊本·沙特率领一队人马从其家族避难地科威特出发，从敌对的拉希德家族（Rashid）手中一举夺回利雅得。在 1913 年至 1926 年间，伊本·沙特相继征服了内志（纳季德）和汉志（希贾兹）两部分领土。1926 年 1 月 8 日，伊本·沙特成为其统治的领土上的国王。1927 年 5 月 20 日签署的《吉达条约》使得沙特阿拉伯正式脱离英国的统治并独立。1932 年 9 月 22 日，沙特阿拉伯正式宣布统一。沙特国庆节通常在 9 月 23 日举行。每年的这个时候，沙特都会在全国多个城市举办多种多样的文化、娱乐和体育活动以庆祝这一节日。道路和建筑物上会挂满沙特国旗烘托节日气氛，人们穿着绿色衬衫庆祝。

以上的仪式和节日都是沙特阿拉伯社会生活的重要组成部分，它们不仅体现了沙特阿拉伯人民深深的宗教信仰，也展现了他们的社群凝聚力和对传统文化的尊重。

第七节　旅游名胜与奇观

沙特阿拉伯独特的地理位置、自然环境和宗教信仰决定了其旅游资源丰富且极具地方特色。作为世界伊斯兰教的圣地，沙特每年接待的前来朝觐（正朝和副朝）的世界各地穆斯林数以万计。

一、鲁卜哈利沙漠

鲁卜哈利沙漠意为"空旷的四分之一"，由于其面积占据阿拉伯半岛约四分之一而得名，是世界上最大的沙漠之一。这个沙漠大部分在沙特境内，小部分属于阿曼、阿联酋和也门，面积约 65 万平方公里，超过荷兰、比利时和法国面积总和。

鲁卜哈利沙漠又称"阿拉伯大沙漠"，呈东北至西南走向，长 1200 千米，宽约 640 千米，因富含氧化铁而多呈红色。鲁卜哈利沙漠从形态上大体可分为东西两大沙漠，其中东部沙漠海拔100~200米，多为平行排列的大沙丘，有些沙丘高300米，长20千米，近乎一座沙山。在地下水位较高处有局部绿洲，形成良好的牧场。西部沙漠海拔100~500米，多为砾漠，沙丘间沼泽、盐湖广布。鲁卜哈利沙漠是世界上最大的流动沙漠，其沙丘的移动主要由季风引起的，并且由于风向和主流风的差异，沙漠的沙丘被分成三个类型区，即东北部新月形沙丘区、东缘和南缘星状沙丘区和整个西半部线形沙丘区。

二、吉达喷泉

吉达喷泉于1980年到1983年建造，1985年开始使用，全名法赫德国王喷泉，是一个很特别的喷泉，它建在海里。法赫德国王喜欢大海，所以在吉达的行宫是建在海边的"和平宫"。和平宫建好后，设计师为了让"和平宫"和大海成为一体建筑，把宫殿喷泉建到了海里，在海里建立了海水喷泉。

吉达喷泉是国际公认的建筑杰作，如今也成了吉达的象征，喷出的水高达312米，是世界上最高的喷泉，喷泉使用的是红海中的咸海水，喷出速度可达到每小时375千米。吉达喷泉是法赫德国王捐赠给吉达港的，整个城市都能看到，喷泉水柱冲向天空，又缓缓飘洒而下，融入大海。

在柔和的红海海风吹拂下，远处的吉达喷泉，犹如一面珠帘挂在天际。游人在此驻足，久久不愿离去，赞叹着人类的无限创造力。在夜晚，500支聚光灯衬托着吉达喷泉，使喷泉更加妩媚多姿。

三、圣城麦加

沙特位于亚洲西南部的阿拉伯半岛上，而伊斯兰教第一圣城麦加，位于沙特阿拉伯西部赛拉特山地中段易卜拉欣涸河的峡谷中。这座圣城四周群山环抱，气候酷热，有公路通往沙特阿拉伯首都利雅得及穆罕默德陵墓所在地麦地那。

沙特阿拉伯于 1932 年建立后，定麦加为"宗教之都"，现由穆罕默德的后裔管理。麦加分为新城和旧城两部分。旧城坐落在易卜拉欣涸河峡谷中，四周是光秃秃的山峰，市区树木不多，气候炎热干燥，夏季骄阳似火，街上人来车往，阵阵尘土飞扬，这里有许多带有中古特征的宗教建筑和宫殿，街道狭窄，两旁密布古香古色的店铺，居民的服饰、语言和习俗至今仍然保留着一些穆罕默德时代的风貌。

"麦加"在阿拉伯语中意为"吮吸"的意思，表明当地饮水困难，也有"圣城"之意。麦加在全世界穆斯林心目中占有神圣的地位，每年都有一二百万穆斯林不顾长途劳累，从遥远的地方来到这里朝觐，以表示自己是安拉的虔诚信徒。

四、哈巴拉

哈巴拉（Habalah）是沙特阿拉伯境内一处绝佳的旅游目的地，以前是一坐美丽的小村庄，遗留下来的一排排僻静的房屋受到了许多旅游者的青睐。哈巴拉的意思是指"悬挂的村庄"，这座小村庄坐落在一处高约 305 米悬崖的顶部，哈巴拉是第一个用缆车作为交通工具的地方。哈巴拉村庄里漂亮的房屋位于缆车车站的百米处，最初居住在这里的人们，日常的出行要用系在铁绳上的绳索滑行，哈巴拉之所以被遗弃也主要是因为当地居民面临着生活上的诸多不便。来到哈巴拉的游客都很期待观赏村落房子门廊上精美的雕刻，俯瞰整个山谷的自然美景和悬崖下错落有致的梯田。游客可以从沙特阿拉伯的阿布哈市乘坐汽车到达哈巴拉，阿布哈市距离哈巴拉只有 40 公里，也可以租车到达。

五、麦地那

老城麦地那是苏斯市的主要景点之一，与麦加、耶路撒冷一起被称为伊斯兰教三大圣地，是伊斯兰教的第二圣城，已被联合国教科文组织列入《世界遗产名录》。老城之所以出名应归功于它的古城堡和先知寺。

古城堡修建于公元 821 年，历史上曾作为灯塔和警备烽火台，是沿海防御体系的重要组成部分。

麦地那先知寺是伊斯兰教第二大圣寺，坐落在沙特阿拉伯麦地那城的拜尼·纳加尔区，为中东地区重要的清真寺之一。先知寺是公元 851 年阿格拉比特王朝国王穆罕默德下令建造的。该清真寺院墙极厚，由方石叠成，无宣礼塔，其中三个墙角各有一座穹顶塔楼。寺中庭院由白色大理石铺地，古色古香。今天的先知寺依然在原来的位置上，但不是原来的样子了。当初先知督造的清真寺是一个长 50 米宽 45 米的土坯矮墙大院，礼拜殿是椰树干支撑的草棚，屋顶盖着树叶和草木。一千多年来，经过历代扩建重建，成为今天这样金碧辉煌和广阔无比的世界大清真寺。在今日宏丽的先知寺中，建筑形式依旧保留着原来的古迹。例如在数以千计的立柱前排顶部有绿色廊柱，标志着当年土坯矮墙的范围。前面的一侧有一个演讲台阶，就是先知经常站立演讲的地方，是保留的古迹。先知寺的后边是古籍图书馆和博物馆，珍藏着古代文献，接待来自世界各地的学者查询和阅读。先知寺之南有两个古代陵园，其中有伍侯德战役烈士墓地。大多数先知时代的历史遗迹都保存完好，供历史学家们参观和研究，许多地方在朝觐期间对公众开放。

六、玛甸·沙勒遗址

沙特阿拉伯的玛甸·沙勒遗址曾被称为"黑格拉"（Hegra），

是约旦佩特拉城南部的纳巴泰文明保留下来的最大一处遗址。遗址位于欧拉以北 20 公里，由麦地那省负责管辖。遗址上有保存完好的巨大坟墓，坟墓正面有纹饰，可以追溯到公元前 1 世纪到公元 1 世纪。该遗址上有 111 座巨大坟墓，其中 94 座都有纹饰，而且还有多处水井，它凸现了纳巴泰文明的建筑成就和水利技术知识。石谷考古遗址（玛甸·沙勒）中还有约 50 件在纳巴泰文明之前就已存在的铭文和一些洞穴绘画，是纳巴泰文明独一无二的证明。根据传说，此地因为位于南北交通的中转站而发展出博大精深的文明，但也因为繁荣而导致人心背离神的旨意，因此受诅咒而毁灭消失。这个传说替这座遗址添上了几分神秘而诡谲的独特色彩。《古兰经》记载的石谷就是这里。

玛甸·沙勒在两千多年前是纳巴泰王国的南部都城，是一个商旅路线上将南阿拉伯半岛和地中海盆地以及美索不达米亚连接起来的贸易中心。环绕其山的巨大坟墓群上刻有一百三十多座以天然岩壁雕凿而成的雕刻，散发着最原始的阿拉伯风情。这一带地貌变化多端，有壮观的峭壁深谷，有高低起伏的沙丘，夹杂着无数被风化成奇形怪状的微红色砂岩，令人目不暇接。

2008 年根据文化遗产遴选依据标准，石谷考古遗址（玛甸·沙勒）被联合国教科文组织世界遗产委员会批准作为文化遗产列入《世界遗产名录》。石谷考古遗址是沙特阿拉伯第一个列入《世界遗产名录》的遗产。

七、王国中心大厦

位于利雅得中心的王国中心大厦，建造于 20 世纪 90 年代，占地面积约 96 000 平方米，功能多样，包括宽敞的零售空间、一个四季酒店、在中东地区独一无二的婚礼和会议场地，以及王国财产公司的综合办公室，是全球性的标志性建筑之一。据悉，该大厦由沙特王子出资建造，被美国著名旅游杂志《旅游者》列为

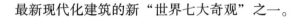

最新现代化建筑的新"世界七大奇观"之一。

参考文献：

［1］陈沫主编：《列国志：沙特阿拉伯》，社会科学出版社 2011 年版。

［2］［叙利亚］莫尼尔·阿吉列尼：《费萨尔传》，何义译，商务印书馆 1977 年版。

［3］［苏联］别里亚耶夫：《美帝国主义在沙特阿拉伯》，商傑译，商务印书馆 1958 年版。

［4］王铁铮、林松业：《中东国家通史·沙特阿拉伯卷》，商务印书馆 2000 年版。

［5］Madawi Al-Rasheed，*A History of Saudi Arabia*，Cambridge University Press，2010，p. 112.

［6］A. Ramady，*The Saudi Arabian Economy：Policies，Achievements and Challenges*，Springer，2005，p. 28.

［7］苏黄、刘皓然：《沙特人的"欢迎光临"带着咖啡味》，载《环球时报》2023 年 7 月 13 日，第 9 版。

［8］黄翔宇：《阿拉伯地域文化主导的当代住宅设计探讨——以卡塔尔 Katara village 别墅设计为例》，载《住宅与房地产》2016 年第 3 期。

第六章

埃及的习俗文化

【**本章概要**】阿拉伯埃及共和国，简称"埃及"，地跨亚、非两大洲，是世界四大文明古国之一，以金字塔和尼罗河畔的庙宇闻名于世，素有"世界名胜古迹博物馆"之称。古老、遥远、神秘、迷人……这些都是古埃及生活的代名词。埃及以其悠久的历史、灿烂的文化、独特的风土人情以及宏伟的名胜古迹成为世界上最著名的旅游目的国，吸引着世界各地的游客前来探索这块土地的神奇魅力。埃及也是一个多民族国家，大多数埃及人信奉伊斯兰教。在这里，世俗与宗教相互碰撞、融合。埃及位于海上丝绸之路沿线，是最早响应"一带一路"倡议的国家之一。10 年来中埃共建"一带一路"硕果累累，覆盖了港口、工业、教育等重点领域，优越的地理位置和丰富的自然资源为埃及繁荣和发展提供了有利条件，2021 年 9 月埃及成为上海合作组织对话伙伴国。

第一节　国家概况

一、国家的形成和发展

（一）前王朝时期

公元前 4000 年，埃及进入前王朝时期。因为在埃及南部的涅伽达遗址中发现了带有王权标志的陶罐和陶片，所以又叫作涅伽达文化时期。

（二）早王朝时期

大约公元前 3200 年，美尼斯统一埃及建立了第一个奴隶制国家。早王朝时期包括埃及第一王朝和埃及第二王朝。

（三）古王国时期

在这个时期，埃及的科学和建筑第一次进入发展阶段，建造了第一座金字塔，并迎来了一大批庞大的建筑物，如胡夫金字塔、狮身人面像等。此外，还创立了象形文字。随着农业和工业的发展，古埃及人开始利用第一支河上船队运送商品。

（四）中王国时期

中王国时期包括埃及第十一王朝和埃及第十二王朝。第十一王朝的底比斯统治者试图扩张势力，在曼图霍特普二世统治期间，重新统一埃及，并力图加强中央政权以及对地方的控制。中王国的国王们促进艺术、文学、农业和手工业的复苏，推动国家繁荣稳定。在对外关系上，中王国的诸国王更加积极地寻找新的土地和资源，进行扩张和贸易。中王国的末期，国内各种矛盾尖锐，王权再度衰弱，喜克索斯对埃及发起侵略，将埃及一分为二，国家陷入分裂和混乱的状态，于是开始了第二中间期。

（五）第二中间期

喜克索斯人在三角洲东部建立了第十五王朝和第十六王朝，最初与第十三、第十四王朝对立后逐渐扩大其势力。公元前1567年，阿赫摩斯一世攻占喜克索斯人首都阿瓦利斯，将其全部驱逐出埃及，埃及由此进入了新王国时期。

（六）新王国时期

埃及第十八王朝是新王国时期的第一个王朝，也是古埃及历史上最强盛的王朝。埃及重新组建了强大的军队，开始对外扩张，在大约一百年的时间里成为一个地跨西亚北非的超级大国，也成为历史上最古老的幅员辽阔的帝国。第十二代王室的法老和王后在政治、文化、教育等领域获得世界级贡献。阿蒙霍特普颁发了禁止劳役的法令，制定了工资和奖金的公正标准；图特莫斯扩展了埃及的疆土，普及了教育，推广了煤矿的开采和采矿业；图特莫斯四世是第一位重视编写和记录国际条约的外交家。新王国时期也是建筑艺术和风格的鼎盛时期，卡尔纳克、卢克索和阿布辛贝勒神庙的墙壁上雕刻了许多精美的壁画、铭文和艺术作品。[1]

（七）托勒密时期

亚历山大死后，托勒密一世统治了埃及和周围地区，并建立了政府机构。托勒密人在亚历山大建造了许多宫殿、花园和神庙，创办了亚历山大大学和图书馆，还有著名的灯塔，使亚历山

---

〔1〕 时延春主编：《中国驻中东大使话中东——埃及》，世界知识出版社2012年版。

大成为艺术、科学、商业的文化中心。

（八）后埃及时期

641年，阿拉伯人入侵，埃及逐渐阿拉伯化，成为伊斯兰教一个重要中心，阿拉伯语开始普及。

969年，法蒂玛王朝在开罗建立新都城。

1882年至1921年，埃及名义上归属奥斯曼帝国，由英国控制，反抗与起义不断。

1922年2月28日，英国宣布埃及为独立国家。

1952年7月23日，法鲁克王朝被推翻。

1971年9月1日，改名为阿拉伯埃及共和国。

二、自然地理

（一）地理位置

埃及位于东经24°～37°，北纬22°～32°，西连利比亚，南接苏丹，东临红海并与巴勒斯坦、以色列接壤，北隔地中海与欧洲相望。埃及大部分位于非洲东北部，只有苏伊士运河以东的西奈半岛位于亚洲西南部，版图呈正方形，国土面积约为100.1平方公里，居世界第三十位。埃及虽有约2900公里的海岸线，却是典型的沙漠之国，全境94%为沙漠，只有6%的土地为耕地和居民区。世界上最长的河流尼罗河纵贯南北，被称为埃及的"生命之河"。

（二）地形地貌

埃及全境大部分是海拔100～700米的低高原，红海沿岸和西奈半岛有丘陵山地，地中海沿岸多沙丘。埃及的地形主要分为四个部分：①尼罗河河谷和三角洲地区地势平坦，面积达3.3万平方千米，是埃及最富饶的地区。两岸形成的狭长河谷宽约3公里到 16 公里，三角洲约 2.4 万平方公里，在开罗以北处。虽然这片绿洲带仅占国土面积的 4%，却聚居着全国 98% 的人口。②西部的利比亚沙漠是撒哈拉沙漠的东北部分，占全国面积的三分之二，多砾石荒漠和裸露岩丘，面积约为 67.1 万平方千米。③东部的阿拉伯沙漠西至尼罗河，东到红海滨，面积约为 22.5 万平方千米。④西奈半岛呈三角形，底边在北，角顶在南，面积为 6.1 万平方公里。[1]南部地区是由坚硬的花岗岩石组成的山脉，有海拔 2629 米的埃及最高峰圣卡特琳山；中部地区主要是高原，高原之间有河谷，如阿里什河谷；北部地区是平原，雨水积聚在低洼处形成了湖泊。埃及主要湖泊有大苦湖和提姆萨赫湖，以及阿斯旺高坝形成的非洲最大的人工湖——纳赛尔水库。

埃及的苏伊士运河是世界上使用国家最多、运货量最大的航线之一，是欧、亚、非往来的交通要道，沟通红海和地中海，连接大西洋和印度洋，对埃及有着重要的战略意义和经济价值。据统计，每年约有 1.8 万艘来自世界 100 多个国家和地区的船只通过运河，经苏伊士运河运输的货物占世界海运贸易的 14%，被马克思称为"东方伟大的航道"。

三、行政区划

1. 区划

埃及划分为 8 个经济区和 27 个省。各级有各自的辖区、行政机关和地方议会。绝大多数省包括若干地区、市、城区和乡。少数省为城市省，一般划分为几个城区，不设地区和乡。亚历山大省例外，下设一个地区。

---

〔1〕 商务部对外投资和经济合作司：《对外投资合作国别（地区）指南——埃及》（2023 年版）。

表1　埃及行政区划

经济区	省份	省会
开罗区	开罗省	开罗
	吉萨省	吉萨
	盖勒尤比省	本哈
三角洲区	曼努菲亚省	史宾·库姆
	杜姆亚特省	达米埃塔
	达卡利亚省	曼苏拉
	西部省	坦塔
	卡夫拉·谢赫省	卡夫拉·谢赫
上埃及北部区	贝尼·苏夫省	贝尼·苏夫
	法尤姆省	法尤姆
	米尼亚省	米尼亚
上埃及南部区	索哈杰省	索哈杰
	基纳省	基纳
	阿斯旺省	阿斯旺
	红海省	左尔达卜
	卢克索省	卢克索
艾斯尤特区	艾斯尤特省	阿斯尤特
	新河谷省	哈尔加
亚历山大区	亚历山大省	亚历山大
	布哈拉省	达曼胡尔
苏伊士运河区	北西奈省	阿里什
	南西奈省	坎塔拉
	塞得港省	塞得港
	伊斯梅利亚省	伊斯梅利亚
	苏伊士省	苏伊士

续表

经济区	省份	省会
苏伊士运河区	东部省	扎加齐格
马特鲁区	马特鲁省	马特鲁

资料来源：埃及政府网站。

2. 首都

埃及首都开罗位于埃及东北部，是整个中东地区的政治、经济、文化、商业和交通中心，也是世界上最古老、保存最完好的城市之一，素有"千塔之城"的美名。开罗是城市之母，这里有古埃及的金字塔也有伊斯兰教的清真寺等，是世界闻名的旅游胜地。开罗省与吉萨省和盖勒尤比省同属开罗区，通称大开罗。开罗全年高温少雨，年降雨量约 18 毫米，夏季平均气温最高 34.2℃，最低 20.8℃；冬季最高 19.9℃，最低 9.7℃。北部是著名的尼罗河三角洲，土壤肥沃，水源充足，主要农作物有棉花、稻谷、玉米、小麦、甘蔗等，其中种植面积最大的是玉米，其次是小麦。

四、国家象征[1]

（一）国名

通常认为，英语中"埃及"（Egypt）一词是从古希腊语演变而来的。"埃及"音译为"米斯尔"，在阿拉伯语中的意思是"辽阔、富有资源的国家"。埃及又称为"金字塔之国""棉花之国"。

---

[1] 郑已东、摆永刚：《"一带一路"国别概览——埃及》，大连海事大学出版社 2019 年版。

（二）国旗

埃及国旗为长方形，长与宽的比例为3：2，旗面自上而下分别由红、白、黑三个平行相等的长方形构成。红色代表革命和鲜血，白色寓意纯洁和光明的未来，黑色象征过去的黑暗岁月，其中白色部分中间有国徽图案。

（三）国徽

埃及国徽是一只昂首挺立、展开双翼的金色雄鹰，称"萨拉丁之鹰"，象征着胜利、勇敢和忠诚，是埃及人民不畏烈日风暴、在高空自由飞翔的化身。鹰的头朝左，胸前是竖纹盾形的红、白、黑三色国旗图案，鹰爪下的座基饰带上用阿拉伯文写着"阿拉伯埃及共和国"。

（四）国歌

《我的祖国》是埃及的国歌，由赛义德·达尔维什作曲，穆罕默德·尤尼斯·盖迪作词，1979年开始使用，埃及人的自豪感和爱国热情在国歌中得到了充分体现。

歌词大意为：

我的祖国，我的爱和我的心属于你。埃及！啊，众国土之母，我的希望和我的抱负。怎么能够一次算清楚，尼罗河给人间的祝福？我的祖国，我的爱和我的心属于你。

我的祖国，我的爱和我的心属于你。埃及！最珍贵的珠宝，永远在额头光芒闪耀。啊！我的祖国自由永葆，任何仇敌也侵犯不了。我的祖国，我的爱和我的心属于你。

我的祖国，我的爱和我的心属于你。埃及！你高贵的孩子，忠诚地保卫埃及国土！这是我们崇高的使命，让你团结统一到永远。我的祖国，我的爱和我的心属于你。

我的祖国，我的爱和我的心属于你。埃及！这宽广的土地，以你辉煌的历史为荣！击退敌人——我们的宗旨，真主——我们的信仰依靠。我的祖国，我的爱和我的心属于你。

（五）国花

埃及的国花是莲花，并且有白、蓝、红之分。白莲花，又称"睡莲"，洁白清雅，被誉为"神圣之花"，是一种多年生水生植物，也是埃及古老的植物之一，寓意着圣洁、纯真，代表着出淤泥而不染的品格。蓝莲花原产于尼罗河流域和东非地区，在古埃及历史遗迹中随处可见，寓意永生与复活、智慧与生命。红莲花是从印度经由波斯传入埃及的，被古希腊历史学家希罗多德称为尼罗河红晚香玉，在埃及享有特殊的地位，禁止食用其果实，目前已近绝迹。莲花之所以能够成为国花是因为与埃及的传统习俗、宗教文化密不可分，在社交活动中莲花可以作为朋友、恋人之间相互馈赠的装饰，以此表达美好的祝福。

第二节　姓名性格

一、姓氏文化

古埃及人的名字主要来自神灵、自然事物和祖先。小孩在出生时就取一个名字，终身不变。名字有时与出生环境有关，也可以反映某种美好的品质，如聪明、友善、强壮等。父母甚至希望孩子能够得到神的庇护，起一个带有神性的名字，或者取一个与王权相联系的名字。

现代埃及人的名字基本是阿拉伯式的，一般由三或四节组成，依次为本人名字、父亲名字、祖父名字和姓。在名字的开头和结尾还可以包括各种不同的尊称，也可以像西方一样将最后一个音节作为固定姓氏。埃及人的名字较长，一般只在正式场合才称呼全名。日常生活中，父母对子女、长辈对晚辈、夫妻之间、兄弟姐妹之间、平辈的亲友和熟人之间，有时可以省略祖父名，甚至还可以省略父名，只称呼本人名字。但在社交场合，这种称呼是不礼貌的。实际上，许多有社会地位的上层人士都称其姓。例如穆罕默德·阿贝德·阿鲁夫·阿拉法特，简称为阿拉法特。

二、性格特点

（一）信仰虔诚

伊斯兰教是埃及的国教，伊斯兰教义对他们的生活方式、道德观念和社会规范产生了深远影响。埃及穆斯林对真主的信仰是发自内心、自觉自愿的，已经形成一种根深蒂固的世界观和人生观，埃及人使用频率最多的话大多带有"真主"一词或者与真主有关。他们对宗教有着深厚的敬畏之情，并将其融入日常生活中。他们参加宗教仪式、礼拜和祈祷，特别是在开斋节和宰牲节等重要的宗教节日和庆典上，埃及人会前往清真寺，以纯洁的心灵向神祈祷，展示他们的虔诚，希望得到宽恕、指引和祝福。此外，他们尊重宗教规范和道德准则，遵守伊斯兰教义的戒律，如斋月禁食等。

（二）健谈乐观

埃及人天性开朗，善于与人交流，喜欢聊天。在社交场合，他们常常会用肢体语言、手势和声音来表达他们的观点和看法。埃及人外向活泼，他们倾向于直接诉说自己的情感，通过交流和分享加强彼此之间的联系和信任，建立起更加亲密和真诚的人际关系。面对挑战和困难，埃及人一直展现出乐观的心态，这种态度植根于埃及人的文化和宗教信仰。在他们看来，穷也好、富也好，健康也好、患病也好，倒霉也好、幸运也好，无论何种情况，从不发愁和怨天尤人，因为这一切都是真主的安排，是命中注定的事情。

（三）尊重传统

埃及历史文化悠久，埃及人非常珍视祖先遗留下的宝贵遗产，包括古埃及的建筑、艺术、文学和宗教传统等。他们保留并传承了许多古老的习俗和传统，同时也体现在重视家庭、尊重年长者和遵守社会规范的态度上。此外，埃及有丰富多样的手工艺品，如陶瓷、木雕和珠宝制作等，埃及人致力于保护和弘扬传统手艺，并代代相传。

（四）热情好客

埃及人对待来访者和陌生人都很有礼貌，传达友好和亲切的态度。他们喜欢结识新朋友，愿意与他人分享当地的美食和饮料，如果一见如故，还会邀请你到他家里做客，热情款待，以展示他们的好客之情。邻居之间经常喝茶聊天、相互串门，房屋无须特意打扫或精心布置。在公共场合，埃及人之间喜欢互相打招呼和交谈，无论事先是否熟悉。更有意思的是，如果你在埃及人吃饭的时候朝他看了一眼，他会来邀你共餐。

（五）乐善好施

埃及人喜欢帮助别人，无论是家庭成员、朋友还是陌生人，埃及人都会给予帮助和支持，他们会向贫困的家庭提供食物和衣物，为需要医疗救助的人筹集资金，或者捐赠给慈善机构和社区组织。伊斯兰教义鼓励信徒进行慈善行为，由于宗教的影响，埃及人积极参与救助项目、捐款和其他慈善活动，通过帮助他人和回馈社会，获得心灵上的满足和精神上的提升。此外，埃及偷盗和犯罪行为较少，因为他们相信虽然真主看不见、摸不着，但是无时无刻不与信徒们在一起，注视着他们的一言一行。

第三节 衣食住行

一、服饰风格

古埃及服饰的发展与社会制度、地理环境以及宗教观念等都有着不可分割的联系。他们服饰的造型、饰品的设计、颜色的搭配、制作的精致令人惊叹不已，同时记录着古埃及漫长的历史和文明，也向全世界展示了古埃及人非凡的创造力。

（一）男女服饰

在古王国时期，男子大多袒露胸膛，下身仅围一件短的缠腰布——一种简单的裹在腰间的长方形布料，也叫"罗印·克罗斯"，打个结系在腰间，一般为亚麻布制的，不仅便宜而且透气好打理，偶尔也会使用苇席等面料。由于气候干燥炎热、生产力水平低，埃及的服饰相对简单，主要通过衣料和配饰的贵重程度区别阶层。身份地位高者会系一个三角形的围裙，围裙上装饰着金银饰物或刺绣，并镶嵌着宝石以示特权。至于平民和奴隶的缠腰布则比较粗糙。[1]女子穿丘尼克，与现代女性吊带裙相似，是一种从胸到脚踝的筒裙，可以充分表现出女子玲珑的身躯。

到了中王国，裙子出现了常见的平行褶皱款式，服装变得更长更贴身，甚至出现了披肩式的上衣。同时，随着纺织工艺的提高，亚麻布织的裙子变薄、变透明。服装样式的发展和变化主要是在新王国时代，随着与美索不达米亚、叙利亚、巴勒斯坦之间的不断交往，经济繁荣，国力强盛，埃及人的着装也更加讲究。男子的服装有了多层的概念，内层仍然保持传统，外层则变得宽

---

[1] 包晓兰：《古代埃及的服饰艺术》，载《装饰》2004 年第 7 期。

松，常配以横向的褶皱，穿起了短袖束腰外衣。女子的衣着更加开放自由，两件套的衣服非常流行，普遍是筒裙加外层裙，内裙紧身且较短，外裙宽松且更长[1]，高级的女式时装一般都有折叠纹以及褶形花边作装饰，增加起伏感和点缀性。特别是在拉美西斯时期，人们将轻巧的亚麻布压上细褶，制成精美的贯头衣———一种男女皆宜的筒形外套，面料的层次与褶裥的变化形成了丰富的立体层次，极富装饰性。

除了衣服的款式，服装的颜色、图案也不断创新。古埃及服饰的主色调是白色，象征着纯洁和圣洁，同时还广泛使用红、黄、蓝等艳丽的色彩，给人以鲜明的视觉效果，透露出华贵之美。红色在古埃及文化中象征着胜利和热情，黄色代表温暖和活力，蓝色则与尼罗河有关，是智慧的象征。至于绣花图案，人们更倾向于选择莲花、纸莎草、圣甲虫等象征性动植物。

到了现代社会，埃及的穆斯林装束比较保守，女子一般上着长袖衬衫，头戴纱巾，将头发包住，只露出脸庞，下穿长裙，装扮非常讲究整体感而且色彩协调。由于宗教信仰的原因，女子的着装既不能露头发、胳膊和腿，也不能显出身材曲线，穿着要宽松、舒适，绝不束腰。

上班族则偏爱职业装，还会佩戴合适的耳环、项链、手镯和戒指等，以及搭配与时装配套的挎包和鞋子。埃及是崇尚古典美的国家，女子以裙装为主，裙短不能露膝，袖短不能露肩，而且无论是穿穆斯林装还是着时装，都必须端庄优雅。相比之下，男子的装束要自由得多。

由于埃及的气候炎热，男子喜欢穿短袖、衬衫和西服，而且上下配套。此外，埃及人着装特别讲究工作与休闲之分。因此，在工作之余埃及人通常穿 T 恤、牛仔裤、长袍等休闲服。

---

　　[1]　金继宏、李晓东：《古埃及服饰历史变迁中的审美意识》，载《文艺争鸣》2021 年第 5 期。

（二）假发

古埃及男子头发剪得很短，在节日或者仪式上，他们戴上中等长度的假发，中分对称，垂至肩部，有的还在假发上缠头布。假发常用羊毛或棕榈树的纤维制成，有时还染上色彩。此外，古埃及男子也很少留胡须，觉得不干净，假发和假胡须都是身份的象征。相较于男子，女子的头发一般比较长，有的甚至一直下垂过肩膀。其中流行最久的一种发型是将头发分成三部分，脸颊两侧的头发捆扎着，剩下部分则披着。与真发的装饰一样，假发上也喷香水，佩戴花环或珠宝。为了固定假发的位置，女子会在前额上戴个发束，也可以在发带里插上一枝睡莲。

（三）饰品

虽然古埃及人的服饰造型简单，但饰品却十分华丽，几乎人人佩戴，最常见的是项圈和手镯。除此之外，还有臂饰、脚镯、手指护套、戒指等，制作的工艺技巧相当高超。饰品的材料也多种多样，有贝壳、石头、彩釉、玛瑙、水晶、土耳其玉等，材料和颜色往往赋予了特殊的宗教意义。

（四）鞋子

大多数古埃及人一般不穿鞋，直到公元前 19 世纪下半叶，才出现以纸莎草纤维、棕榈树皮或者皮革等材料编结而成的凉鞋，有点像现代的人字拖，但是也只有祭司和富人才穿。其实，对相信死后再生的埃及人而言，凉鞋有着与众不同的意义。因为灵魂再生后，死者将依靠它行走。所以，人们举行葬礼时，都必须为死者的木乃伊穿上凉鞋。中王国以后，凉鞋才被普遍穿用，并且经常染成紫色、绛红等颜色。

（五）妆容

早在前王朝时期，埃及男女就已经开始使用化妆品，其中最常见的是眼影，甚至死后都要把制作眼影的颜料、研磨颜料的调色盘带到坟墓中。在古王国时代，眼影的颜料多由绿孔雀石或方铅矿磨制而成，并拌以动物脂肪和植物油，磨得非常细腻。在当时，眼影可以美化妆容、保护眼睛、取悦神灵，如今所使用的眼线笔就是直接来源于埃及，经由阿拉伯人传至西方。除了眼影，还有腮红、口红和指甲油等化妆品。

二、饮食特色

（一）古埃及人饮食文化[1]

面包是古埃及的主要食物，人们把谷子碾成面粉，然后加入了酵母、食盐、香料和牛奶，做成不同的形状和类型。迫于经济和农业技术的限制，古埃及人大部分是素食主义者，饮食以谷物为主，如小麦、大麦、大豆和大米等，一般采用蒸煮的方式烹饪谷物。蔬菜包括洋葱、大蒜、青豆、韭菜、黄瓜、茄子等。水果主要有无花果、葡萄、石榴和沙棘等。另外，很多古埃及家庭都有一个小菜园来种植蔬菜。

牛肉、猪肉、羊肉等也是古埃及人餐桌上的食物。吃肉是贵族和富人身份的体现，在普通人家的餐桌并不普遍，穷人只是偶尔宰家畜作为祭品或者用陷阱捕捉兔子及其他野味。此外，农村养禽场里饲养的禽类，比如鸽子、鹅和鸭子也很受青睐，而且人们都能负担得起。

鱼是埃及最常见的肉类，也是重要的蛋白质来源。古埃及人从尼罗河里捕鱼，然后晒干做成鱼干或腌制成咸鱼，以便将来食用。有的会将鱼剁成碎末，然后制成鱼馅饼或者将其烤熟。烧鱼的时候人们会加入香料调味，比如八角、茴香、枯茗和莳萝，让

---

〔1〕〔英〕纳撒尼尔·哈里斯：《古埃及生活》，张萍、贺喜译，希望出版社2006年版。

菜肴更加丰富，所用到的植物油则从芝麻、亚麻、蓖麻中榨取。

在古埃及时期，啤酒是非常受欢迎的饮料，通常用大麦和小麦酿造，酒精度相对较低，但同时也出现了保护未成年人的禁酒措施。不论男女、不论穷富，人们都是啤酒的爱好者。为了提高酒水的甜度，会添加一些椰枣汁。古埃及所产的啤酒品种多样，其中黑啤酒比较常见，清淡啤酒往往留作节日聚餐用。除了啤酒，古埃及人还喝牛奶、绵羊奶、山羊奶和驴奶。此外，还有白葡萄酒和红葡萄酒，但因为葡萄的栽培需要特定的土壤，所以葡萄酒主要是供给贵族和富人享用的。

古埃及人在吃饭前都要洗手，然后一家人坐在蒲席上，用手去抓托盘里的饭菜。后来，随着古埃及文明的发展，人们逐渐用饭桌就餐。从第五王朝（公元前2500年）开始，出现了一种低矮的桌子和供客人两两对坐的高桌子，不过小孩还是蹲在地上吃饭。时至今日，很多乡村里的埃及人还是席地进餐。埃及人进餐的时间也会因身份地位不同而有所不同。

（二）现代埃及的特色美食

埃及人不常吃米饭，大饼是人们每日必不可少的主食，已有数千年的历史，其特点是发酵度低于面包，制作过程节约时间，用手将面拍扁放入土烤炉中即可。大饼松软可口，可以夹上肉、生菜、奶制品及各种调料。埃及人的口味偏重，一般多用辣椒、咖喱、孜然、柠檬汁调味。埃及人用餐通常是先喝开胃汤，再吃蔬菜和肉食，然后是甜品和水果，最后是咖啡。烤肉是埃及人的绝活，在盛大宴会和宰牲节时，烤全羊是必不可少的"大菜"。由于埃及气温比较高，甘草水颇受欢迎，其实就是用甘草中有药用价值的根茎熬制的汤，有泻火解毒的功效。还有许多鲜榨果汁，比如柠檬汁、酸橙汁、石榴汁等，或用木槿花泡茶。有趣的是，埃及人特别喜欢甜食。据统计，每人每月平均糖消耗量约为3公斤，有的成年人甚至每月消耗超过10公斤。埃及的古老历史和文化传统赋予了埃及饮食深厚而丰富的内涵，以下介绍几种埃及常见的特色美食：

1. 库莎丽

库莎丽是埃及家喻户晓的民间美食，在大街小巷随处可见，是埃及人最喜欢的菜肴之一，被称为"国菜"。关于库莎丽的起源众说纷纭，最普遍的说法是在第一次世界大战期间，印度士兵跟随英国部队来到埃及，这道用大米和扁豆制成的菜肴，成为库莎丽的雏形，并在埃及广为流传。后来，居住在埃及的意大利人又加入了通心粉。在融合了印度和意大利的烹饪元素后，埃及人在此基础上加入炸洋葱、番茄酱、大蒜汁、醋、辣酱等调料，口感丰富、酸香糯滑。通常食材都是分开烹调，吃的时候再拌到一起。

2. 鹰嘴豆泥

鹰嘴豆是中东非常普遍的豆类食品，和各种食物都可以搭配。鹰嘴豆泥和酸奶、芝麻酱、柠檬汁、大蒜等混合，加入切碎的芹菜或香菜，表面撒上甜椒粉，最后浇上橄榄油就可以上桌了。

3. 烤鸽子

埃及人会在乳鸽的肚子里塞入大米、蚕豆和香料，然后用炭火烧至表皮金黄，烤熟后的鸽子肉质鲜嫩、喷香扑鼻，可以带骨啃。还有一种做法是把鸽肉、洋葱、番茄和大米放在陶罐里做成炖菜。

4. 富尔-塔米亚

富尔主料为蚕豆，加柠檬、盐、肉、油、蛋以及洋葱调味，塔米亚将豆子和香料磨碎，再加入大蒜的碎末和芝麻，混合后揉成小球用油炸成丸子。一般会放在披塔饼里，夹成三明治，搭配蔬菜和调味酱食用。

5. 莫洛奇亚

莫洛奇亚是一道用锦葵做的绿色浓汤。锦葵是尼罗河两岸常见的绿色植物，既可供观赏，也可用作食材。把锦葵叶子捣碎后与羊肉、鸡肉、兔肉、黄油、大蒜等食物放在一起熬煮，煮熟后的锦葵汤味道鲜美，是最传统的埃及美食。据研究，锦葵有一定的药用价值，埃及人往往将其叶子摘下后晾干，并磨碎后长期保存并使用。

6. 库纳法

库纳法是斋月中必备的甜点，是用白面、奶酪和糖浆制成的炸糖圈，有时会辅以榛子、花生、核桃仁等坚果，吃的时候加上糖和蜂蜜，再撒上蔷薇水，又脆又香。

7. 卡塔耶

卡塔耶作为埃及的著名小吃，做法是将面团包成鸡蛋大小的饺子，里面放上葡萄干、坚果等，然后炸至浅黄色，通常蘸着蜂蜜吃，酥甜香脆。

三、居住条件

埃及的住宅有其独特的形式，这与当地社会生活和炎热的气候相适应。由于埃及宜居领土面积大约仅为 5%，因此住宅楼与楼之间的间隔都非常小，居住环境比较密集。

埃及百姓们一般用泥巴造房，他们在泥巴里加入谷物的残渣、干稻草，然后挤进木制模子里，放在太阳底下晒，就形成一块块泥砖。泥砖造价低廉，砌成的房屋舒适，屋内冬暖夏凉。只有神庙和陵墓才用石头修砌，埃及人称之为"永恒居所"。古埃及房屋内的家具大部分是木制品，主要有床、椅子、凳子、柜子和桌子，普通人家的家具不多，人们平常都席地而坐。贵族的住宅虽然宽敞，但仍然是用泥砖建成，大多不超过两层，砌好后会用洁白的灰浆把屋子粉刷一遍并画上各种装饰图案。此外，住宅还配备了畜棚、厨房、储物室、厕所等，甚至有的贵族家中还有花园，栽种各种鲜花、果树、纸莎草和睡莲。家院里有一个向内开的大门，大门中间还开有小门，供随时出入。有的房子中间还有天井，用以采光和通风，客厅在靠近院子和门口的地方，私人房间在后院。窗户高居于上，既可以保护隐私也能抵挡阳光和扬尘。[1]房屋的另一个特点是窗户外大多增加一层百叶窗，一是为了使外人无法看到室内的情形，二是设置百叶窗成为空调未普及之前最简便的消暑方式。

四、出行方式

（一）公路

公路交通是居民最主要的出行方式，埃及拥有较为完善的公路交通运输体系。尼罗河两岸及红海沿岸是公路网的主干道，以开罗为中心，向尼罗河三角洲区域辐射的公路网也比较发达和便利，约有90%的货物是通过公路运输完成。埃及的高速公路等基础设施由国家投资建设，因此，过路过桥费较少，其中还有一部分路段不收费。

（二）铁路

埃及是阿拉伯国家中铁路发展最早、规模最大、设施最完整的国家之一。埃及的第一条铁路开罗至亚历山大线1981年就开始运行，是居英国之后的世界第二条铁路。埃及铁路在运送旅客和货物方面发挥着重要作用，主要沿尼罗河和地中海沿线分布。在城市交通方面，地铁建设主要集中在开罗。目前，开罗共有3条地铁线路，地铁四号线分3个阶段正在修建中。埃及整个铁路系统设备陈旧，运输效率低，其中85%的铁路信号系统尚未实现自动化。

---

〔1〕［英〕纳撒尼尔·哈里斯：《古埃及生活》，张萍、贺喜译，希望出版社2006年版。

（三）水运

埃及有 7 条国际海运航线，包括亚历山大、塞得港、杜米亚特、苏伊士等 62 个港口，分布在地中海、红海和亚喀巴湾，年吞吐总量为 800 万集装箱，海港贸易量为 1.01 亿吨。此外，埃及境内的尼罗河全线可通航，但利用率不高，较为常用的线路有开罗至阿斯旺航线、开罗至亚历山大航线和开罗至杜米埃塔航线。作为世界最繁忙的航线之一，苏伊士运河通航量约占全球航运的 10%。近年来，运河进行了大规模扩建，新运河的通航能力和便利性大幅提高，船只载重量达 24 万吨，可容纳第四代集装箱船通过。

（四）空运

埃及全国共有机场 30 余个，其中国际机场 11 个。开罗机场是世界著名的航空港，也是中东地区最重要的航空中转站，大部分旅客都是从开罗进入埃及的。

（五）出租车

埃及出租车破旧但司机很热情，大部分出租车是不打计价器的，而且可以同时载二三拨乘客。如果你向开过来的出租车打招呼，哪怕车内有乘客，只要有空位并且大体方向相同，司机就会停下车让你上车，然后把乘客一一送到目的地。

（六）公交车

在交通高峰期，公共汽车挤得满满的，车门常常不关，踏板上还会站人。车行驶的速度缓慢，与中国不同的是，当地公交车没有到站停车的习惯，而且在行车过程中车门会一直敞开着。车上的环境嘈杂、凌乱。

第四节　日常交往

一、礼仪

（一）餐饮礼仪

埃及人吃饭的时候一般用右手抓食，不得用左手触摸餐具和食物，用餐前必须说"以大慈大悲真主的名义"，吃完要说"一切赞颂全归万物之主安拉"。随着现代文明的传播，目前使用刀、叉、勺者也日益增多。在正式用餐时，忌讳与人谈话，喝汤和饮料时禁止发出声响，有饭后洗手、饮茶聊天的习惯。埃及人在饮食上严格遵守伊斯兰教的教规，斋月白天禁食，不喝酒，不吃猪肉、狗肉、带刺的鱼、虾和蟹，也不聊与猪和狗有关的话题。

（二）做客之道

埃及人十分讲究见面礼节，主人往往对客人再三欢迎，以表示其热情好客。做客时一般会带上鲜花和巧克力作为礼物，送礼或收礼时要用双手或右手，切忌使用左手。埃及人喜甜，经常自制甜点招待客人，如果客人拒绝会让主人觉得自己招待不周。就座时后脚底不可朝外或朝向对方。埃及的饭桌上不流行互相夹菜，吃饭的时候不要一次性全部吃完，吃好后也要在碗里留一些饭菜，以示对主人的尊重。用餐完毕后所有的茶或热饮必须饮尽，否则会误认为对主人的不敬。

（三）社交礼仪

在人际交往中，埃及人的见面礼节主要是握手礼，但是忌用左手。异性之间握手时男士必须从座位上站起来。除了握手礼之外，在有的场合还会采用拥抱或亲吻礼，往往根据交往对象的不同，采用不同方式。其中最常见的有三种：一是贴面礼，常用于亲友之间，尤其是女性之间，一般先贴右颊，再贴左颊。二是吻手礼，是向尊长或恩人表示谢意和敬意。三是飞吻礼，多见于情侣之间。埃及人还有一种特殊的迎宾礼，以击鼓和鸣枪的方式表达热烈的欢迎之意，但这种礼仪多用于比较正式和重要的场合。行过见面礼节后，双方之间还要互致问候，比如"祝你平安""近来可好"等。人们也常用"早安"或"晚安"来致意，为了表达亲近和祝愿，往往缀上充满芳香的形容词，如"玫瑰花般的早晨"。

此外，在公共场合最好不要有拥抱等男女间亲密举动。男士不要主动和妇女攀谈，也不要夸人身材苗条，因为埃及以丰腴为美。未经本人许可，也不要给妇女拍照。需要注意的是，尽量不要在埃及人面前打喷嚏或打哈欠，如果实在控制不住应立刻转身捂脸，并抱歉道"请真主宽恕"。

（四）服饰礼仪

埃及的传统服饰是阿拉伯大袍，女性应衣着得体，不要穿过于暴露、过短过薄过透的衣服，即使是婴儿的身体也不能无遮无盖。埃及人认为"右比左好"，凡做事都要右开始，穿衣先穿右袖，穿鞋先穿右脚。在埃及不得穿短裙、短裤、背心到清真寺，如果需要拍照必须事先征得现场管理人员同意。

二、禁忌[1]

埃及人喜欢绿色和白色，讨厌蓝色。埃及人不喜欢有星星、猪、猫、熊图案的衣服，因为有违民族习惯。3，5，7，9是埃及人喜爱的数字，他们认为"5"会带来吉祥，"7"是受人崇拜的

---

〔1〕　甘谷编著：《埃及：海上丝路的主枢纽》，北京联合出版公司2016年版。

完整数字，忌讳"13"，这个数字被认为是消极的。

针是缝衣的工具，但在埃及人心中意义却不同。每天下午三至五点，人们既不卖针也不买针。农村里妇女更是忌讳借针，如非借不可，也要把针插到面包里递给别人，借针的人也不能当面把针取出。埃及人的晚餐一般是和家人享用。所以，把约会定在日落后是非常不礼貌的行为。

第五节　婚丧习俗

一、婚姻习俗

古埃及人非常重视婚姻，认为结婚是精神和身体的归宿，同时也是对家庭必须尽到的责任。在古埃及，大多数女孩子在12岁至14岁的时候结婚，丈夫的年龄往往偏大。此外，古埃及人崇尚近亲结婚，特别是对官员、贵族和富有阶层来说，从自己的家族中选择配偶可以保证财产不外流，同时又维持了血统的纯正。在古埃及，订婚当天，小伙子会在亲友的陪伴下来到女方家中，当着亲朋好友的面将戒指戴在姑娘手上，并把珠宝和礼物送给未来的岳父岳母。结婚是最重要的日子，婚礼的前一天晚上是传统的"哈纳之夜"，新郎和新娘家中分别举行庆祝活动，彻夜欢歌。此外，离婚在古埃及是被允许的，并且男女双方都有权提出离婚请求，离婚的理由通常是通奸、不孕、相互反感等。[1]

时代在发展，社会在进步，现代埃及的婚姻习俗也发生了变化，但也没有完全抛弃古埃及的婚姻习俗。如今，埃及法定结婚年龄为男18岁、女16岁。穆斯林的结婚手续简单，一般由教法

---

〔1〕〔英〕纳撒尼尔·哈里斯：《古埃及生活》，张萍、贺喜译，希望出版社2006年版。

全权证婚人颁发证书，便宣告婚姻合法。埃及承认一夫多妻制，提倡一夫一妻制。虽然可以自己选择结婚对象自由恋爱，但是绝大多数婚姻要得到父母的同意而且必须有同样的宗教信仰，农村地区还存在包办婚姻的现象。埃及成年男子到了婚配年龄，可以托媒人或自己的母亲、姐妹去相看姑娘，如果满意就将订婚礼物送到女方家，然后双方商定订婚日期。与古埃及传统订婚仪式相同，订婚之日，男方要向女方父母赠送彩礼并将戒指戴在姑娘的右手无名指上，还要请客庆贺。订婚以后的男女才开始恋爱，订婚之前不能单独交往。相处一段时间后，如果不合适可以解除婚约。

埃及人的婚礼场面非常热闹，特别是农村地区，婚礼时间能持续一个月之久，而且在婚礼之前就要大摆宴席，并宴请数日。举行婚礼的当天，新娘在沐浴后穿上男方家送来的新婚礼服，然后梳头化妆，戴上各式各样的发饰、项链、手镯、耳环等饰品。与中国的接亲习俗不同，新郎的母亲会带着数辆光彩夺目的花车到新娘家接亲，其中有一辆由两匹或四匹骏马拉着，用昂贵的克什米尔毛绸、玫瑰花装饰的马车是专供新娘坐的，十分隆重华丽。在歌曲和鼓乐声中到达新郎家，新娘走下花车和新郎一起跨过放有屠宰物的门槛入新房。晚餐后，新郎要在乐队的引路下去清真寺行跪拜礼，回到新房，新郎会和新娘共饮一杯泉水，以示永生相爱，同甘共苦。[1]

二、丧葬习俗

在埃及近千年的历史长河中，埃及人的丧葬习俗并不是一成不变的。

（一）壶葬

壶葬可以追溯到前王朝时期，是最古老的埋葬形式，就是在

---

〔1〕　甘谷编著：《埃及：海上丝路的主枢纽》，北京联合出版公司 2016 年版。

人死后将其埋在一个葬罐里。

（二）木乃伊

埃及人相信人去世以后能在地下世界继续生存。最初，埃及人死后都是直接埋在沙漠的浅坑中，但是尸体的水分会逐渐被干燥的沙砾吸收，最后变成干尸。随着建筑技术的发展，埃及人开始修建坟墓，用泥砖建成的马斯塔巴使埋葬的尸体不再与沙地直接接触。大约从第一王朝开始，人们用麻布包裹尸体，并涂以松脂防止腐烂。到了第四王朝，埃及人把内脏，特别是肝脏、肠、胃取出，使内腔迅速干燥，以便更好地保存，后来又单独存放在石灰石的罐子中，并用浸上树脂的带子缠捆。古埃及人很忌讳将心脏取出，他们把心视为智慧的象征。经过不断地改进，新王国时期埃及人制作木乃伊的技术已趋于成熟。近年来，人们通过现代先进的技术手段，不用打开裹尸布就能知道尸体的性别、年龄、外貌特征，甚至能够了解尸体内的软体组织。

（三）棺木

棺木不仅能保护木乃伊的完好，而且能庇佑死者的亡灵。在前王朝时期，埃及人并不使用棺木，屈身侧卧直接埋葬。后来，出现了以泥砖做墙壁、木柱做屋顶的墓葬，偶尔也有木棺和陶棺。棺木中的木乃伊一般脸面向东方，一是接受祭品，二是朝着太阳升起的方向。当时棺木都比较短，只是简单的木箱。进入古王国时期，身体伸直的下葬方式和较长的棺木开始流行。除了木棺，贵族有时还会使用石棺。中王国时期，棺木内外的雕刻和彩绘变得更加复杂，常常呈现整个墓室的缩影。到了新王国时期，普遍出现了人形棺，棺木成为死者本身的象征。

（四）陵墓

无论是早期简陋的马斯塔巴还是恢宏的阶梯金字塔或是大金

字塔，其价值就在于保存法老或贵族的遗体。此外，还要建造河谷庙和葬祭庙。送葬队伍先把遗体暂放在河谷庙中，并制成木乃伊，然后再送到接近金字塔的葬祭庙，等到祭祀结束后，移送到金字塔中。有的还要为死者陪葬太阳船，人们在许多金字塔附近都发现了船型的石坑。到了新王国时期，法老在底比斯尼罗河西岸的山谷中凿岩成窟，用于安放自己的遗体，后来成为举世闻名的帝王谷。

（五）护身符

在木乃伊制作的最后阶段，要在尸体和亚麻布之间夹上护身符。许多护身符用宝石制成，上面还刻着象形文字，常见的图形是各种人身兽头的神，还有法老的权杖。护身符的作用是保佑死者顺利进入来世，现世的人佩戴亦可表达对神明的崇拜。因此，护身符成了现世和来世不可缺少的法宝之一。

（六）亡灵书

《亡灵书》就是把写在金字塔墓室墙壁上或棺椁四周的祈祷文、颂歌、咒语等，写在体积小、制作方便的纸草纸上，并且详细描绘来世情况和进入来世的步骤和路线图等，还写了许多属于巫术的内容以及帮助死者在来世渡过难关、得到永生的咒语。因此，《亡灵书》成了每个死者的必备品。事实上，《亡灵书》是古埃及人对自然和生死的解读，他们始终坚持多行善、少作恶的准则。可以说，《亡灵书》在一定程度上有约束民众行为的作用。

（七）仪式

按照埃及人的习俗，当家中有人去世时，家里的所有妇女要用泥土涂抹面部或头部，然后去亲戚朋友家报丧。男子也要在腰间系上一条带子，并且捶胸哀悼，同时要将胡须蓄起，以表示对死者的哀悼。过去，从死亡到埋葬的各个阶段都有仪式。其中特别的是"启口仪式"和"启目仪式"。顾名思义，就是象征性地撬开死者的嘴和眼，让木乃伊能够"看到"和"吃到"祭品，仪式过程中往往对木乃伊喷香料。这项仪式结束后，丧家便雇佣一些职业性的哭丧人员来壮"丧"势。古代埃及丧礼要求死者必须葬在底比斯对面的尼罗西岸。因此，送葬队伍先把装在棺材内的木乃伊用船送过尼罗河，再沿着小径向山坡行进。走在队伍最前面的是祭司，后面脚夫抬着死者在冥世生活必需品，后面是哭丧的妇女，死者的亲友则在队伍的最后面。棺材放在木橇上，由公牛拉着走到墓前，举行仪式后安放在墓穴里。

此外，死者的家人还会定期祭祀，如果死者生前富裕，则要天天举行仪式；如果是小康之家，便只要在逢年过节举行祭祀仪式，主要以供奉食物为主，仪式结束后再将祭品吃掉以祭奠死者。

第六节　纪念节日

埃及人除星期四、星期五休息外，每周工作 5 天。埃及的纪念节日非常多，大体可以分为两类：一是伊斯兰教的传统节日，比如开斋节和宰牲节等；二是本国特有的节日，比如热闹的闻风节。此外还有 4 月 25 日西奈解放日、7 月 23 日国庆节、10 月 6 日建军节、5 月 1 日劳动节等。

一、闻风节[1]

闻风节是埃及最古老的传统节日之一，起源于公元前 2700 年前，是古埃及人庆祝春季来临的节日，因此，也被称为春节。

---

〔1〕［英］纳撒尼尔·哈里斯：《古埃及生活》，张萍、贺喜译，希望出版社 2006 年版。

古埃及人根据节气变化，将一年中白昼与黑夜时间正好相等的一天视为世界的诞生日和新年的开端，他们认为在这一天外出闻风，可以驱病避邪、强身健体。有趣的是，古埃及人以金字塔为坐标确定闻风节的到来和庆典开始的准确时间。黎明金字塔在晨光中依稀可见时，壮观且盛大的庆典活动就开始了。下午6时起，古埃及人聚集在金字塔前，朝北仰望金字塔上空的夕阳。此刻，金字塔恰好一半洒满阳光，一半处于阴影之中，古埃及人认为这是太阳神正在俯视大地与他的子民。等到阳光散去，太阳神也已离开，庆典仪式就宣告结束。

闻风节当天全国放假，举国上下不分民族和宗教信仰共同庆祝传统佳节。对埃及人来说，一年一度的闻风节是家人团聚和外出踏青的日子，尼罗河畔、开罗公园、动物园是居民们的首选场所。节日当天要吃煮鸡蛋、大葱和生菜。古埃及人认为鸡蛋是生命的起源，吃鸡蛋有吉祥之意，人们会用彩笔在煮熟的鸡蛋上写下自己的祝福，然后放入框中或挂在树杈上以祈求好运，大葱可以治病祛邪，生菜是供神的祭品，也是埃及人喜食的蔬菜。

二、开斋节

开斋节也叫肉孜节，是阿拉伯语"尔德·菲图尔"的意译。成年男女穆斯林在伊斯兰教历10月1日封斋1个月（俗称"斋月"），斋月的起止日期均视新月是否出现而定，见月封斋，见月开斋。如未见新月，则继续封斋，节期顺延，但一般不超过3天。对穆斯林来说，斋月是一年中最吉祥、最高贵的月份。斋月期间，除了老弱病幼和孕妇等，每天只能在日出前和日落后进餐，白天绝对禁饮食、房事、抽烟和喝酒行为，以历练心性。斋戒是每个穆斯林必须履行的"五功"之一，人们认为斋戒可以消除前一年的罪恶。斋戒期满便是最隆重的开斋节。为庆祝开斋节，埃及全国放假四天。在节日当天，穆斯林通常盛装参加节日会礼，相互拜访互赠礼物，或者去电影院、公园、剧院、海滩度过。

三、宰牲节

宰牲节是伊斯兰教主要节日之一，亦称古尔邦节，意为"献祭""献牲"，时间是伊斯兰教历 12 月 10 日，即朝觐期的最后一天。当日不仅要到清真寺举行会礼等节日活动，还要用宰牲的形式宴请宾客，缅怀先人、探亲访友，与家人共度佳节，经济条件宽裕的穆斯林要连续宰牲 3 日。宰牲分为三份，一份自用，一份赠送亲友，一份施舍穷人。埃及宰牲节的餐桌以许多佳肴而闻名，在以"肉"为主料的同时，也利用宰牲后的牛羊内脏来加工制作各种美食，"法塔赫"是宰牲节筵席上的主餐。

四、西奈解放日

西奈半岛是连接非洲及亚洲的三角形半岛，位于埃及的东北端，与东边的以色列和加沙地带相连，占埃及总面积的 6%。1956 年，以色列第一次占领西奈半岛，埃及人民英勇抵抗，最终以色列被迫撤走。1967 年，以色列再次向西奈半岛发动侵略战争并成功占领。1973 年，埃及发动十月战争，摧毁了以色列的"巴列夫防线"，打破了以色列不可战胜的神话，解放了西奈部分土地。1979 年，埃及同以色列缔结和平条约。1980 年，埃及根据埃以和约收复了西奈半岛三分之二的领土，并于 1982 年收复剩余的三分之一领土。至此，西奈半岛全部回归，埃及国旗在其领土升起。此后，埃及把每年的 4 月 25 日定为西奈半岛解放纪念日。该纪念日彰显了埃及人民敢于斗争、冲锋陷阵的集体英雄主义并成为民族精神的重要源泉，也是埃及历史上一个代代相传的里程碑。

五、国庆节

1952 年 7 月 23 日，以纳赛尔为首的"自由军官组织"在开罗起义，掌握了国家政权，法鲁克王朝被彻底推翻。1953 年 6 月 18 日废除君主制，建立共和国，结束了穆罕默德·阿里王朝长达一个半世纪的统治。埃及政府将"七二三"革命胜利日定为革命节，也是埃及的国庆节。

六、建军节

10 月 6 日是埃及十月战争胜利节，也是 1973 年第四次中东战争开始之日，对埃及有着非凡的意义。节日当天会举行形式多样的庆祝活动，比如阅兵仪式和向革命烈士纪念碑敬献花篮等。此外，埃及还用"十月六日"命名学校、工厂、道路甚至是城市、省份等。

七、伊斯兰历新年

伊斯兰历，亦称"希吉来历"，是穆斯林通用的宗历法。伊斯兰历新年，即伊历一月一日。穆罕兰月是伊斯兰历的一月，穆斯林将穆罕兰月的第一天视为新年伊始，纪念穆罕默德于公元 622 年率穆斯林由麦加迁徙到麦地那这一重要历史事件，然后举行相应的庆祝活动。

八、科普特教圣诞节

对于大部分的西方基督教徒来说，12 月 25 日圣诞节是纪念耶稣诞生的重要节日。然而科普特教圣诞节却在每年的 1 月 7 日，这是信奉东正教的科普特人的节日。节前，教徒吃素 43 天，节日当天，家里摆放圣诞树，挂满彩灯，人们去教堂祈祷。

九、尼罗河涨水节

尼罗河每年 6 月开始涨水，7 月到 10 月是泛滥期。埃及把尼罗河涨水的这一天作为新年伊始，人们敲锣打鼓，载歌载舞，举行形式多样、内容丰富的欢庆仪式和祭河大典，向河里抛洒祭品，祈求尼罗河的洪水能够带来好收成并且感谢河神赐予的恩典。因此，也称"涨水新年"。

十、国际劳动节

国际劳动节在每年的 5 月 1 日，属于全世界劳动者的节日。在埃及，劳动节偏向于政治化，又称"国际工人节"，被视为庆祝工人阶级团结和成就的日子，这一天政府通常会通过与劳动有关的重要法案。

十一、圣纪节

圣纪节是穆罕默德的诞辰和逝世的纪念日，也叫"圣忌"，起源于埃及法蒂玛王朝，是伊斯兰教三大重要节日之一。伊斯兰历 3 月 12 日穆斯林要穿戴整齐，到清真寺礼拜、诵念《古兰经》、讲述穆罕默德的生平事迹和功绩等。

此外，埃及还有非国民节日，包括警察节（1 月 25 日）、航空节（1 月 27 日）、医生节（3 月 18 日）、母亲节（3 月 21 日）、石油节（11 月 29 日）等。有的省份把某些重大历史事件的发生日定为省纪念日。例如亚历山大省将 1952 年 7 月 26 日法鲁克国王逊位和流亡之日定为省纪念日。

第七节　旅游名胜与奇观

一、尼罗河

尼罗河是一条国际性河流，也是非洲第一大河，全长 6700 公里，流域面积约 287 万平方千米，流经非洲东部与北部，自南向北注入地中海。尼罗河上游水网稠密，支流众多。对埃及人来说，尼罗河是"母亲河""生命之河"，更是上天赐予的厚礼，古埃及人依赖于尼罗河生存和发展，并创造了辉煌灿烂的尼罗河文明。早在公元前 4000 年，埃及人就利用尼罗河水位变化的规律漫灌农田，对埃及农业的发展起着重要作用。尼罗河孕育了古埃及文化，形成的河谷和三角洲是现代埃及的政治、经济、文化中心，也是世界文化的发祥地之一。乘坐游船可以欣赏尼罗河清澈的河水、沿岸的绿洲、远处的沙丘以及日出和日落的美景。

二、金字塔[1]

在阿拉伯谚语中有这样一句名言："万物终消逝，金字塔永存。"古埃及人将金字塔称为"庇里穆斯"（英语为"pyramid"），意为"高"。因为陵墓的外形呈等腰三角形，形似汉字中的"金"字，故译为"金字塔"。对神的虔诚信仰使古埃及人很早就形成了根深蒂固的"来世观念"，认为人的肉体和灵魂是不可分离的，人死后灵魂只是暂时离开遗体，经过一段时间后又回到遗体。只要妥善保存好遗体不让其腐烂，就能继续在来世生活直到永远，而金字塔是离天最近的地方，是法老即位后为自己修造的陵墓。他们甚至认为"人生只不过是一个短暂的居留，死后才是永久的

---

[1]　沐涛、倪华强：《失落的文明：埃及》，华东师范大学出版社 1999 年版。

享受"。此外，埃及所有的金字塔都位于尼罗河的西岸，这种布局与埃及人的生死观有关，因为在他们心中河的东岸是太阳升起的地方，象征着生命的起源，而太阳落山的西岸则是生命的终结。

其中最著名的是开罗西南部吉萨的三座金字塔，分别是胡夫金字塔、哈夫拉金字塔和门卡乌拉金字塔，周围还有一系列小金字塔，组成了一个金字塔群。胡夫金字塔是三座金字塔中最高的，修建于第四王朝，共用 230 万块平均每块 2.5 吨的石块砌成，最重的一块石块差不多相当于 25 头大象的体重之和。每年动用 10 万多人，花了 30 年的时间才建成。该金字塔内部的通道设计精巧，同时对外开放。最神奇的是，如果用胡夫金字塔的底部周长除以其高度的两倍，得到的商为 3.14159，也就是圆周率，与祖冲之算出的几乎完全一致。同时，胡夫金字塔内部的直角三角形厅室，各边之比为 3∶4∶5，体现了勾股定理的数值。

与胡夫金字塔毗邻的是其子哈夫拉的金字塔，虽然高度小于前者，但坡度更为陡峭，以花岗岩镶砌壁面，附近还矗立着闻名遐迩的狮身人面像。排列在左边的是门卡乌拉金字塔，是最小的一座，修建技术也比较粗糙。吉萨三大金字塔是古埃及人留给人类不可多得的历史遗产，也是埃及建筑艺术的巅峰，不论是外观还是内部结构，其规模和建造的精确度均令后人惊叹不已，胡夫金字塔更是被列为世界八大建筑奇迹之一，为世人所瞩目。

值得注意的是，古埃及法老的坟墓并不是一开始就设计成金字塔的形状，而是经历了一个不断发展的过程。最初的坟墓是泥砖土丘和长方形的马斯塔巴，慢慢演变为阶梯或称层形金字塔，然后发展成传统的金字塔。在金字塔中还发现了各种珍贵的陪葬品，比如木乃伊、雕像、壁画、彩色浮雕、陶器、珠宝等，展示了古埃及人民的智慧、技术和艺术水平，也是古埃及政治、宗教、社会等各个方面的综合体现。作为人类文明史上的杰出成就之一，金字塔所蕴含的古代建筑技术和数学知识等对后世的建筑、科学和技术发展有着深远的影响。

但是建造金字塔是一项十分艰难的工程，在工具落后生产力低下的古代，规模如此庞大的金字塔是怎么建造的？重达几十吨的巨石在无任何机械设备的情况下又是如何开采和运输的？尽管人们有许多猜想和推测，但都缺乏实质性证据，尚未得到验证，这些谜题为埃及金字塔蒙上了一层神秘的色彩。

三、狮身人面像

在古老的金字塔旁通常能看到一个威严且巨大的狮身人面像，或称斯芬克斯，是古埃及文明最富有标志性的艺术形象之一，也是人类已知世界上最古老的雕像。世界上最著名、最古老的狮身人面像位于埃及吉萨金字塔墓区。该像表面没有任何铭文，由一整块天然石灰岩面向太阳雕刻而成，高 20 米，长 57 米，有一双深邃的眼睛，头戴皇冠，两耳侧有扇状的"奈姆斯"头巾下垂，前额上刻着圣蛇浮雕，下颌垂挂着标志着帝王威仪的长须，脖子上围着项圈，狮身有鹰的羽毛图案，前面还有一对硕大无比的爪子，是地球上最大的单石制建筑。

狮身人面像被认为是能够抵御邪恶势力、保护王室的守护者，一般放置在神庙或陵墓的入口处，主要由石头或青铜制成，结合了狮子的身体和人类的面孔，形成了一种强大而神秘的形象，狮子作为野生动物的代表，是力量、勇气和领导力的象征，人类面孔则代表着智慧、理性和文明。狮身人面像是法老统治下的权力象征，其雕刻风格融合了埃及、希腊及亚洲文化的元素，工艺和细节精湛，有的雕塑会佩戴皇冠、王冠或其他头饰，以表现其权威和神圣的地位。关于狮身人面像的头像、鼻子以及下面的密室和神秘的石棺一直是一个未解之谜，等待人们进一步探索。

四、卢克索古迹[1]

卢克索在开罗以南约 700 公里处的上埃及尼罗河畔。埃及人常说："没有到过卢克索，就不算到过埃及"。卢克索古迹中最引人注目的是卡尔纳克神庙和卢克索神庙。卡尔纳克神庙是世界上残存的古代最大、保存最完整的建筑群，大小神殿 20 余座，浓缩了古埃及的代表性建筑、廊柱、高塔、雕像还有圣湖等，其主体部分是供奉太阳神的阿蒙神庙。神庙内有 134 根圆形大石柱，分成 16 排，中央两列的 12 根圆柱高达 21 米，直径约 3.6 米，需要数人才能合抱，柱顶呈莲花状，可以容纳百人站立。柱身和大厅墙壁上刻有精美的彩绘和铭文，记载着古埃及的神话传说、辉煌历史和当时人们的日常生活，包括塞提一世在巴勒斯坦的胜利和拉美西斯二世在卡迭石战役中的赫赫战绩。其中，最著名的是《图特摩斯三世年代记》，这是埃及现存的象形文字中文字最长、内容最重要的编年史，堪称一部伟大的"石头文献"。此外，在第三、第四塔门之间还有一座方尖碑，是世界上第一位女王哈特谢普苏特女王所立献给太阳神阿蒙的，并在碑上刻下铭文称自己是阿蒙神的孩子，以此证明自己承继大统的合法性。碑身全高 29 米，重 323 吨，是埃及最高的方尖碑。由于石质坚硬、文字凿刻较深，方尖碑至今完好无损，碑文清晰可见。

卢克索神庙位于古埃及中王国和新王国的都城底比斯南半部遗址上，始建于第十八王朝，经拉美西斯二世扩建，形成现今留存下来的规模，是古埃及最宏伟壮观的神庙之一。神庙主要供奉的是太阳神阿蒙、其妻穆特和其子洪苏，同时也是古埃及奥皮特节的主要庆祝场所。卢克索神庙塔门是拉美西斯二世所建，门前有两尊高 7 米的拉美西斯二世坐像，以及四尊呈行进姿势的立

---

[1] 令狐若明：《埃及学研究——辉煌的古埃及文明》，吉林大学出版社 2008 年版。

像，旁边有两块 23 米高的方尖碑，上面镌刻着美丽的浮雕和象形文字。方尖碑原为一对，右侧的一块于 1838 年被法国以一个时钟换走，至今仍立在卢浮宫旁的巴黎协和广场上。塔门前长达 2.7 公里、拥有上百座狮身人面像的斯芬克斯大道，将其与卡尔纳克神庙相连。虽然卢克索神庙的规模远不如卡尔纳克神庙，但其布局严谨，结构对称，并以华美的露天庭院、巧夺天工的浮雕、大廊柱著称，不愧为古埃及建筑艺术的瑰宝。

五、阿斯旺高坝

阿斯旺高坝位于埃及境内的尼罗河干流上，是一座大型综合利用水利枢纽工程，具有灌溉、发电、防洪、航运、旅游、水产等多种效益。阿斯旺高坝于 1960 年开始动工，历时 10 年多，耗资约 10 亿美元，大坝体积是吉萨大金字塔的 16 倍，堪称世界七大水坝之一。高坝建成后，其南面形成一个群山环抱的纳赛尔湖，为埃及合理利用水源提供了保障，同时供应了埃及一半的电力需求，并且阻止了尼罗河每年的泛滥。站在大坝边远眺浩瀚缥缈的纳赛尔水库，白鹭群飞、渔船点点、波光粼粼。大坝两侧还有很多水利设施，从主坝向上游慢慢走，可以看到右边是紧急溢洪道，左边则是发电站。低洼之处的层层褐土台阶、岸边的积石、黄沙都留下了当年工程施工时的历史印记。如果说金字塔和神庙是古埃及的奇迹，阿斯旺大坝就是现代埃及的骄傲。

六、沙姆沙伊赫

沙姆沙伊赫位于西奈半岛南端，临红海亚喀巴湾，常年阳光充足，气候舒适，是著名的热带海滨度假胜地。凭借细软的沙滩、清澈的海水和无污染的珊瑚礁，以及潜水探险、帆板冲浪、海滩越野等旅游项目，每年吸引成千上万的游客来此观光。此外，沙姆沙伊赫也被誉为"和平之城"，城市中心的主要大街被称为"和平大道"，海滨大道的马里奥饭店旁，竖立着一根用不同语言写着"让全世界都实现和平"的木柱。沙姆沙伊赫在促进和平方面作出突出贡献。1999 年巴以双方在这里签署了《沙姆沙伊赫备忘录》。2000 年埃及、以色列、巴勒斯坦和约旦四方峰会也在此成功举办，缓和了中东地区的紧张局势。2009 年中非合作论坛第四届部长级会议在此成功召开。近年来，沙姆沙伊赫逐渐成为许多国际会议的首选地。

七、帝王谷

帝王谷位于尼罗河西岸，埋葬着古埃及新王国时期第十八到第二十王朝的法老和贵族，一共有 60 多座帝王陵墓，分为东谷和西谷，大多数重要的陵墓位于东谷。帝王谷中的每个墓室大小不一，其规模与壁画的豪华程度与法老的在位时间成正比。其中最大的一座是第十九王朝沙提一世之墓，巨大的岩石洞被挖成地下宫殿，墓穴入口往往开在半山腰，有细小的通道通向墓穴深处，墙壁和天花板布满壁画，装饰十分华丽。帝王谷中值得参观的陵墓有图坦卡蒙墓、拉美西斯三世及六世墓、塞提一世墓等。部分陵墓不对外开放，只供学术研究。

八、苏伊士运河

苏伊士运河是世界三大运河之一，于 1859 年开凿，历经 10 年，耗费大量人力物力后，于 1869 年 11 月 17 日修筑通航，这一天被定为运河的通航纪念日。苏伊士运河是划分亚洲和非洲的分界线，同时也是亚非与欧洲间最直接的水上通道，在贸易、航运和军事等各方面存在巨大价值。苏伊士运河全线共有八个主要弯道，每天平均开放 15 小时，是少数具备大型商船通行能力的无船闸运河。过往船只必须缴纳通行费，一般二十万吨以上的超大型船只的过路费可能会达到 300 万元左右，这是埃及国家财政收入和外汇储备的主要来源之一。据报道，2021 至 2022 年度，苏伊士运河过路费总收入达 70 亿美元，刷新年收入纪录。

参考文献：

1. 郑已东、摆永刚：《"一带一路"国别概览——埃及》，大连海事大学出版社 2019 年版。

2. 甘谷编著：《埃及：海上丝路的主枢纽》，北京联合出版公司 2016 年版。

3. 时延春主编：《中国驻中东大使话中东——埃及》，世界知识出版社 2012 年版。

4. 王海利：《埃及通史》，上海社会科学院出版社 2014 年版。

5. 裴芳、盛陆编著：《走埃及》，旅游教育出版社 2013 年版。

6. 沐涛、倪华强：《失落的文明：埃及》，华东师范大学出版社 1999 年版。

7. 商务部对外投资和经济合作司：《对外投资合作国别（地区）指南——埃及》（2023 年版）。

8. 令狐若明：《埃及学研究——辉煌的古埃及文明》，吉林大学出版社 2008 年版。

9. ［英］纳撒尼尔·哈里斯：《古埃及生活》，张萍、贺喜译，希望出版社 2006 年版。

第七章

阿联酋的习俗文化

【本章概要】阿联酋地处阿拉伯半岛东南端，是一个以产油著称的西亚沙漠国家，有"沙漠中的花朵"的美称，是东西方的交通要道和贸易枢纽。阿联酋占地面积小，人口少，却有着非常悠久的历史，并且蕴藏富饶的石油、天然气资源，同时也以富裕奢华著称。阿联酋人大都信仰伊斯兰教，宗教信仰深深地影响了居民的日常生活，诸如婚丧嫁娶、着装打扮、茶饭伙食等。阿联酋是一个典型的阿拉伯国家，伊斯兰文化是其主要根基。中东地区是世界穆斯林的起源地，有着独特的生活方式和文化风俗。阿联酋人性格粗犷奔放，热情好客，接待客人礼仪隆重。1984年11月1日中国与阿拉伯联合酋长国建交。2012年1月中阿两国建立战略伙伴关系。2018年7月习近平主席对阿联酋进行国事访问，两国建立全面战略伙伴关系。2023年5月4日至5日于印度举行的上海合作组织外长会期间，阿联酋正式获得了上合组织对话伙伴国地位。

第一节 国家概况

阿拉伯联合酋长国（The United Arab Emirates），简称阿联酋，首都阿布扎比。地处阿拉伯半岛东部，北临波斯湾，南部和西南与沙特阿拉伯相接，西北与卡塔尔相连，东与阿曼接壤，海岸线长 1318 公里。阿联酋由阿布扎比、迪拜、沙迦、哈伊马角、阿治曼、富查伊拉、乌姆盖万 7 个酋长国组成。阿联酋面积约 83 600 平方公里；总人口约 944 万，其中 88% 为外籍人口。阿拉伯语是阿联酋的官方语言，英语也是通用语言，在商务活动领域被普遍使用。石油生产和石油化工工业是阿联酋的经济支柱产业。自 20 世纪 60 年代该地区发现石油，凭借丰富的自然资源，阿联酋摇身一变成为世界上最富有的国家之一。

一、历史沿革

阿联酋的历史可以追溯到公元 6 世纪，在各酋长国出土的文物中，就存在五千年前的人类活动遗迹。他们的祖先闪族人自如今的叙利亚、巴勒斯坦迁徙来到了阿拉伯半岛，有的经阿曼海岸迁居海湾区，建立由酋长领导的部落社会，逐渐形成酋长国。622 年，伊斯兰教在沙特阿拉伯诞生。公元 7 世纪时，阿拉伯帝国占领了这里。自 16 世纪开始，葡萄牙、荷兰、法国等殖民主义者相继入侵此地。19 世纪初，英国东印度公司摧毁了哈伊马角、沙迦、迪拜等地的海岸交通要塞，于 1820 年强迫各国与其签订《波斯湾总和平条约》。1853 年各国签订条约永久休战，该地区此后便被称为"特鲁西尔阿曼"，意为"和平的阿曼"。此后

"特鲁西尔阿曼"各国接受英国的独家保护。1968 年 1 月英国宣布撤军。1971 年 3 月 1 日英国宣布同各酋长国签订的保护条约于年底终止。各酋长国独立，致力于联合发展。同年 7 月，在迪拜会议上，迪拜、阿布扎比、沙迦、阿治曼、富查伊拉、乌姆盖万决定建立阿联酋，并制定临时宪法，阿布扎比为临时首都，阿布扎比酋长谢赫·扎耶德·本·苏丹·阿勒纳哈扬当选为开国总统。次年 2 月，哈伊马角加入阿拉伯联合酋长国。1996 年临时宪法被通过成为永久宪法，阿布扎比成为阿联酋永久首都。

在远古时代，阿联酋所属诸酋长国是阿拉伯半岛的一部分，这一地区居民有较高的造船技术和航海技能，海上贸易发达。20 世纪上半叶的阿联酋由沙丘稀少绿洲和简陋村庄组成，在此生活的多为游牧民族、渔民和水手。20 世纪 60 年代，随着石油的发现和开采，半游牧社会开始了向现代化的转变。

阿布扎比不断开发城市，城市化迅速发展，已经发展成为一个多文化的城市，成为阿联酋的政治和经济中心，是世界最大的原油生产商之一。迪拜以文化多样、人民好客而闻名。常年充足的光照、神秘的沙漠、清洁美丽的沙滩、再加上奢侈的宾馆、华丽的购物中心、庄重的历史建筑以及繁荣的商业，迪拜每年都吸引着数百万游客和贸易商人到此旅游和进行贸易活动。沙迦是唯一一个在阿拉伯湾和阿曼湾都有出海口的酋长国，因此沙迦在该地区成为繁荣富庶的城镇也已经有几千年的历史。哈伊马角位于阿联酋北部，这里是进入阿拉伯湾的门户，地理位置十分重要。在哈伊马角决定加入阿联酋时，它的目的是发展自己的工业，成为阿联酋主要的工业产品基地。为此，哈伊马角于 20 世纪 70 年代建立了阿联酋第一家水泥厂，经过不懈的努力，哈伊马角成为地区最大的水泥生产商。此外，哈伊马角还建立了世界最大的设施完备的陶器生产厂，同时它还是制药行业的领军者。乌姆盖万注重工业化建设，吸引外国投资，建设各类设施，国家实现了全面复兴，经济、文化和各个方面都发生了重大变化。另外乌姆盖万拥有众多的旅游景点和景区，包括各种旅游设施、美丽的海滨、各种考古场所和美丽的岛屿。富查伊拉是唯一完全位于阿曼湾的一个酋长国，其他酋长国均位于阿拉伯湾沿岸。富查伊拉的经济以水泥、碎石和采矿为主，新自由贸易区的建设给当地的经济注入了新的活力，同时也创造了具有活力的经济发展环境。阿治曼在 1971 年以后大规模实施基础设施建设计划，开发商业与旅游等重大项目。这里地理环境特殊，山脉里蕴藏着丰富的镁、石灰等矿物，肥沃的峡谷可种植各种作物。

二、自然环境

阿联酋有较多海岛，境内除东北半岛部分有山地外，多以平原为主，绝大部分地区为沙漠和洼地，其间不乏砾石、沙丘和绿洲。东部山地为阿拉伯半岛上的哈杰尔山脉向北延伸的部分，是波斯湾进入印度洋的交通要道且靠近霍尔木兹海峡，战略地位十分重要。山脉东侧为濒临阿曼湾的巴廷纳平原；西侧是有粉红色沙丘覆盖的狭窄的波斯湾沿岸平原，绿洲点缀在山麓和沙丘之间。阿联酋西半部地势低平，沿海岸地带为狭窄的平原，有沙地、"苏布哈"（咸沙）覆盖。阿布扎比市西和西南面有艾因绿洲和由 30 多个小绿洲组成的绿洲群。阿联酋地处热带沙漠气候区，常年受副高压带及信风带控制，非常干燥，年平均气温高，年温差与日温差较大。夏季极度炎热，温度常在 40℃到 49℃之间。冬季平均温度则在 20℃左右，偶尔会有沙尘暴。全年少雨，大部地区年降水量在 100 毫米以下，且一般集中在一月份、二月份。炎热干燥的气候形成了大片沙漠，因此阿联酋也是著名的"无流国"。

作为 OPEC 的成员国之一，阿联酋有着丰富的石油资源，国家经济也以石油生产和石油化工工业为主。截至 2022 年，目前已探明的石油储量超过 1070 亿桶，已探明的天然气储藏量 8.2 万亿立方米，均位居世界第 6。其他矿产资源还有硫磺、镁、石灰岩等。

谈起生物资源，椰枣树不仅是阿联酋的特产，也是重要的经济作物，肉质细腻，性价比高。全国超过 4000 万棵，每年产椰枣上百万吨，种类有 120 多种，有的早熟，有的含糖量高，还有的含水分较多。椰枣树结的果实叫海藻，又名椰枣，有极高的营养价值，对人体有益的多种维生素和天然糖分，可以制成各种糖果、砂糖、饮料、饼干以及酿酒，还可以将成熟的海藻做成蜜饯。此外，阿联酋的海域内水产资源丰富，沿海有珊瑚，盛产珍珠，还有着丰富的渔业资源，已发现鱼类和海洋生物 3000 多种。

三、政治经济

（一）政治

阿联酋于 1971 年 12 月 2 日建国，是由 7 个酋长国组成的联邦制国家。每个酋长国的政府事务，由各酋长自行决定。酋长国内部实行君主制统治，王室家族掌握一国主权。根据阿联酋宪法，各酋长国各自保留石油开采权、财政权等权利，由联邦最高委员会选举产生总统和副总统。总统和副总统任期 5 年，总统担任最高委员会主席。

7 个酋长国的酋长组成联邦最高委员会是阿联酋最高权力机构。该委员会讨论决定国内外重大政策问题，制订国家政策，审核联邦预算，批准法律与条约。总统兼任武装部队总司令。除外交和国防相对统一外，各酋长国拥有相当的独立性和自主权。联邦经费基本上由阿布扎比和迪拜两个酋长国承担。2014 年阿联酋政局稳定，对内积极推动经济发展和国家现代化建设；对外交往活跃，注重加强与海湾地区国家及大国关系，在地区和国际事务中发挥独特作用。

联邦国民议会是阿联酋全国性协商咨询机构成立于 1972 年，负责讨论内阁会议提出的法案，并提出修改建议。2005 年 12 月，阿联酋前总统哈利法宣布对联邦国民议会实行半数间接选举，半数议员通过选举产生，其他议员仍由各酋长国酋长提名，由总统任命。议长和两名副议长均由议会选举产生。2019 年 11 月 14 日，萨格尔·古巴什（Saqr Ghubash）当选阿联酋第十七届国民议会议长。

（二）经济

阿联酋经济发展以石油生产和石油化工工业为主。政府在发展石化工业的同时，把发展多样化经济、扩大贸易和增加非石油收入在国内生产总值中的比重作为首要任务，努力发展水泥、炼铝、塑料制品、建筑材料、服装、食品加工等工业，重视发展农、牧、渔业，充分利用各种财源，重点发展文教、卫生事业。近年来，阿联酋大力发展以信息技术为核心的知识经济，同时注重可再生能源研发，首都阿布扎比于 2009 年 6 月获选国际可再生能源署总部所在地。坐拥丰富石油和天然气资源的阿联酋，反而在新能源发展方面尤为用力。阿联酋拥有 3 座世界最大、成本最低的太阳能电站；创造了全球最具成本竞争力的风力发电新纪录；在韩国的帮助下，阿联酋启用了阿拉伯世界第一座民用核电站。凭借着发展良好的旅游业和自由贸易，阿联酋已经成为中东地区的金融、商贸、物流、旅游中心和商品集散地。阿联酋的旅游业非常火热，不仅有现代人造奇迹，还有很多自然风光，人们可以在原始的白沙海滩享受阳光或在海中潜水，在沙漠中赛车或骑骆驼，也可以在海湾坐船划桨，看碧海蓝天，还可以感受贝都因人的坚韧，欣赏唯美的伊斯兰建筑。独特的阿拉伯美食也展现了纯正的伊斯兰风情和中东风光。阿联酋的全部风貌从许多角度呈现出来，吸引了众多来自亚太地区、欧洲、美洲的游客。新兴产业也蓬勃发展，所以阿联酋不仅成为海湾地区第二大经济体和世界上最富裕的国家之一，为很多资源型国家提供了走好转型之路的模板。阿联酋的银行业也很发达，现有本国银行 23 家、外国银行及其他金融机构 100 余家。受气候环境影响，阿联酋的农业并不发达，全国可耕地面积 32 万公顷，已耕地面积有 27 万公顷。阿联酋主要的农产品有椰枣、玉米、蔬菜、柠檬等，阿联酋的粮食主要依赖进口。渔产品和椰枣可满足国内需求，而畜牧业规模很小，主要肉类产品依赖进口。近年来，政府采取鼓励务农的政策，向农民免费提供种子、化肥和无息贷款，并对农产品全部实行包购包销，以确保农民收入，农业得到一定发展。在阿联酋，外汇不受限制，货币自由入出境，汇率稳定。联邦政府财政收入来自各酋长国的石油或贸易收入。外贸在阿联酋经济中占有重要位置，主要出口石油、天然气、石油化工产品、铝锭和少量土特产品，主要进口粮食、机械和消费品。

四、国家象征

阿联酋国旗是长宽比为 2 : 1 的长方形，由红、绿、白、黑四色组成，其中红色代表祖国，绿色代表牧场，白色代表祖国的成就，黑色代表战斗。旗面靠旗杆一侧为红色竖长方形，右侧是三色平行相等的横长方形，自上而下分别为绿、白、黑三色。

阿联酋国徽的主体是一只黄白两色、张开双翼的隼，翼羽黄白相间，尾巴为纯白色。在隼的胸前，有一个国旗图案的圆形，外环象征 7 个酋长国的 7 颗五角星，隼爪抓住的红色绶带上写有阿拉伯语的"阿拉伯联合酋长国"。该国徽启用于 2008 年 3 月 22 日，替换了自 1973 年启用的国徽。原国徽中隼胸前圆形中绘有阿拉伯三角帆船，代表国家航海历史，并在外围绕有锁链。

阿联酋国歌《万岁祖国》（Ishy Bilady）由阿雷夫·阿尔·舍伊克·阿卜杜拉·阿尔·哈桑作词，萨德·阿卜杜勒·瓦哈卜作曲，歌词为阿拉伯语，中文大意为：祖国万岁，酋长国的联合万岁，你作为一个国家，以伊斯兰教为信仰，以《古兰经》为引导。我以真主安拉的名义，使你变得富强啊，祖国。我的国家，我的国家，我的国家，我的国家，真主每一次都会保护你脱离凶恶。我们已经开始进行劳动和建设，诚恳地工作，诚恳地工作，我们无论活多久，都会诚恳地待人接物。平安持久，国旗飘飘，我们的祖国，是阿拉伯主义的标志。我们为你贡献一切，把我们的鲜血奉献给你，把我们的忠魂献给你，祖国！

第二节　姓名性格

一、姓名

（一）姓名构成

以阿联酋总统的名字谢赫·穆罕默德·本·扎耶德·阿勒纳哈扬为例，用英文拼写为 Sheikh Mohamed bin Zayed Al Nahyan。Sheikh（谢赫）在阿联酋是王室家族男性的尊称，普通人大多数并不包括这个尊称。另外王室女性的尊称为 Sheikha。Mohammed（穆罕默德）是他本人的名字。bin（本）作为间隔，意为"某人之子"，bint 则表示为"某人之女"。第一个 bin 后面的是他父亲的名字 Zayed（扎耶德）。以此类推，每个 bin 后面的都是代表前者父亲的名字，所以我们经常看到阿拉伯人的名字里有很多 bin，显得特别长。末尾的 Al Nahyan（纳哈扬）代表的是家族名字，也就是我们汉语里说的姓氏。中国人姓在前名在后，而阿联酋人的名字则是名在前姓在后。Mohammed bin Zayed bin Sutan Al Nahyan，意思就是 Mohammed 的父亲是 Zayed，Zayed 的父亲是 Sutan，他们都来自 Al Nahyan 家族。

由于阿联酋人常常把本人的姓名与祖上先辈的名字连起来，看起来像长长的族谱。为了使用、称呼方便，便通常简化为本人名、父名、祖父名。普通人一般只称本人名，有一定社会地位的人，才能称呼姓。

（二）姓名含义

阿联酋人常常选用具有赞美意义的形容词作名字，诸如马哈茂德（被赞美的）、艾敏（忠诚的）、哈桑（好的）、赛里姆（平安的）、纳伊玛（富裕的）、哈立德（永恒的）、哈基姆（睿智的）、拉嘉（希望）、阿迪尔（公正的）、贾米拉（漂亮的）。当然也有用一些事物来命名的，如萨巴赫（早晨）、埃米尔（酋长）、白德尔（圆月）、祖海尔（小花）、阿萨德（狮子）、莉姆（羚羊）等。有许多阿拉伯人用历史上的名人来命名，这不仅仅局限于宗教名人，如穆罕默德、阿里、法蒂玛，还有许多其他领域的名人，例如萨阿德、阿卜杜、纳赛尔等英雄，还有人会叫塔哈、纳吉布等以纪念著名文学家。当然这些名人的名字本身也是有含义的。还有取用古兰经人物或者先知弟子名，比如穆萨或者摩西、易卜拉欣或者亚伯拉罕、穆罕默德、优素福或者约瑟夫，为的是纪念先知和弟子们。很多伊斯兰教人家给孩子起名，喜欢选用真主的 99 个别称美名，比如说买买提，实际就来自这些别称。

在某些阿拉伯国家的农村，有些父母会给孩子起简单好记的名字以求长命。这样的名字有哈巴卜（露水）、侯宰姆（细腰带）、鲁梅拉（小沙粒）等。还有的人叫伊亚斯（绝望）、穆泰伊卜（令人劳累的）、吉海姆（愁眉苦脸的）、瓦丽海（沮丧的）。

还有些名字含义非常直接，出生在周五就叫朱马（周五），出生在周四就叫赫米斯（周四），出生在伊斯兰七月就叫拉吉卜（伊斯兰历七月），出生在斋月就叫拉马丹。出生在山地就叫贾巴勒（山），出生在丘陵可以叫苔莱（小丘陵）。生在旅途中可以叫拉黑尔（旅行者）或者兹亚莱（出访）。还有给孩子起名时第一眼看见什么就叫什么的习俗，看见邻居就用邻居的名字，看见下雨就叫麦涛尔（雨），估计白莱尔（奶渍）这样的名字就是这么来的。

二、性格

阿联酋人非常热情好客，例如普通人在沙漠中旅行，如果没有人照顾的话可能很快就因为缺水、缺食物而死去，只要成为阿联酋人的客人，他就有义务来保卫客人的生命。阿联酋人还非常健谈，爱说爱笑爱乐爱热闹，每逢节日阿联酋人都喜欢唱歌跳舞，邀请亲朋好友欢聚一堂，享受热闹的氛围。阿联酋人做事规矩繁多，对人爱憎分明。在与阿联酋人的交往中要十分注意尊重他们的宗教信仰，以免发生不礼貌的误会。大多阿联酋人都是阿拉伯人，阿拉伯人由于曾在条件艰苦的沙漠上生活，所以大多具有坚韧不拔的特性，属于游牧民族，逐水草而居，因此比较崇尚自由，不喜欢被拘束。

第三节　衣食住行

一、服饰风格

阿联酋女性的日常服装就是绘有图案的长袍，纹样全部由手工刺绣而成，也是家族聚会时的专用服饰。"阿巴亚"（Abaya）也被经常称为"黑袍"，黑色长袍通常罩在女性的日常衣着之上，是这里最常见的传统服饰，除了黑色还有其他颜色的"阿巴亚"。"阿巴亚"通常使用真丝绸缎做成，有的女性会在里边再穿一件真丝印花绸或薄纱的长袍，显得雍容华贵、典雅大方。"阿巴亚"

所推崇的女性之美是谦卑和纯粹，阿拉伯人认为贤良温婉的女性是美丽的具象化。"阿巴亚"有开襟和闭襟两种穿法。

阿联酋传统服饰中的头巾，又被称为"希拉"。在穿戴方法上，通常会把头巾折叠，一边短一边长，用留长的一端绕回来包裹住，避免风沙弄脏头发。殷实之家的妇女还在面纱上绣上金银丝，或在面纱上佩挂五光十色的金银首饰，金银首饰对于不少阿拉伯妇女来说是梳妆打扮的必需品，她们有的全身佩戴金银饰品，包括头饰、鼻镶花、耳坠环、双手戴戒指，手腕套镯子。

阿联酋男性一般穿着织物制成的白色及踝长袍，称为Kandora 或者 Dishdasha。Kandora 的颜色来源于贝都因文化，主要是白色长袍，可常年穿着，而极少的灰色和棕色色调服装则主要在寒冷月份穿着。与 Kandora 相匹配的头饰上的黑绳头箍被称为Agal，根据社会地位和场合的不同，有不同种类的 Agal 可供佩戴。

在阿联酋白袍也是身份的象征，身份较高的男性穿着的白袍通常更为干净并且垂感、透气性等都相对较好，穿着也更为舒适，他们通常会准备 2~3 套白袍随身携带，以便弄脏时随时更换，据说身份较高的阿联酋男性通常会拥有超过 50 个 Kandora。

二、饮食特色

阿联酋饮食恪守伊斯兰教规，忌食猪、马、驴、狗、蛇、火鸡、自死肉、浮水鱼以及一切动物的血。穆斯林不饲养猪，忌讳提到与猪有关的词语，也忌食一切自死动物，牲畜不经过穆斯林亲手宰的不吃。不但禁忌的食物不吃，而且连盛过禁忌食物的器皿都不用，如炊具、碗筷等，所以为了防止接触到禁忌的东西，在外出时一般都随身携带食物，也不在外面乱用饭菜。

主食为米饭及薯类，佐食牛、羊、家禽肉类和海鲜及蔬菜，一日三餐。"炸油香"是他们的主要食品，即炸一种放入牛肉及各种香料的馅饼。制作油香前，需沐浴净身，炸制时要燃香熏室。油香是款待宾客、馈送客人的食品。

男女爱喝茶，视喝茶为生活的要事和礼俗。空闲时，常聚在一起品茶，走亲访友也以茶叶为馈赠礼品。阿訇及中年以上者不喝酒、不吸烟，就是在外面工作的人如有此嗜好，回到家乡后也要自觉遵守。

饮食一般以清淡为主，吃清真食物，表示对真主的诚心。在举行隆重宗教仪式和重大节日时，许多人尤其是老人，亦保留着用大青盘贮饭，以手捻食的习俗。有的地方地处椰林和海边，因此在过去人们的食具以椰壳为碗碟，海贝壳为勺。

阿联酋美食虽然受到了现代口味和烹饪技术的影响，但仍在很大程度上保留了其传统特色。鉴于阿联酋的位置沿着丝绸和香料之路，极大影响了它的烹饪口味。阿联酋美食的主要特点是采用众多香料和干果，此外还大量使用香菜、薄荷和百里香等草本植物。许多传统菜肴包括肉类、乳制品、谷物、小麦和酥油。受欢迎的香料有姜黄、藏红花、豆蔻、肉桂、胡椒和盐以及沙漠植物的成分，如 AlGhaf 树的叶子。

阿联酋传统大餐通常从精制蘸料拼盘和沙拉开始。阿联酋本地美食深受多重文化的影响，鹰嘴豆泥和塔布勒沙拉等传统蘸料虽然源于黎巴嫩和黎凡特，却已成为阿联酋传统菜肴的一部分。许多阿联酋米饭类菜肴在印度比尔亚尼菜的启发下发展而来。

Harees 是阿拉伯菜中深受欢迎的菜，也是在每个场合都能找到的菜肴之一。斋月、开斋节、婚礼、订婚派对等任何特别活动都能看到它的身影。这道传统菜肴由小麦、黄油、嫩熟的羊肉或鸡肉慢煮而成。它之所以成为斋月的必备品之一，是因为禁食一整天后，这道菜既简单又充实，对于胃来说更容易接受。在斋月期间，它既可以单独作为主菜，也可以与其他所有美食一起作为配菜。制作 Harees 通常需要很长时间才能完成，要超过五六个小时，并且曾经是富人的食物，邻里最富裕的家庭将为整个街区提供足量的 Harees，在邻居之间广泛分享。

Kunafa 是一种著名的阿拉伯甜点，是通过糖浆浸泡而成的奶酪糕点。Kunafa 由一层厚厚的白色奶酪组成，上面铺有粉碎的粉丝面条或切碎的小麦，就像果仁蜜饼一样。层层糖浆拔丝包裹着浓厚的奶酪，用刀切开，还能看见拉丝，其口感丰富、风味独特。入口时酥脆的面丝和坚果伴着糖浆，最后尝到裹着奶酪的蛋糕，令人回味无穷。它也是一种很受当地人喜爱的早餐食品，供热爱甜食的人食用，每个餐厅都会制作出自己版本的 Kunafa。在迪拜繁忙的早晨，热闹的商店橱窗里都会供应着 Kunafa，开启充满活力的一天。

迪拜街头的知名小吃 Shawarma 是众多游客垂涎已久的当地美食。Shawarma 含有羊肉、鸡肉、火鸡肉、牛肉，置于烤肉叉（通常垂直摆放）上烧烤，再将表面已烤熟的肉削下，辅以配料做成长三明治或肉卷。它类似中国的肉夹馍，烤薄饼加上切成薄片的烤肉，配以蔬菜和酱汁，香气扑鼻，令人食指大动。

Falafel 是一种用面粉包裹蔬菜的油炸球，金黄酥脆，浇上奶油芝麻酱，是非常可口的小吃。这种传统的中东食品最有可能起源于埃及。中间的蔬菜一般是鹰嘴豆、蚕豆等豆类。不论作为零食单独食用，还是配上腌蔬菜、辣酱或撒上芝麻酱的调味汁都是不错的选择。

Luqaimat 这道美食在斋月期间也非常受欢迎，它外表很脆，但里面柔软蓬松，往往作为一种甜点而存在。它由面粉制成，再用豆蔻和番红花调味形成独特的风味。油炸后，将这些面团球放进盛满了糖蜜和芝麻的酱中，最后再高高垒在盘子上，色香味俱全。

三、居住条件

在 2023 年第 15 届阿拉伯青年调查中，凭借安全的社会环境和安保措施、不断增长的经济、有效的领导、整洁的环境以及创业的便利，阿联酋再次被评选为阿拉伯青年最想定居的国家，这也是阿联酋连续第 12 年当选。不仅如此，在由国际组织发布的《2022 年外籍人士内幕》报告中，综合考虑了休闲选择、旅行和交通、健康和福利、安全和安保以及环境等因素形成的生活质量指数排名中，阿联酋位列第五位。在同份报告中，另一项综合考虑职业前景、工作和休闲、工资和工作保障以及工作文化和满意度形成的海外工作指数，阿联酋也排在第五位。在外籍人士心中，阿联酋位居宜居国家前列。同时，阿联酋还在考察数字生活、管理主题、住房和语言的外籍人士基本要素指数中排名第二。由此可见，阿联酋的居住环境非常受世界各地人士青睐。

在阿联酋，由于六到九月份的夏季十分炎热，所以室内空调随处可见，还有大量的室内活动供人们休闲放松。因此即便在酷暑时节，阿联酋的居住环境也非常便利。在凉爽的月份，人们可以享受阿联酋舒适的绿色公园，户外徒步、露营；或沉迷海滩，尽情感受水上运动项目带来的激情。

自阿联酋建国以来。各项规划、实施都非常迅速，各个不同阶层居民的住房条件大为改善。阿联酋的住房种类也非常多样，有普通民房、经济型住房、中等住房、高等住房、公寓、现代化别墅以及少数封闭式大庄园等，现代化大楼和高层写字楼鳞次栉比。同时在沙漠地区和山区也大大加强了住房和基础设施的建设。

四、交通运输

（一）海洋运输

由于濒临波斯湾，阿联酋自古便熟练掌握运用航海技术。阿联酋内陆没有大河，但自古便依靠季风进行海上运输。阿联酋具有丰富的海洋资源和良好的港口条件，利用地理优势，加强了转口贸易的发展，其港口已经成为中东最主要的转口贸易港口，这也是阿联酋境内众多自由贸易区蓬勃发展的原因。现代化和高度发达的基础设施优势，使得阿联酋成为与全球联系最为紧密的市场之一，吸引了全球贸易的注意力。迪拜港口在世界港口行业内非常知名，该港地处亚欧非三大洲的交会点，是中东地区最大的自由贸易港，尤以转口贸易发达而著称。它是海湾地区的修船中心，拥有名列前茅的百万吨级的干船坞。迪拜港的成功运作，逐渐确立了迪拜在海湾地区的贸易中心地位，得益于港口经济的发展迪拜踏上了商业繁荣之路。

阿布扎比港口是阿联酋第二大港口，位于阿布扎比市中心的港湾区域。它是一个综合性港口，拥有现代化的码头、船坞和物流设施，为阿联酋和周边地区的货运和物流提供了重要的支持。

杜拜港口是阿联酋最大的港口之一，也是全球最繁忙的港口之一。它拥有深水岸线、现代化的装卸设备以及先进的物流系统，为全球船运业提供了高效的服务。杜拜港口不仅是阿联酋的经济支柱，也是整个中东地区的重要物流中心。

费吉拉港口位于阿联酋东海岸，是一个自然深水港口。它是阿联酋最古老的港口之一，拥有广泛的港口设施和服务，包括散货码头、液体和干散货码头以及石油和天然气码头。费吉拉港口也是阿联酋重要的石油出口港口之一。

阿穆沙里港口位于阿联酋东海岸，是一个重要的货物进出口港口。它拥有现代化的码头、卸货设备和物流系统，为海洋贸易提供了高效的服务。阿穆沙里港口也是一个石油出口港口，同时也是一个渔业和旅游港口。

（二）陆地运输

阿联酋境内一直没有传统铁路，直到 2009 年阿联酋公共服务委员会通过法案，决定成立联邦铁路公司，修建公用铁路和民用铁路。阿联酋于 2023 年 2 月宣布启动国家铁路网。阿联酋国家铁路网连接该国 4 个主要港口和 7 个物流区，全面运营后，铁路将运载超过 6000 万吨货物和 3650 万乘客。铁路服务将使乘客能够在 50 分钟内从阿布扎比前往迪拜，在 100 分钟内从阿布扎比前往富查伊拉。第一个客运火车站位于富查伊拉，建成后将连接阿联酋的 11 个地区。目前尚未公开客运服务开始日期。

阿联酋公路网十分发达，各酋长国之间有现代化高速公路相连，交通联络非常便捷。道路质量排名全球首位，随着城市人口的持续增长引发对城市交通的强劲需求，阿联酋政府致力于道路的维护、扩建和现代化改造。在阿联酋政府的基础设施发展规划中，对提升道路的自动化、智能化水平提出了要求，包括更加智能的道路交通和更加便捷的轨道交通系统，陆续推出城轨项目，包括地铁、轻轨和快速公交等。

（三）航空运输

阿联酋政府大力投资航空基础设施建设，得益于优越的地理位置、便利的交通和宽松自由的贸易政策，航空业发展迅速。

1. 迪拜国际机场

迪拜国际机场建于 1960 年，是中东地区重要的枢纽机场。迪拜国际机场九年蝉联全球最繁忙国际旅客机场称号。2022 年迪拜国际机场客运量翻了一番以上，超 6600 万人次，由此将其 2023 年预期上调至 7800 万人次。截至 2023 年 5 月，迪拜国际机场一季度客流量超过 2120 万人次，几乎达到了疫情前水平。与 2022 年第一季度相比，今年一季度客运量增长 55.8%，这是自 2019 年第四季度以来，月平均客流量首次达到 700 万人次。3 月是第一季度最繁忙的一个月有 730 万乘客，也是自 2020 年 1 月有 780 万乘客以来最高的月度流量。

迪拜国际机场各大品牌店云集，不必去购物中心，就可以在遍布各个航站楼的迪拜免税店享受购物乐趣。无论是服装、箱包还是饰品，都能在机场内找到相对应的知名店铺，商品款式多样，品质上乘，能够轻松满足客户的购物需求。另外，这里也不缺少新奇独特的购物体验，比如一些品牌快闪店就可以为前来的客人定制香水。机场服务质量高，并为客人提供了无缝旅行体验，荣膺 2022 年度航空商业奖"年度最佳机场"奖项。迪拜国际机场酒店位于迪拜国际机场 3 号航站楼中转大厅 A、B 和 C 内，专为中转旅客提供休息服务，无需入境即可入住。这家酒店有530 间空调客房，设施齐全，方便快捷。

2. 阿布扎比国际机场

阿布扎比国际机场位于阿联酋的首都阿布扎比市，是全球客流量、新航班增开数量和基础设施投资发展最快的机场之一，仅2008 年第一季度该机场的客运量就增长了 34%。阿布扎比机场正在扩建中，耗资约 68 亿美元。阿布扎比机场是阿联酋第二大机场，航站楼区域由阿联酋第二大航空公司——阿提哈德航空公司管理，阿联酋的第一大航空公司是阿联酋航空。阿布扎比国际机场有 32 个登记手续办理柜台，12 个登机口，15 个登机栈桥，5个行李传送带，500 个临时停车位，200 个固定停车位，1 个机场酒店、邮局、银行、外币兑换机、免税店、旅行社等，还有在机场内外提供租车服务的公司。

3. 沙迦国际机场

沙迦国际机场是位于阿联酋沙迦的机场，于 1934 年建成，是阿联酋最早的一个机场，前身是英国空军飞往印度和澳大利亚的加油站。受附近机场的激烈竞争和 2009 年全球金融危机的影响，沙迦国际机场的发展大不如前。

第四节　日常交往

一、日常礼仪

在待人接物方面，递送东西给他人，例如端茶递水，或者是接别人递送过来的东西时，必须用右手，否则就是极大的不尊重。本地人之间一般行拥抱礼或吻礼，但只限于同性别之间。同辈人一般互吻对方脸颊 3 下，长辈吻晚辈额头，平民百姓吻酋长或地方长官的右肩，王室成员之间则互碰鼻尖。本地人对外国人行握手礼，但妇女不与男性握手。与当地男士交往，可以问候其家庭，如有几个孩子，但一般不问及夫人和其他女眷。他们回答孩子人数时，一般只包括儿子。与当地妇女交往时，只可简短问候，不能单独或长时间与之交谈。

二、餐饮礼仪

阿拉伯人一般习惯用咖啡敬客，通常由保温瓶中倒出滚烫的半小杯，喝完后，侍者会继续添加，如用拇指及中指左右摇晃手中的小杯，表示已足够了，不用再添加。一般来说，客人要连喝主人敬的三杯咖啡才是礼貌。除了寓所或者售卖酒类牌照的酒店可以喝酒外，其他场所或大街上不许喝酒。阿拉伯家庭一般是席地用餐，用手抓食，做客时最好入乡随俗。

三、社交礼仪

阿联酋人下班以后，当地商人喜欢到咖啡店聚坐。迪拜市内的迪拜海沟以西的区域有一些夜间娱乐场所，各大酒店也有轻吧，供年轻人晚上和朋友聊天、消遣。熟人之间或者商务晚宴总是在对方家中进行，与我们国内"在餐厅酒桌上谈生意"的情况不同。往往只有男性会应邀至阿联酋商人家做客，如果关系亲近、国籍、习惯相同时，主人也可能请客人全家吃饭，但女客到时一般只在单独的客厅由女主人陪同，而不会男女混合入座。如有阿拉伯女士在场，一般不与男士握手，男士对其点头微笑打招呼即可，不可显得太过热情。如有女士主动伸手，可与其握手。在活动中，男女可以交谈。

四、商务礼仪

阿联酋的礼仪与伊斯兰教有关，按照伊斯兰的传统，每年一次的斋月期间，在日出后和日落前，不许在公共场所和大街上喝水、吸烟、吃东西，当地绝大多数的餐馆和饮品店在这个时期关门停业。女士们要尽量注意穿长袖衣服和长裤，大多数公司也会建议他们的前台接待处的女职员穿上一些相对保守的服装。虽然斋月期间仍旧工作，但工作效率会受影响，变得缓慢，政府机构及绝大多数的公司都会把下班时间提前到下午两点半左右。因此，中国人到阿联酋访问或做生意、办展览要注意避开当地的节假日。阿联酋每年七、八月份最热，有时高达50℃，特别是八月份，当地政府部门、企业的负责人大多出国休假，所以在此期间最好不要拜访他们。

五、服饰礼仪

阿联酋传统服饰特点是：男人穿白袍，头戴白头巾；妇女穿黑袍，披黑头巾，有的面蒙黑纱。在公共场合，男女的活动场所是分开的，男士不得进入妇女活动的场所。阿联酋的妇女一般都不准会客或在公共场合露面。在与当地人交往中，与男士谈话时不能主动问及其夫人的情况，与妇女交往只能简单问候几句，不能单独或长时间与她们谈话，更不能因好奇盯住她们的服饰，更不允许给她们拍照。

六、宗教礼仪

穆斯林每天须做 5 次礼拜，无论是在办公室、家中还是在飞机上。做礼拜是一件十分严肃的事情，旁人不得与其谈话，更不得开玩笑。值得注意的是伊斯兰斋月，即拉马丹月，被穆斯林视为一年中最尊贵的月份。根据伊斯兰教义，斋月期间穆斯林如无特殊豁免原因，须在黎明至日落期间戒饮、戒丑行、戒秽语、戒邪念等，当地绝大多数的餐馆和饮品店在这个时间关门停业。非穆斯林在斋戒时间段内不得在公共场所或穆斯林面前饮水、进食或吸烟，不得向穆斯林提供可现场消费的食品饮料，亦不得发问质疑穆斯林是否真心斋戒或发表其他挑衅性言论，否则将面临严厉处罚。斋月期间，民间商务活动相应减少，通常安排在晚上进行。商家店铺一般是晚上 6、7 点开始营业至深夜 2、3 点打烊。普通餐厅饭馆白天不开门，日落后开始营业到凌晨 4 时才关门。

第五节　婚丧习俗

一、婚礼

(一) 婚姻条件

一是男女双方必须都是穆斯林。隔教不通婚，这是伊斯兰教的宗教主张和不变的婚姻立场。如果信仰相同但民族不同，对伊斯兰教的婚姻没有任何妨碍。

二是征得男女双方的同意。伊斯兰的婚姻制度要求双方当事人必须当众表示同意这门婚事，任何人不许强迫或包办婚姻。对于不能独立主持和处理自己的事务的孩子，必须经过其父母或其他监护人的同意。

三是要有两个证婚人。穆斯林的婚姻是公正、公开的。因此，教法规定要有两个成年男性穆斯林或一男二女作为证婚人，婚姻方为合法有效。真主说："你们在男子中邀请两个人作证，如果没有两个男人，那么可以从所认可的证人中请一男二女来作证。"

四是男方要给女方一定的聘金。至于聘金的多少，教法上没有完全统一的规定。其种类和数量，要看男方的经济条件或根据男女双方的协商而定。《古兰经》记载：男人应当把妇女的聘礼当作一份赠品，交给她们。

以上四项是伊斯兰教婚姻制度不可缺少的条款。至于其他方面则根据当事人的情况而定。

穆斯林的婚礼仪式重实质、轻礼俗，反对挥霍浪费、讲排场、比阔气等攀比行为。穆斯林的婚礼必须符合教法规定，禁止放鞭炮、鞠躬、摆酒席、敬酒、拜天地、糊弄长辈等非穆斯林的礼节。应该有较鲜明的穆斯林民族特征，不应盲目地随风逐俗，照搬社会上的一些迷信思想和行为，以致失去了原本属于民族所固有的传统与习俗。

（二）婚礼程序

阿联酋历史悠久，文化古老，婚礼习俗表现出浓厚的阿拉伯色彩，又因是世界上最富有的国家之一，人们在操办婚事时讲究阔气，注重排场。

阿联酋的婚礼活动一般持续三天时间。第一天宴请女性宾客，新娘家邀请新婚夫妇两家的女宾参加。有的新娘会穿当地传统的阿拉伯式结婚礼服，也有新娘会身着美丽的白色拖地结婚礼服，腰间系着一条金腰带，并向客人们展示自己珍贵的首饰、华丽的衣物。数量越多，越能显示出新娘的生活富裕，彰显出身份的尊贵，也是一种地方特色。第二天宴请男性宾客，新郎家邀请新婚夫妇两家的男宾出席，还要请来坊间歌舞表演团队进行表演，烘托新婚喜庆的气氛，全体宾客兴致高昂，载歌载舞，为新人庆贺到天亮。第三天要宴请众人，由新郎家操办，新婚夫妇两家所有的亲戚、朋友、邻居等应邀参加。哪怕是未曾相识的陌生人自门前经过也会被盛情邀请。赛骆驼是婚礼上必不可少的经典娱乐项目，也是阿联酋的一大特色，场面非常震撼。只要是新婚夫妇的亲朋好友，无论年龄或其他条件都可参与。骑手需要从距离新郎家20公里外的沙漠，竞驶到新郎家门口，一路上有热心善良的围观群众加油助威，让原本热闹的氛围更胜几分。

新郎必须独自在新婚之夜的晚上九点到凌晨一点待在新房中。到了凌晨一点，新娘会在母亲的陪同下进入洞房，新郎需要向岳母问安，而后岳母便会退出房间。直到清晨五点，岳母会再次进入洞房，询问新婚第一夜是否和谐、满意，并将自己的女儿带走。上午十点钟，岳母才把新娘再次交给新郎。人们认为这样会让新郎感受到迎娶一名女子为妻并不是一件易如反掌的事。另外，新婚之夜岳母的身影在无形中对新郎产生一种威慑的力量，时刻提醒他要尽到一个做丈夫的责任，恪守本分，忠于他的妻子。

按照当地的传统做法，婚礼的一切开支由新郎一家承担，新娘一家会根据自己的经济能力向出嫁的女儿赠送相应的礼物。

在阿联酋，新婚之夜通常安排在星期五或星期一的晚上，人们在欢乐的乐曲声中纵情享乐，有的地方要持续一天的时间，从婚礼喜宴就能明显看出当地居民的热情好客、慷慨大方。不仅饭菜丰盛，味道极佳，而且表现出亲热和友好，频频招呼客人一定要多吃菜，直到吃饱喝足为止，客人吃得越多意味着客人对主人的重视与尊敬，主人越高兴。

（三）外籍人士在阿联酋结婚

外国女性与阿联酋公民结婚，自愿取得阿联酋国籍并上报内政部长，在此后的三年期间保持婚姻关系，放弃原国籍，丈夫不随其妻子的国籍。已取得国籍的妻子，在丈夫死亡后，可以保留国籍，但下列两种情况例外：妻子又与外籍人士结婚；恢复其原国籍或取得别国国籍。

由于阿联酋外籍人口占比非常高，故也有部分并不信仰伊斯兰教的人，故而阿联酋也有不同的结婚方式，例如迪拜法院推出了快速婚礼服务，帮助非穆斯林夫妻在一天内完成结婚仪式。该服务符合新的联邦个人身份法，涵盖了在阿联酋的非穆斯林国民和外籍人士的结婚、离婚和继承等事宜。快速婚礼只需简单几步即可完成。首先需要访问迪拜法院服务中心；其次要填写数字表格，由指定的员工进行最终确认和检查，再由新郎新娘进行确认并签名；这份表格要发送给法官以验证是否完成了所有法律程序；如验证成功，法官在文件上签字，婚姻证明将以电子方式记录和批准；最后婚姻证明通过短信和电子邮件发送给申请人。迪拜法院服务中心位于 Al Yalayis、Wafi Mall 和 Al Barsha 交通大楼，每次收取服务费用 220 迪拉姆。此外，夫妻双方需要满足三个条件：申请人必须是非穆斯林；其中一方必须是迪拜居民；两位申请人必须年满 21 岁。

二、葬礼

阿联酋的埋葬和葬礼仪式以伊斯兰教为基础。伊斯兰的丧葬特点有三：土葬、速葬、简葬。在伊斯兰传统中，亡人必须尽快下葬，最好在无常的同一天下葬。这种做法是基于一条圣训，先知穆罕默德说："尊重亡人就是埋葬他们"。穆斯林归真在哪里，就应该把他埋葬在那里，不允许把尸体运回遥远的家乡，不允许在太阳正午的时候举行葬礼和下葬，不允许在太阳正在降落的时候举行葬礼和下葬。

埋葬亡人的方法和程序是：下葬时用幕布遮挡，将亡人放入墓穴中，亡人靠右侧而卧，亡人面部向西，解开包裹克凡的结扎带。当一个穆斯林往生后，必须根据伊斯兰教法对其进行清洗，用水清洗整个亡人，并用樟脑和枣洁净整个亡人。将亡人擦干后，敷以沉香木和玫瑰香水，然后将他或她裹在干净的白布（阿拉伯语称为"克凡"）中。

洗亡人的具体程序为：先把亡人停放在用香转过的水床上，用布遮住亡人的羞体后脱去亡人的穿戴，戴好手套，为亡人净下，手不能直接接触羞体；为亡人洗小净，不用漱口和呛鼻，只用棉签擦洗口腔和鼻孔内用皂角、碱等洗涤品洗头发；洗全身三遍，从上到下，先右后左（先向左侧身洗右边，再向右侧身洗左边）。轻轻挤压亡人的腹部，腹内排出的污秽冲洗干净即可；再用干净的布将亡人身上的水珠蘸干，最后用香料涂抹亡人的额头、鼻子、手、膝盖、脚趾等。

清洗亡人的仪式完毕后，男人们将亡人抬到清真寺，在那里进行"对亡人的祈祷"，然后将亡人放在肩上扛到墓地，将亡人向右倾斜，面朝麦加天房克尔白方向，用土埋在一个挖好的洞穴里，上面覆盖一层岩砖和土壤。人群开始为亡人做祈祷，即杜瓦，并向他或她的父母和家人表示哀悼。即使是非穆斯林也可以参加葬礼，但他们不能进行祈祷。女性亲属也可以进入墓地，但不得与男性亲属混杂在一起。

吊唁期持续三天，亡人的家人们和朋友们，将被分到两个单独的区域，分别进行哀悼，一个是女性区域，一个是男性区域。这样安排的原因是，根据伊斯兰教的传统，男女不得混杂在一起。在吊唁仪式上会为亡人的灵魂诵读《古兰经》。

参加阿联酋葬礼的外籍人士，应根据当地对适当着装的理解来着装。在伊斯兰传统中，没有任何规定女性需要穿黑色衣服，但女性穿着深色衣服，最好是黑色或灰色，已成为一种普遍做法。在参加葬礼时，如果涂抹化妆品，涂上艳丽的指甲油，或穿戴装饰性的珠宝首饰，也被认为是不合适的。

通常，亡人的家人们和亲戚们会以亡人的名义，向穷人出散钱财或食物，以便亡人在后世得到更多的回赐。亡人的衣服和随身物品，也会出散给穷人，最好什么都不要放在家里。因为出散出去，会让穷人受益，穷人们可以使用这些物品，这也是对亡人的回赐。在向穆斯林表示哀悼时，要用阿拉伯语说的话："愿真主增加你的回赐，给你最好的安慰，并宽恕你已故的深爱的人。"

第六节　纪念节日

一、公历节假日

阿联酋的法定节假日有元旦、国庆日、母亲节等。阿联酋的国庆日为每年公历的 12 月 2 日。1971 年 3 月 1 日，英国宣布其与海湾各酋长国签订的条约于年底终止。1971 年 12 月 2 日，阿拉伯联合酋长国宣告成立，每年此日放假，全国欢庆。

2022 年是阿联酋的第 51 个国庆日，阿联酋人在传统庆祝方式中再做创新，各地举行了一系列精彩的活动来庆祝，除了传统的烟花表演、哈利法塔灯光秀，还有新颖的太空颂歌。哈利法塔发挥了 828 米高的优势，呈现出精彩的灯光秀。自上而下地投影出阿联酋国旗的颜色红、绿、白与夜空的黑，一起组成了泛阿拉伯颜色红、绿、白、黑四色。此刻，灯光秀将大家凝聚在一起，仰望哈利法塔，欢度佳节。迪拜最大的银行 Emirates NBD 首次通过"太空颂歌"，向国家对太空探索的动力和雄心致敬。这也是有史以来第一次使用来自太空的声音演绎阿联酋国歌。"太空颂歌"由专业音响工程师和作曲家合作开发，并使用星际声音，包括来自行星、卫星、脉冲星、小行星和漫游者的声音。除了声音，还有视频动画来展示国家和人民探索宇宙的热情。通过视频观众可以看到一名阿联酋男子驾车穿过沙漠，停下来拿起望远镜观察行星，一位年轻女子从房子里出来欣赏夜空，星海泛舟的渔夫和戴着太空头盔的小孩仰望星空等画面，共同演绎了从沙漠大海到宇宙星辰的浪漫旅行。

二、伊斯兰历节假日

（一）开斋节

开斋节意为"结束封斋的节日"，是伊斯兰历的重要日子。既标志着神圣斋月的结束，也代表了伊斯兰历的第十月的开端。成年男女穆斯林在伊斯兰历每年9月，俗称"斋月"，封斋1个月，每日自黎明前至日落，禁绝饮食、房事和一切非礼行为，以省察己躬，洗涤罪过。穆罕默德的训谕中提到"见新月封斋，见新月开斋"，每年斋月始于伊斯兰历9月初新月出现，结束于教历10月初见到新月时为止。阿联酋月球观测委员会根据观测结果宣布4月21日是阿联酋2023年开斋节的第一天。开斋节期间，阿联酋民众将迎来4天小长假。斋戒终结之际，整座城市也将迎来火热的庆典，音乐会、喜剧表演、灯光秀等精彩绝伦的演出让人目不暇接。

在开斋节这天，穆斯林一般很早起床，祈祷后就可以吃一些东西，象征斋月结束。然后到清真寺去聆听教长吟诵《古兰经》，再集体朝着麦加的方向依礼敬拜。这一天穆斯林还会拜访亲友，互相拥抱问候。开斋节是一个充满欢乐和娱乐的时刻。穆斯林通常会参加社区举办的各种庆祝活动，如游行、音乐会、舞蹈和烟花表演等，以庆祝这一节日的到来。

根据伊斯兰教经典记载，先知穆罕默德在传教前，每逢莱麦丹月都去麦加近邻的希拉山洞沉思默祷。公元610年莱麦丹月，先知在沉思默祷时突然接到安拉的启示，命他以"使者"的身份传递真主的教诲。后来，先知穆罕默德将这个月定为斋戒月，以示纪念，而斋月的结束即为开斋节。另外根据伊斯兰教法学家的解释，"斋戒是为了让富人品尝饥渴滋味，以使他们不要穷奢极欲、挥霍无度，要节衣缩食，省出钱来周济穷人"。第一次开斋节是先知穆罕默德和他的家人朋友亲自庆祝的。

（二）宰牲节

宰牲节也叫古尔邦节，是先知穆罕默德迁往麦地那的第二年，也是伊斯兰历第二年被正式规定，而节日的由来可以追溯到易卜拉欣的时代。据《古兰经》记载，先知易卜拉欣直到晚年也没有儿子，他祈求真主安拉赐给他一个儿子。不久，易卜拉欣果然有了儿子，他衷心感谢真主的恩赐，精心抚养幼子。十几年后的一天夜里，易卜拉欣做了一个梦，梦见真主安拉命令他把心爱的儿子宰掉献祭以考验他对安拉的忠诚。当易卜拉欣顺从执行"启示"的一刹那，安拉又差天使送来一只黑头白羊代作"牺牲"。安拉降示："我确已赐你多福，故你应当为你的主而礼拜，并宰牲"。穆圣顺从主命，效仿易卜拉欣宰牲献主，依伊斯兰历定每年的 12 月 10 日为会礼，即"宰牲节"。教法规定：凡经济条件宽裕的穆斯林，每年都要举行宰牲礼仪。朝觐者在伊历 12 月 10 日举行宰牲。其他各国各地区的穆斯林在 10 日至 12 日宰牲，期限为 3 天。提前或超逾期限宰牲无效。

穆斯林每逢这一节日，也是沐浴盛装，到各清真寺举行会礼，互相拜会，宰牛、羊、骆驼。宰牲节的礼仪主要有：第一，礼会礼拜，为了迎接宰牲节这一重要节日，虔诚的穆斯林一早起床，沐浴净身，穿上新衣，喷上香水，口中念诵赞词，一起出门前往家附近的清真寺，大家肃静地排列在清真寺的大殿上，随着阿訇吟诵《古兰经》，顶礼膜拜；第二，宰牲，聚礼之后进行宰牲仪式，一般的穆斯林都在节日之前准备好到时要宰的牲口，牲口要求必须健康，分骆驼、牛、羊三种，根据家庭的经济情况来决定，宰牲时必须高念"泰克比尔"，宰牲方为有效；第三，宰牲肉的分配，宰后的肉要分成三份，分别留作自用、赠送亲友以及施舍给穷人。节日中，宴客亲朋互送所宰牲的肉食、周济穷人、立志自新、互勉行善、多干善功都是嘉美的圣行。宰牲典礼举行后，家家户户开始热闹起来，访亲问友，馈赠油香、菜，相互登门贺节。

宰牲节祝福语有："Eid Mubarak"意为节日愉快；"Eid Saeed"意为节日快乐，多用于熟络的朋友之间；"Kul'am wa enta bi-khair"意为祝您每年身体健康；"Taqabbala Allahu minna wa minkum"意为愿真主保佑你我；"As-Salam-u-Alaikum"意为愿您平安。

第七节　旅游名胜与奇观

阿联酋有许多世界第一，如世界最高楼 828 米的哈利法塔；世界上第一个七星级帆船酒店；迪拜购物中心被称为世界上最大的购物中心；世界最大的黄金城市场；世界上最大的丙烯酸板；世界上最大的人工岛一棕榈岛等。

一、哈利法塔

哈利法塔是世界第一高楼，位于阿拉伯联合酋长国迪拜境内，始建于 2004 年。受金融危机影响，迪拜建设资金不足，阿布扎比酋长慷慨出资，帮助迪拜完成这一世界之最工程。为感谢哈利法的援助，迪拜塔在 2010 年落成时正式更名为"哈利法塔"，成为迪拜的标志性建筑之一。它的设计灵感来自沙漠中的芦苇，外观非常独特，由三个翼片组成，呈现出弯曲的形状。高828 米，共 162 层，可以乘坐世界快速观光电梯 60 秒从底层登塔。登塔的最佳时间在日落时分，此时登塔可以看到白天和黑夜两种不同风格的迪拜。在 124 层观景台上，鸟瞰整个迪拜全景，可将棕榈岛、帆船酒店等尽收眼底。哈利法塔是一座多功能建筑，包括办公室、酒店、公寓和观光设施。哈利法塔拥有四个世界之最：世界最高大楼、世界最高游泳池、世界最高清真专卖店、世界最多和最快的电梯。

二、迪拜帆船酒店

迪拜帆船酒店因外形酷似船帆而得名，又名阿拉伯塔酒店，是世界上唯一的七星级酒店。酒店建在离沙滩岸边 280 米远的波斯湾内的人工岛上，仅有一条弯曲的道路联结陆地，共有 56 层，321 米高，酒店的顶部设有一个由建筑的边缘伸出的悬臂梁结构的停机坪。经过全世界上百名设计师的奇思妙想加上迪拜人巨大的钱口袋和 5 年时间，终于缔造出一个梦幻般的建筑，结合了伊斯兰风格和奢华的装饰与高科技手段和建材，建筑本身获奖无数。船型建筑的巨大三角帆采用的是双层 PTFE 膜结构建筑形式，造型轻盈飘逸，具有强烈的膜结构特点和现代化风格。尤为重要的是，PTFE 膜结构在使用的过程中，会越晒越白，能一直保持酒店外形处于洁白亮丽的状态。1999 年，迪拜帆船酒店开始投入使用，至今已经 20 年有余，在这个过程中，酒店的外形看起来依然光鲜亮丽，这验证了 PTFE 膜结构使用寿命长的建筑特性。

三、棕榈岛

棕榈岛因其以棕榈树为原型建造而得名，是由迪拜三个棕榈岛工程，即朱美拉棕榈岛、阿里山棕榈岛、代拉棕榈岛和世界岛 4 个岛屿群组成。每座岛屿包括三部分：树干、树冠和新月型围坝。棕榈岛是世界最具标志性住宅及旅游项目，每个岛上都有大量的别墅、公寓发售，为整个迪拜酋长国增添了诸多供不应求的海滩。耗资 140 亿美元打造而成的迪拜棕榈岛被誉为"世界第八大奇迹"。棕榈岛完全用沙子和岩石搭建而成。在主体的堆砌过程中，工程师们要随时知道沙滩是否在应该的位置。他们采取卫星遥测技术，来了解工程的进展。因此建造过程中，迪拜使用了全世界唯一一颗私人卫星"伊科诺斯"。这项工作全靠一个五人小组，他们每天都要绕岛步行，背着沉重的背包，为小岛建立网格坐标。有了这些坐标，疏浚船就能精准无比地喷出砂石（即"喷彩虹"）。在 2000 年之前，这个地方除了海水之外，空无一物，而如今从空中俯瞰，是一个图样完美的巨型棕榈树，从一根笔直的树干上垂下了 17 片羽毛状的树叶，顶端还有一道月牙形防波堤。

四、古城阿莱茵

阿莱茵是阿联酋第四大城市，坐落在沙漠腹地，有着数千年的历史，文物古迹众多且风景优美，是阿联酋第一座被收录进世界遗产名录的城市。与一般沙漠城市不同，这里还有着丰富的植被。阿莱茵作为阿布扎比酋长国东部省的重镇，隶属于阿布扎比，同时也是第一任阿联酋酋长谢赫·扎耶德·本·苏丹·阿勒纳哈扬的故乡，在他 1966 年成为酋长时的皇宫已改建为皇宫博物馆，免费向公众开放。阿莱茵有着不同于其他酋长国沙漠绵延的景象，有着泉水绿树，一直以来都被誉为海湾花园之城，中东的温泉之都。阿莱茵是阿联酋最大的绿洲，整个国家 90% 的淡水都来自这里，是沙漠之中的一抹绿色。"阿莱茵"原本的意思就是泉水，它的历史可以追溯到 4000 年前，是世界上最古老的永久定居地之一，城市内绿洲及其灌溉系统和多处考古遗址已被联合国教科文组织列为世界遗产。

另一个充满绿色生机的地方则是阿莱茵动物园，占地 400 公顷，园内有 4000 多只主要生活在热带沙漠、草原地区的动物，是阿联酋最大的动物园，由阿联酋首任总统建立，初衷是保护环境和野生动物。在晚间，动物园内会有鸟类表演，也时常会邀请游客参与活动。

阿莱茵公园也非常值得游览。作为阿联酋第一个生物多样性公园，阿布扎比树荫公园内种植有超过 2000 种本地乔木和灌木，包括从沙漠苗圃中移栽的牧豆树，所有树种的选择都是为了增强植物和野生动物的多样性，并且通过公园来最大化自然的降温功能。由此产生的微气候减少了交通噪音，降低了气温并创造了独特的森林般的环境。别具匠心的斜坡入口隧道让草地和灌木丛过滤沙土的同时，也将凉爽的南风引进了公园内部。

五、迪拜国家博物馆

迪拜国家博物馆是迪拜少数几个提供当地历史文物的景点之一，曾经是一座古老的堡垒，1971 年正式成立为迪拜国家博物馆，前身是皇宫要塞及海防的古堡，是迪拜最古老的建筑物。从博物馆的露天展览可看到古阿拉伯人以前的住屋模式包含最早期的风塔。室内展区部分位于古堡底层，是一个仿古市集展现阿拉伯传统风貌的艺术馆，其中包括已有三四千年历史的古墓铜器。在博物馆的展览中，可以学习到迪拜的文化、历史、传统和风俗等内容。其中许多展品展示了迪拜在过去几个世纪的重要事件，包括地方贸易、渔业、珠宝制造和突出的建筑创造。阿联酋迪拜博物馆坐落在 Al Fahidi Fort 城堡内。这座建筑同时也是一个奇妙的军事博物馆。阿法迪城堡建造于约 1787 年，曾经是守护迪拜的军事要塞，也曾作为宫殿，守军驻地和监狱。1971 年 Al Fahidi Fort 得以重建，1995 年增建了艺术馆，用以介绍阿拉伯人的祖先贝度因人的历史，作为阿联酋景点之一吸引了世界各地的游客。藏品陈列室在迪拜国家博物馆提供了一个充满活力和引人入胜的文化交流，这些文化展品展示了迪拜过去的生活方式、当地工艺品和重要的历史事件。藏品中包括古老的武器、传统人物、当地昆虫标本和当地唯一珍品——古代铜制造的 8000 年旧珍贵器皿。博物馆中还有展示迪拜文化传统的伊斯兰教相关藏品，包括早期的古兰经以及古代阿拉伯文学作品等。除了文化遗产外，博物馆还展示了迪拜生活的方方面面，包括石油开采取得的显著胜利、与现代化生活相适应的科技和工具以及建筑空间设施的发展等内容。除了固定陈列展品外，迪拜国家博物馆还不断推出新的主题展览。这些展览涵盖了迪拜历史和文化的各个方面，例如亚洲文化、奢侈品的制造和辞藻等。博物馆还与其他国际博物馆合作，呈现更广泛的文化交流。

此外，迪拜国家博物馆还特别开设了一个儿童博物馆，旨在为儿童提供更有趣的互动学习体验。

六、迪拜购物中心

迪拜购物中心位于阿联酋的迪拜酋长国，总土地面积为555 600平方米，是世界第二大购物中心。总租赁面积（GLA）35万平方米，是全球第二十大购物中心。迪拜购物中心内的世界上最大的丙烯酸板。迪拜购物中心除了品牌商户，还涵盖影院、豪华酒店、餐饮、零售、VR 主题公园和水族馆等丰富内容，堪称世界最受欢迎的购物和休闲胜地。迪拜购物中心有世界最大的水族馆、最大的黄金市场、奥运比赛规模的冰场以及 6 层楼高的巨幅屏幕影院，还有探险公园、沙漠喷泉等。在这个世界最大零售商场中不仅有卓越的购物体验，也有华美的视觉震撼。湛蓝的海水、巨大的海洋生物和干燥的中东形成惊艳反差。无论白天夜晚，迪拜购物中心都是迪拜最具人气的地方。除了瞩目的世界纪录，吸睛的高科技时尚元素也必不可少的，商场中庭里最醒目的就是 170 亿像素的超大屏幕，带来前所未有的视觉震撼。

参考文献：

［1］黄振主编：《阿拉伯联合酋长国》（第三版），社会科学文献出版社 2015 年版。

［2］中国银行股份有限公司、社会科学文献出版社主编：《阿拉伯联合酋长国（文化中行："一带一路"国别文化手册）》，社会科学文献出版社 2016 年版。

［3］《阿拉伯联合酋长国国家概况》，载 https://www.mfa.gov.cn/web/gjhdq_676201/gj_676203/yz_676205/1206_676234/1206x0_676236/。

［4］刘伟编著：《阿联酋经贸文化》，社会科学文献出版社 2018 年版。

［5］［英］唐纳德·霍利：《阿拉伯联合酋长国》，雅飞译，北京人民出版社 1978 年版。

［6］张志军：《海湾明珠：阿联酋》，上海锦绣文章出版社 2010 年版。

［7］刘彬编著：《七珍镶嵌的海湾明珠：阿联酋》，浙江工商大学出版社 2019 年版。

［8］蔡伟良、陈杰：《当代阿拉伯联合酋长国社会与文化》，上海外语教育出版社 2007 年版。

［9］仝菲：《阿拉伯联合酋长国现代化进程研究》，社会科学文献出版社 2013 年版。

［10］张益军：《阿联酋迪拜商务通》，南方日报出版社 2008 年版。